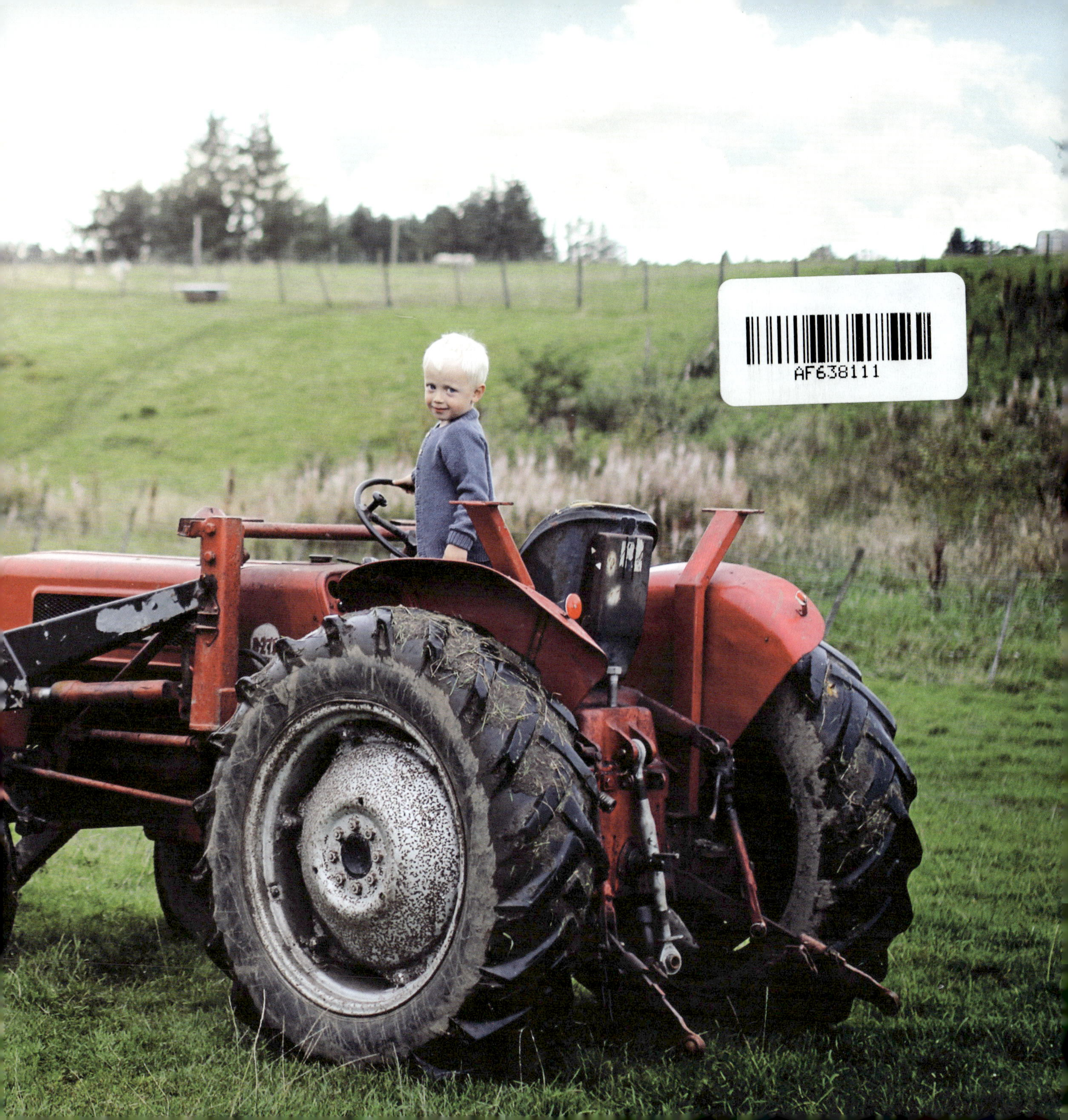

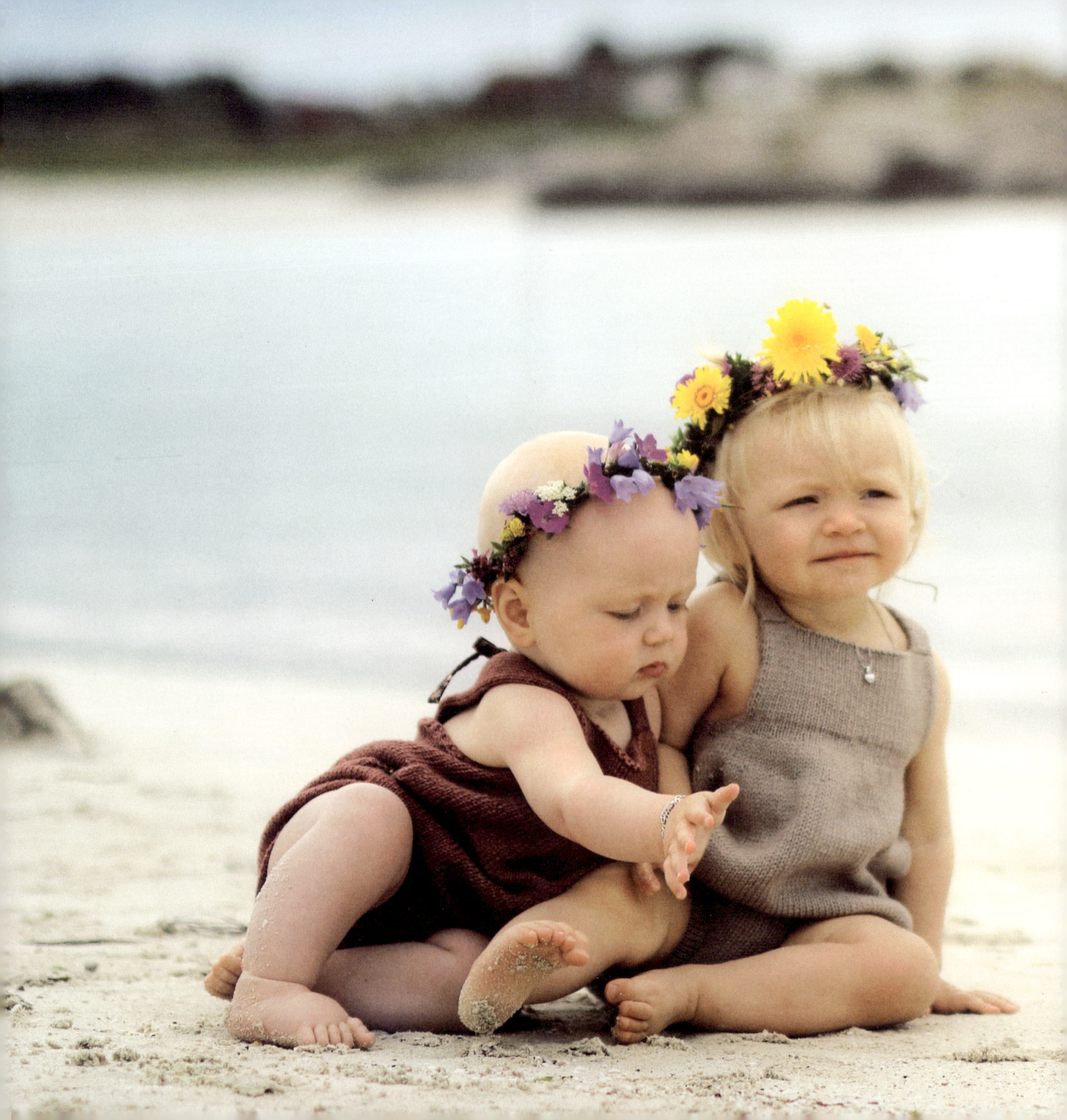

Hanne Andreassen Hjelmås
Torunn Steinsland

KLOMPELOMPES
KINDERMASCHEN

Foto: Hanne Andreassen Hjelmås

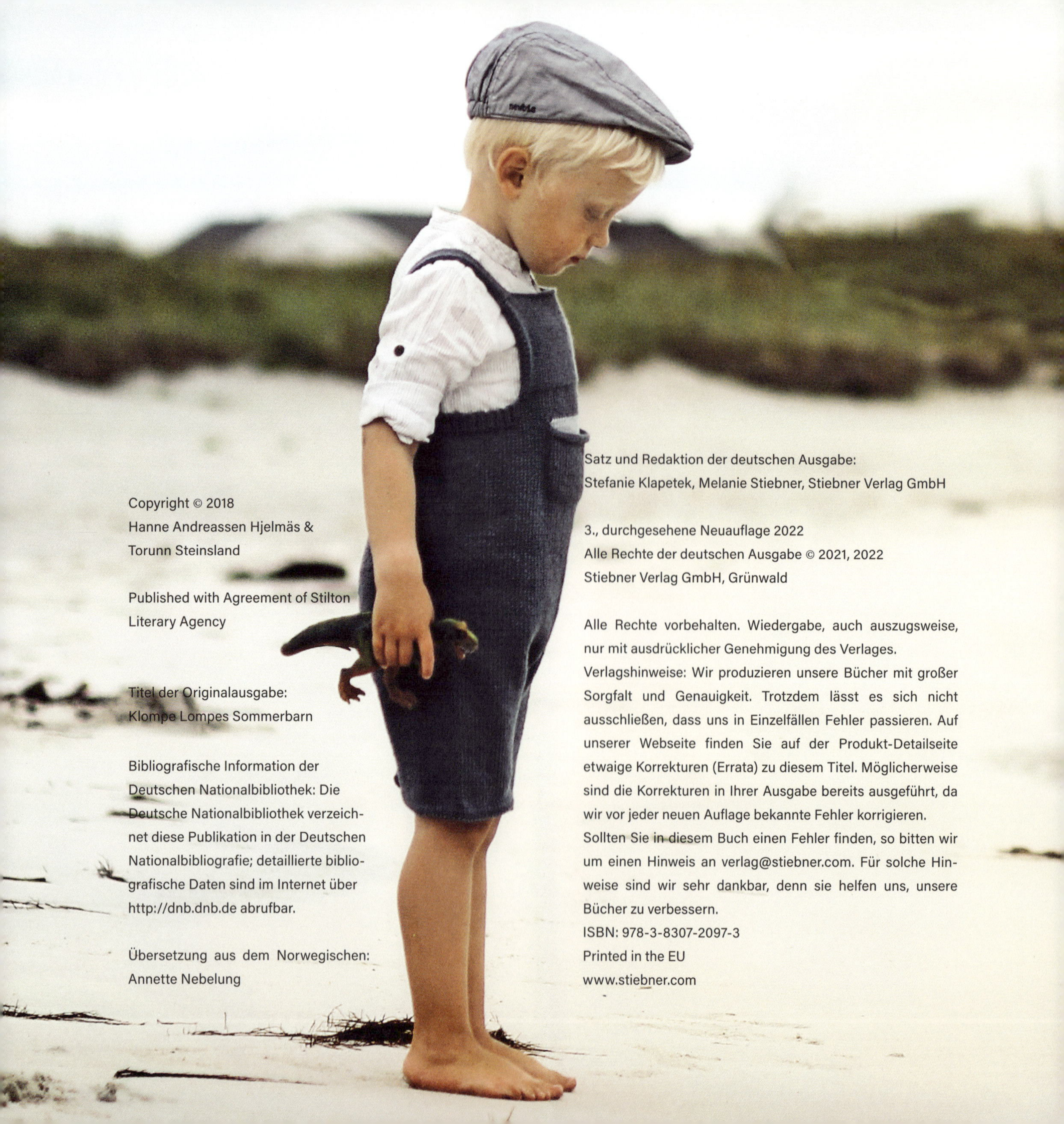

Published with Agreement of Stilton
Literary Agency

Titel der Originalausgabe:
Klompe Lompes Sommerbarn

Bibliografische Information der Deutschen Nationalbibliothek: Die Deutsche Nationalbibliothek verzeichnet diese Publikation in der Deutschen Nationalbibliografie; detaillierte bibliografische Daten sind im Internet über http://dnb.dnb.de abrufbar.

Übersetzung aus dem Norwegischen:
Annette Nebelung

Satz und Redaktion der deutschen Ausgabe:
Stefanie Klapetek, Melanie Stiebner, Stiebner Verlag GmbH

3., durchgesehene Neuauflage 2022

Verlagshinweise: Wir produzieren unsere Bücher mit großer Sorgfalt und Genauigkeit. Trotzdem lässt es sich nicht ausschließen, dass uns in Einzelfällen Fehler passieren. Auf unserer Webseite finden Sie auf der Produkt-Detailseite etwaige Korrekturen (Errata) zu diesem Titel. Möglicherweise sind die Korrekturen in Ihrer Ausgabe bereits ausgeführt, da wir vor jeder neuen Auflage bekannte Fehler korrigieren. Sollten Sie in diesem Buch einen Fehler finden, so bitten wir um einen Hinweis an verlag@stiebner.com. Für solche Hinweise sind wir sehr dankbar, denn sie helfen uns, unsere Bücher zu verbessern.
ISBN: 978-3-8307-2097-3
Printed in the EU
www.stiebner.com

Inhalt

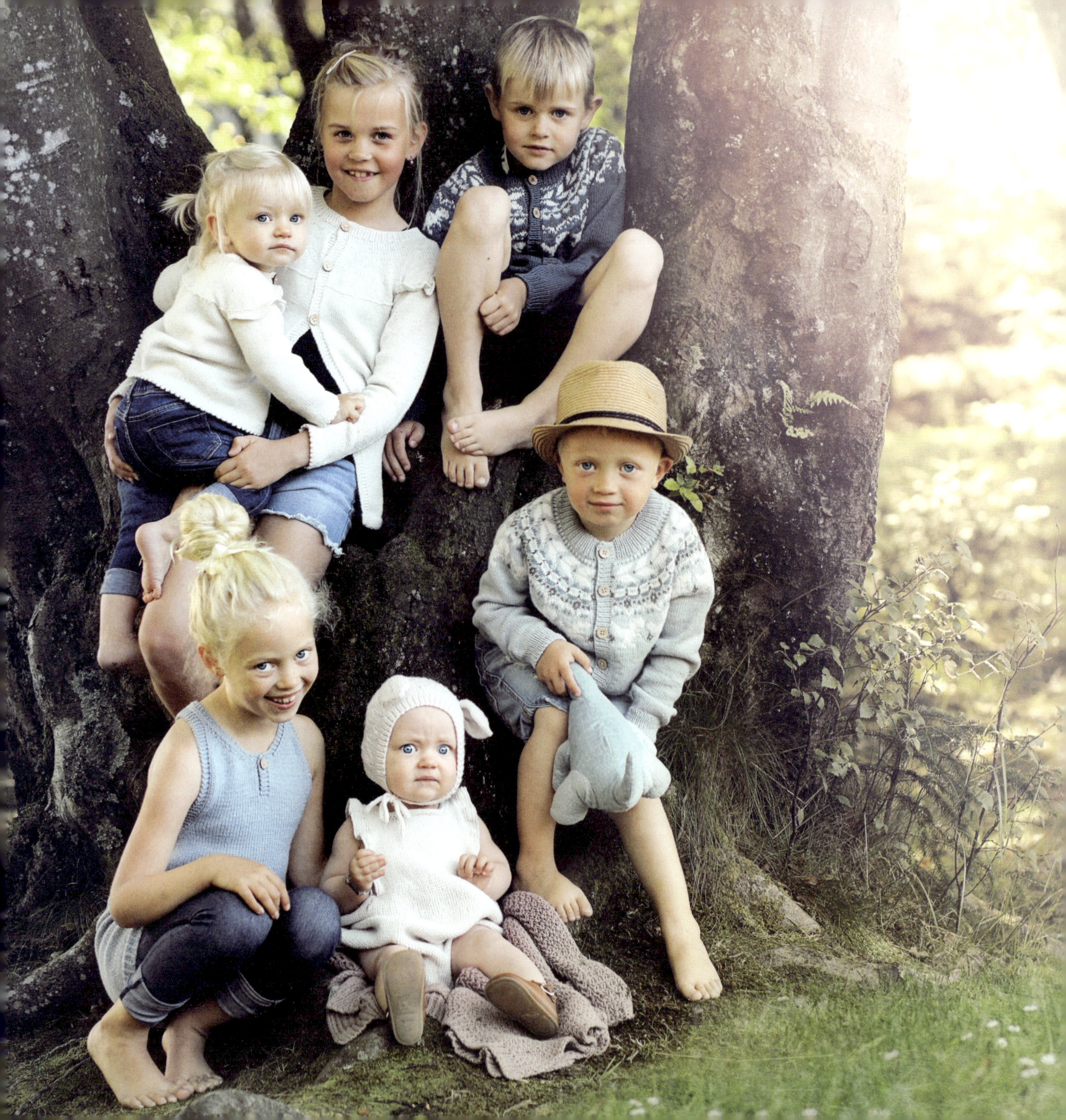

Vorwort

Gestrickte Kleidung verbindet man normalerweise mit kalten Temperaturen und dem Winter. Aber wir möchten Ihnen zeigen, dass Strickkleidung - aus den richtigen Garnen gefertigt - das ganze Jahr über getragen werden kann, und dass sie auch prima zum Sommer passt. Strickkleidung und vor allem die Garne haben sich seit unserer Kindheit stark verändert.

Früher dachten wir bei selbstgestrickter Kleidung an den kratzenden Strickpullover, den wir gezwungen wurden anzuziehen, wenn wir hinaus in die Kälte mussten. Heutzutage gehört Selbstgestricktes zu unserer Alltagsgarderobe, es kann sogar zu festlichen Anlässen getragen werden. Tolle Schnitte und kuschelige Wolle sind keine Fremdwörter mehr. Es gibt heute dünne Versionen von Merinowolle und auch Mischwolle, die Baumwolle enthält – dadurch kratzen die Sachen nicht, und es wird auch nicht zu warm, wenn man sie trägt.

Unser Credo ist es, dass selbstgestrickte Kleidung auch praktisch sein muss - vor allem selbstgestrickte Kinderkleidung. Zum Beispiel der Strampler David (zu finden auf Seite 24): Ihr Kind sieht toll gekleidet aus, kann sich in dem Strampler aber auch wunderbar bewegen.

Unser Buch enthält jede Menge Anleitungen für Sommerkleidung. Die Kleidungsstücke können aber genauso während des gesamten Jahres angezogen werden, indem man einfach eine Lage darunter trägt. Eine Wollstrumpfhose unter dem Sommerkleid Olivia beispielsweise macht es perfekt für den Winter.

Wenn Sie sich für ein Kleidungsstück entscheiden müssen, empfehlen wir eine Jacke. Jacken halten lange und können mit beliebigen anderen Kleidungsstücken kombiniert werden.

Für Strickanfänger*innen haben wir eine Reihe von einfach zu strickenden Kleidungsstücken entworfen, die auf dickeren Nadeln gearbeitet werden können. Die Mütze Trixie beispielsweise wird mit Nadelstärke 3,5 gestrickt und ist gut und gerne an einem Abend fertig. Solche kleineren Projekte machen Spaß, und sie sind genial, wenn Sie auf die Schnelle ein Geschenk brauchen.

Viele unserer Kleidungsstücke gibt es in Varianten: Die kleine Schwester kann den Strampler mit Taschen bekommen, während die große Schwester das Kleid mit Taschen trägt. Oder Sie stricken die Jacke David für Ihren Sohn und seinen Teddy.

Wir freuen uns immer sehr zu sehen, was Sie, unsere Leser*innen, aus unseren Anleitungen machen! Wir sind gespannt, welche tollen Stücke Sie aus diesem Buch zaubern.

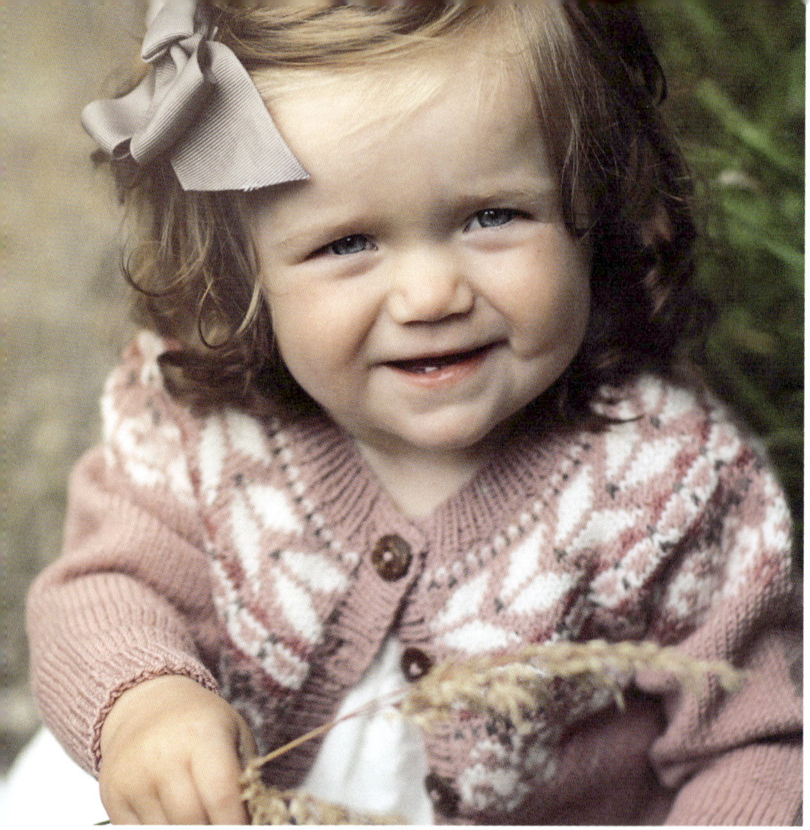
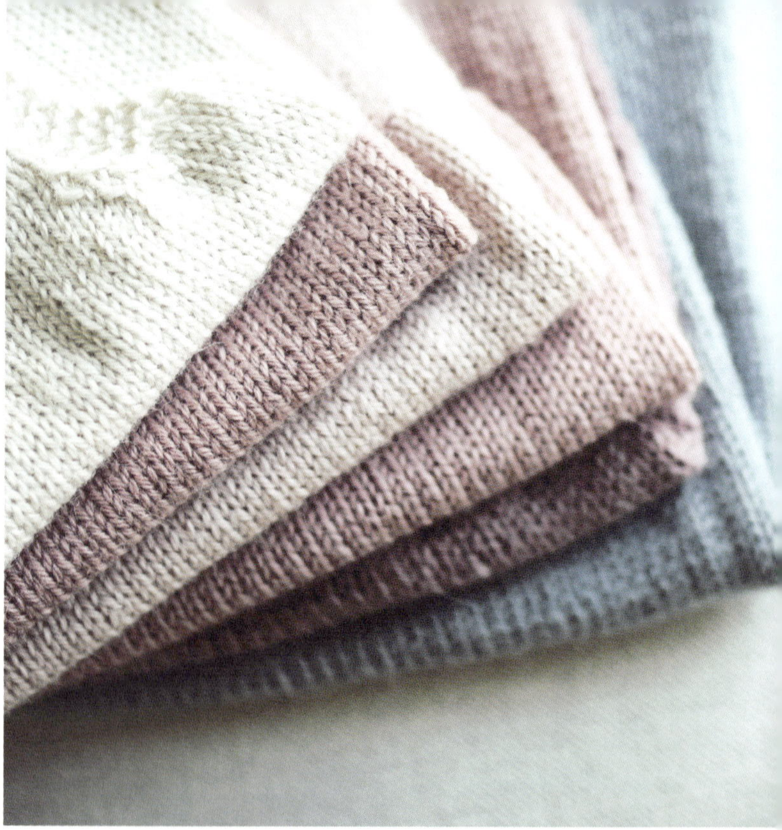
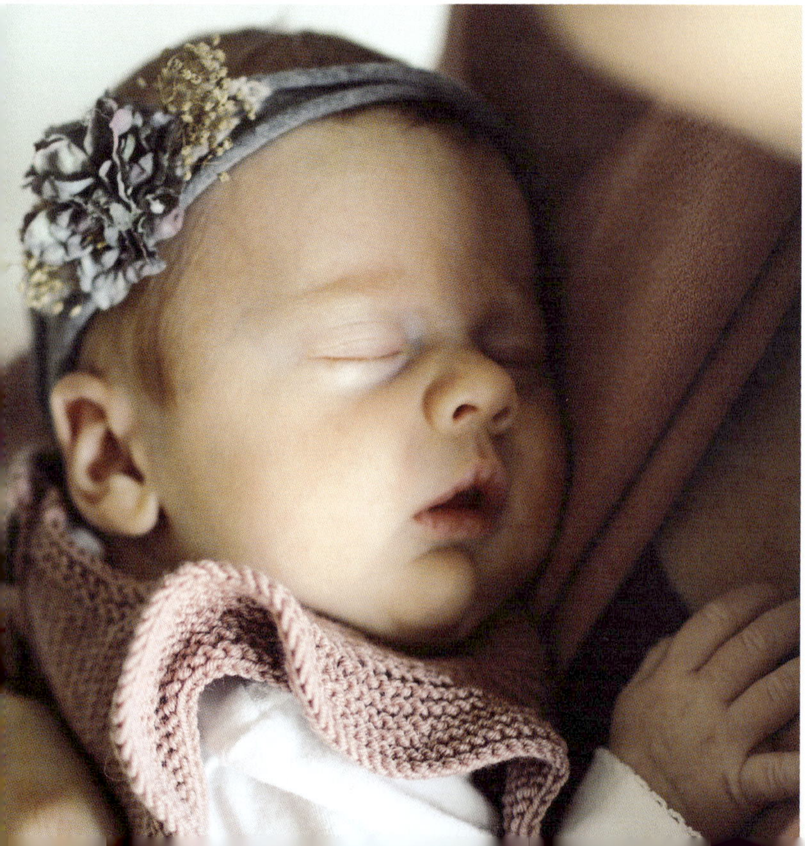
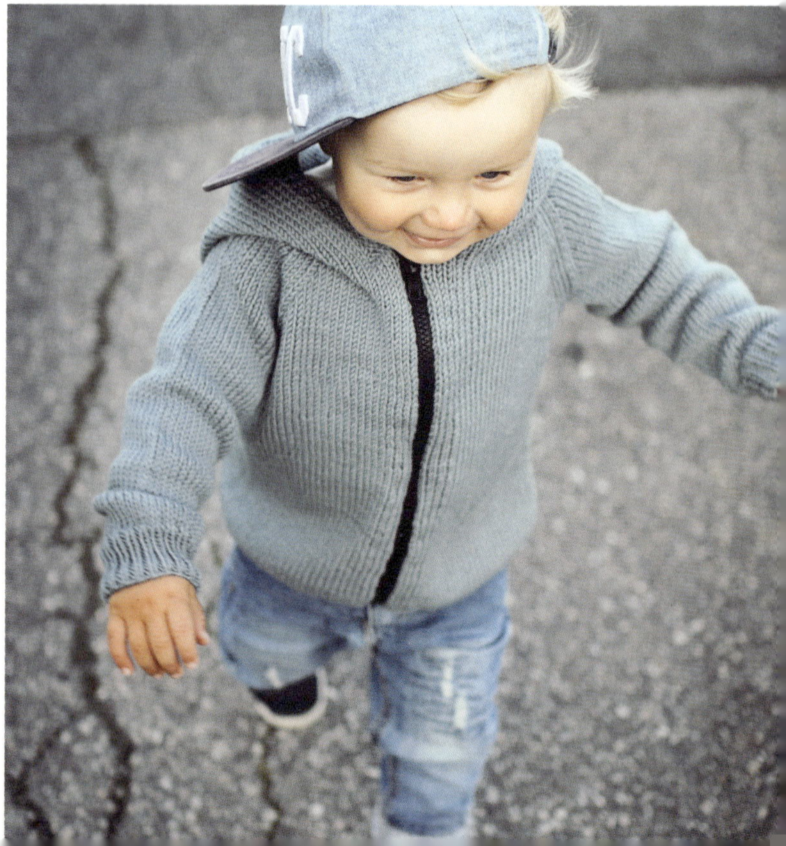

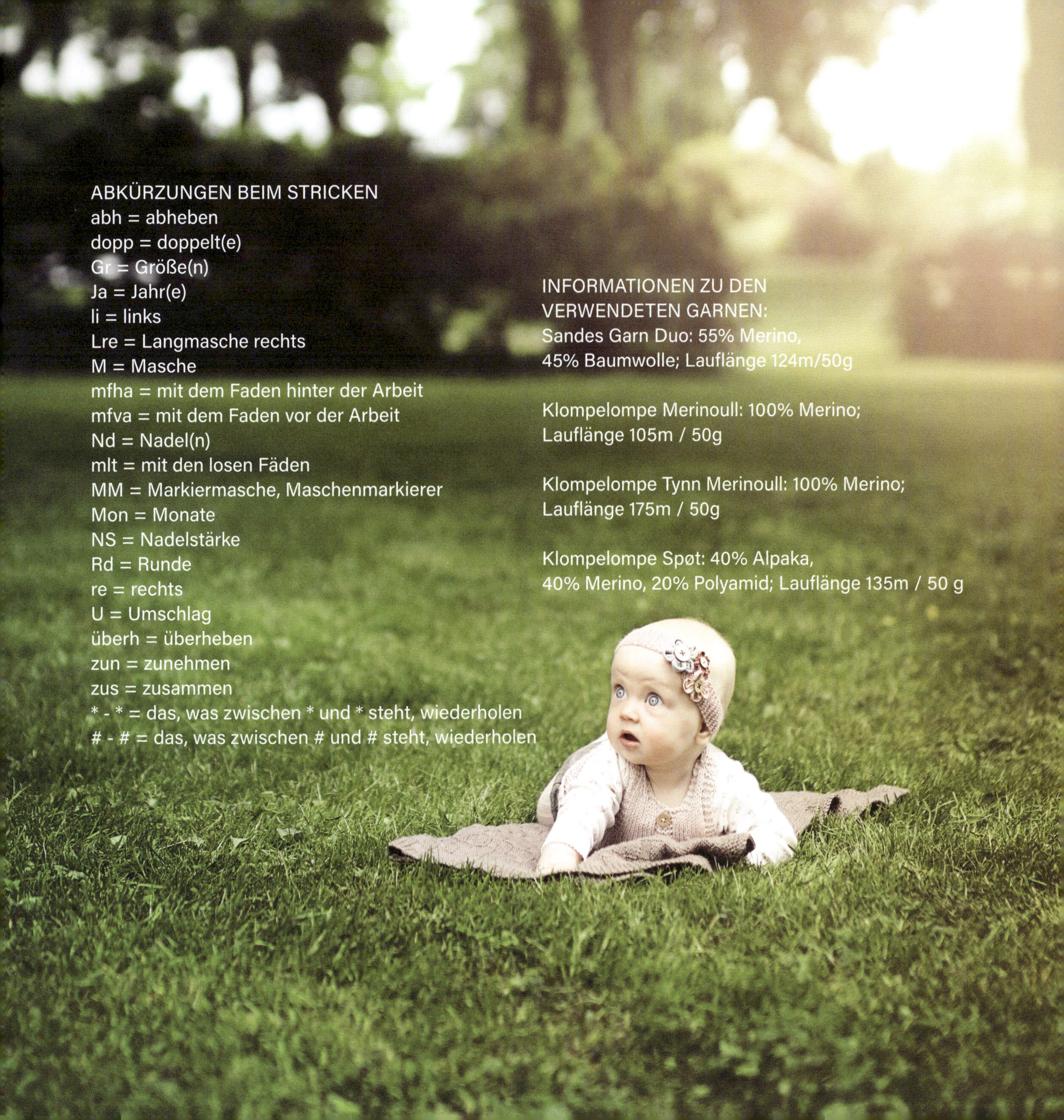

ABKÜRZUNGEN BEIM STRICKEN

abh = abheben
dopp = doppelt(e)
Gr = Größe(n)
Ja = Jahr(e)
li = links
Lre = Langmasche rechts
M = Masche
mfha = mit dem Faden hinter der Arbeit
mfva = mit dem Faden vor der Arbeit
Nd = Nadel(n)
mlt = mit den losen Fäden
MM = Markiermasche, Maschenmarkierer
Mon = Monate
NS = Nadelstärke
Rd = Runde
re = rechts
U = Umschlag
überh = überheben
zun = zunehmen
zus = zusammen
* - * = das, was zwischen * und * steht, wiederholen
# - # = das, was zwischen # und # steht, wiederholen

INFORMATIONEN ZU DEN VERWENDETEN GARNEN:

Sandes Garn Duo: 55% Merino,
45% Baumwolle; Lauflänge 124m/50g

Klompelompe Merinoull: 100% Merino;
Lauflänge 105m / 50g

Klompelompe Tynn Merinoull: 100% Merino;
Lauflänge 175m / 50g

Klompelompe Spøt: 40% Alpaka,
40% Merino, 20% Polyamid; Lauflänge 135m / 50 g

Sommeranzug Olivia

Mit diesem süßen Strampler, gestrickt aus Mischwolle, sieht Ihr Kind auf jeder Familienfeier toll aus. Mit einer warmen Strumpfhose und einem Body darunter kann der Strampler auch im Herbst getragen werden.

GRÖSSE Mon (0–2) 3 (6) 12 (18), Ja 2 (4)
GARN Sandnes Garn Duo, Farbe 3543 (124m / 50g)
GARNMENGE (100) 150 (150) 150 (150) 200 (250) g
NADELN Rundstricknadeln NS 3 und 3,5 (je 40 cm lang), Nadelspiel NS 3 und 3,5; optional: Rundstricknadel (80 cm) in gleicher Stärke für Magic Loop
MASCHENPROBE 22 re M mit NS 3,5 = 10 cm
MASSE *Gesamtlänge: ca. (32) 35 (37) 41 (43) 45 (52) cm*
Brustumfang: ca. (45) 49,5 (54) 57 (59) 59,5 (63) cm

Es wird von oben und zunächst in Reihen gestrickt. (93) 93 (99) 101 (103) 105 (107) M auf der Rundstricknadel NS 3 anschlagen. 6 Reihen im Rippenmuster (1 M re, 1 M li) stricken. In der 3. Reihe Knopflöcher wie folgt arbeiten: Stricken, bis 5 M übrig sind, 2 M abketten, 3 M im Rippenmuster stricken. In der nächsten Reihe an der Stelle, wo abgekettet wurde, wieder 2 M aufnehmen.

ACHTUNG
Es werden insgesamt (3) 3 (3) 4 (4) 4 (4) Knopflöcher in Abständen von ca. 4 cm gearbeitet.
Zu NS 3,5 wechseln. Auf den äußeren 6 M auf jeder Seite (Knopfleiste) das Rippenmuster fortsetzen, die restlichen Maschen glatt rechts stricken. 4 Reihen stricken. In der nächsten Reihe (re M) gleichmäßig verteilt 20 M zunehmen . Es befinden sich nach der Reihe (113) 113 (119) 121 (123) 125 (127) M auf der Nadel.
Nur für Größen 2 (4) Ja: 5 (7) Reihen glatt rechts stricken. In der nächsten Reihe (re M) gleichmäßig verteilt 10 (20) M zunehmen. Es befinden sich nun 135 (147) M auf der Nadel.
Alle Größen: 2 Reihen glatt rechts stricken. Während der nächsten Reihe (li M) wie folgt M auf Hilfsnadeln setzen:

(21) 21 (22) 23 (23) 24 (26) M (Vorderteil)
(18) 18 (18) 18 (19) 22 (24) M (Ärmel)
(35) 35 (39) 39 (39) 43 (47) M (Rückenteil)
(18) 18 (18) 18 (19) 22 (24) M (Ärmel)
(21) 21 (22) 23 (23) 24 (26) M (Vorderteil) – denken Sie an das Rippenmuster der Knopfleisten!

LINKES VORDERTEIL
(8) 10 (10) 12 (12) 14 (14) Reihen auf den ersten 6 Maschen im Rippenmuster und dann glatt rechts stricken. Die Arbeit beiseitelegen.

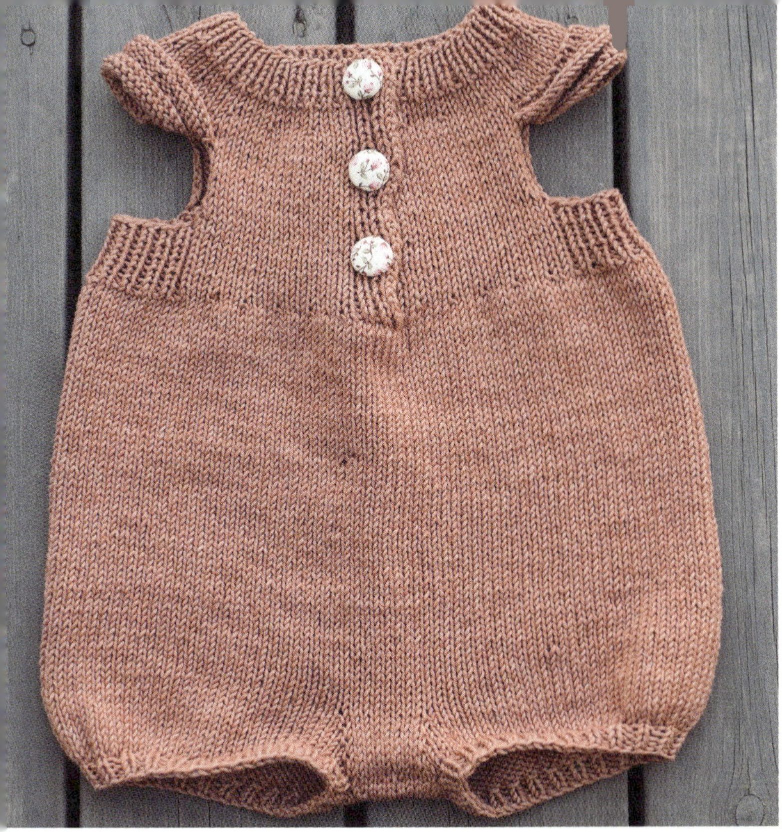
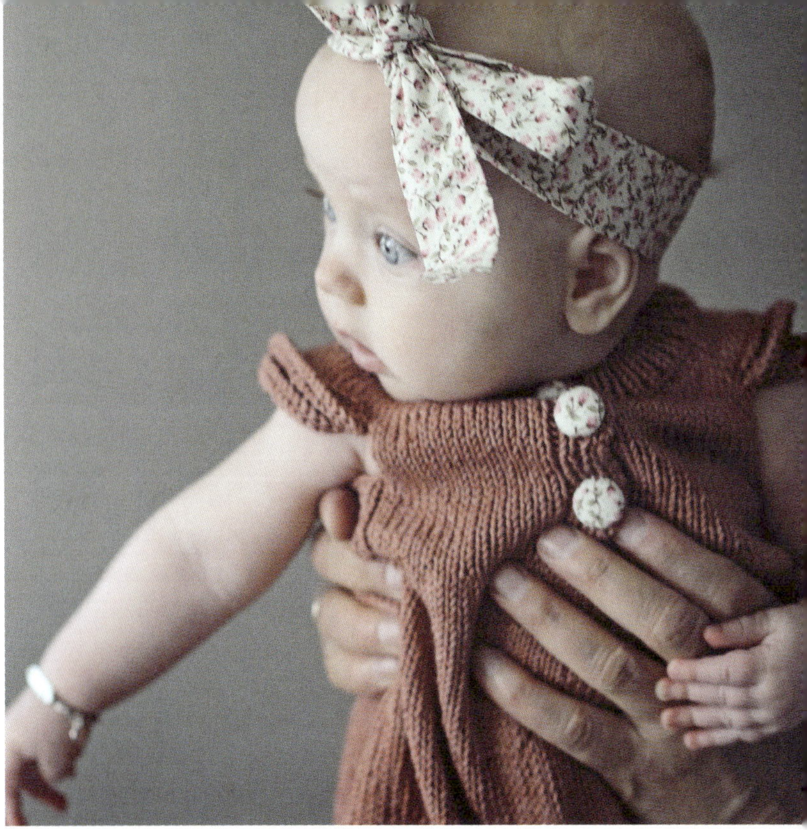
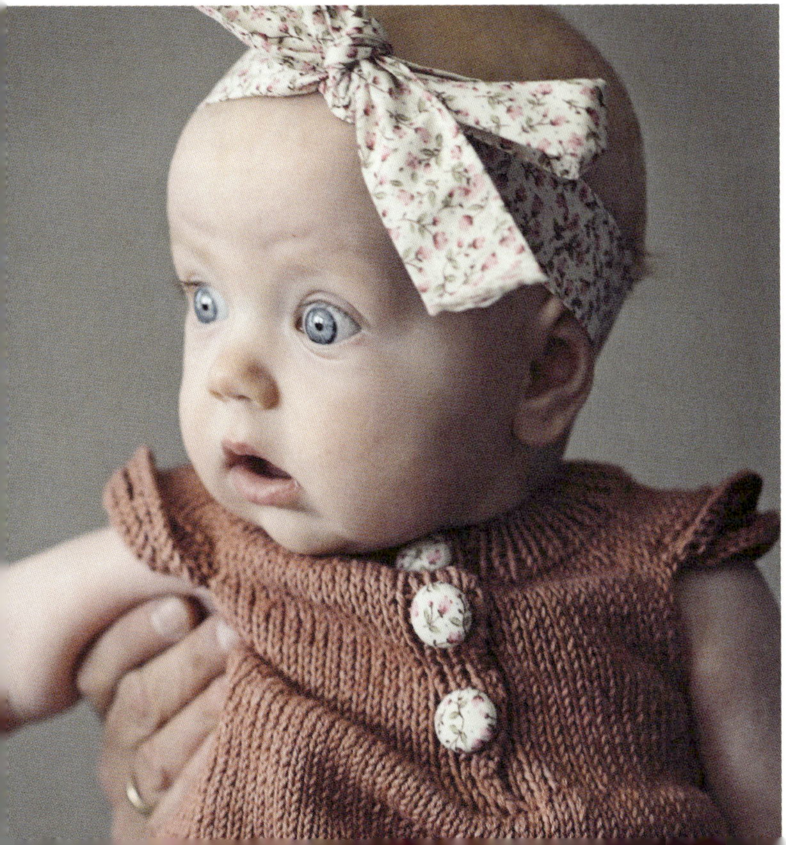
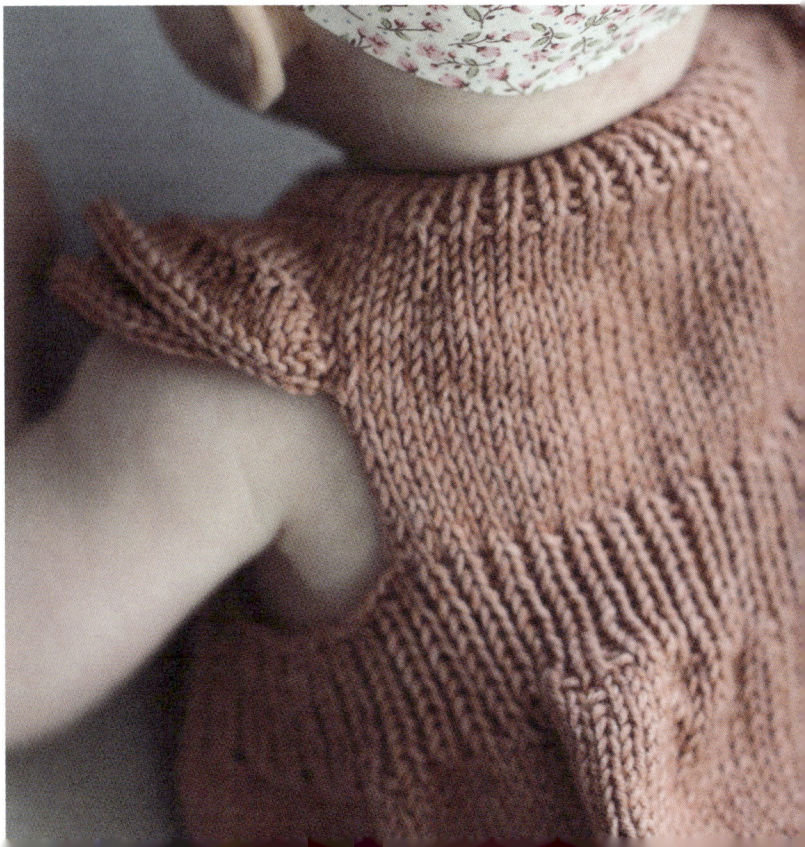

RÜCKENTEIL

(8) 10 (10) 12 (12) 14 (14) Reihen glatt rechts stricken. Die Arbeit beiseitelegen.

RECHTES VORDERTEIL

(8) 10 (10) 12 (12) 14 (14) Reihen glatt rechts stricken, auf den letzten 6 Maschen im Rippenmuster arbeiten.
Nun werden Vorder- und Rückteile zusammengefügt. Mit dem linken Vorderteil beginnen. 1 Reihe (re M) stricken und dabei zwischen den Vorderteilen und dem Rückenteil (unter beiden Ärmeln) jeweils (11) 16 (18) 18 (20) 20 (20) M aufnehmen. Nun sind (99) 109 (119) 121 (125) 131 (139) M auf der Nadel.

In der nächsten Reihe auf beiden Seiten 6 M Rippenmuster, sonst li M stricken. Die nächsten (8) 8 (10) 10 (12) 14 (14) Reihen wie folgt stricken: Auf den äußeren 6 M beidseitig Rippenmuster; die M, die von den Vorderteilen kommen, glatt re, die restlichen M (inkl. der aufgeschlungenen) im Rippenmuster stricken.

2 Reihen glatt re stricken (mit Ausnahme der äußeren 6 M auf beiden Seiten, diese im Rippenmuster stricken). In der nächsten Hinreihe 6 M im Rippenmuster, dann re M stricken und dabei gleichmäßig verteilt 31 M zunehmen. ACHTUNG: Wenn Sie zu den letzten 6 M kommen, diese auf eine separate Nadel übertragen, über die ersten 6 M legen und zus stricken – also 1 M von der vorderen Nadel und 1 M von der hinteren Nadel re zus. Ab sofort wird in Runden gestrickt, die Rd beginnt in der Mitte dieser 6 M. Es befinden sich (124) 134 (144) 146 (150) 156 (164) M auf der Nadel.

Jetzt durch verkürzte Reihen dem Rückenteil mehr Länge geben: (Nach jedem Wenden arbeiten Sie einen Umschlag (U). Beim nächsten Mal, wenn Sie den U erreichen, den U und die nächste M re zus stricken) (72) 77 (82) 83 (85) 88 (92) re M stricken, wenden, 20 li M, wenden, 25 re M, wenden, 30 li M, wenden, 35 re M, wenden, 40 li M, wenden, Rest der Rd re weiter stricken.
Glatt re weiterstricken, bis die Arbeit vorn (29) 31 (33) 37 (39) 41 (47) cm misst. Auf beiden Seiten der mittleren 8 M vorne und hinten MM setzen. In der nächsten Runde (re M) auf beiden Seiten der 8 M jeweils 1 re M verschränkt aus dem Querfaden zunehmen = 4 M Zunahme. Die Zunahme in jeder zweiten Rd, insgesamt vier Mal, wiederholen. In der nächsten Rd die 8 M vorn und die 8 M hinten zusammen abketten und die Beine jeweils separat stricken.

BEINE

Auf NS 3,5 wechseln. Jeweils (62) 67 (72) 73 (75) 78 (82) M auf Nadelspiel oder Rundstricknadel für Magic Loop verteilen. Wie folgt stricken:
(11) 12 (14) 13 (14) 17 (17) M re, *2 re zus* stricken, *-* (20) 21 (22) 23 (23)22 (24) Mal wiederholen, (11) 13 (14) 14 (15) 17 (17) M re stricken. Auf NS 3 wechseln und 4 Rd Rippenmuster (1 M re, 1 M li) stricken. In der letzten Rd lose abketten.

FLÜGEL

Diese werden mit NS 3 gestrickt, unten stehende Anleitung gilt für beide Seiten: Jeweils mit der Hinreihe beginnen und die stillgelegten M stricken. 2 Reihen li arbeiten.
Nächste Hinreihe: (6) 6 (6) 6 (6) 8 (9) M re, 1 M zun, 2 M re, 1 M zun, 2 M re, 1 M zun, 2 re M, 1 zun, (5) 5 (5) 5 (6) 7 (8) M re. Nun ist noch 1 M übrig. Wenden.
Nächste Reihe: die erste M lose abheben, li stricken, bis 1 M übrigbleibt, wenden.
Nächste Reihe: die erste M lose abheben, re stricken, bis 2 M übrigbleiben, wenden.
Nächste Reihe: die erste M lose abheben, li stricken, bis 2 M übrigbleiben, wenden.
Nächste Reihe: die erste M lose abheben, (4) 4 (4) 4 (6) 6 (7) M re, 1 M zun, 2 M re, 1 M zun, 2 M re, 1 M zun, 2 M re, 1 M zun, (5) 5 (5) 5 (6) 7 (8) M re, wenden.

Nächste Reihe: die erste M lose abheben, li stricken, bis 3 M übrigbleiben, wenden.
Nächste Reihe: die erste M lose abheben, den Rest der Reihe re stricken.
Nächste Rückreihe: über die gesamte Reihe re stricken.
Auf NS 3,5 wechseln und durch Überziehen abketten.

Maschen von der Unterseite des Flügels mit NS 3 aufnehmen: 1 M in jeder M und zusätzlich 1 M auf beiden Seiten = (20) 20 (20) 20 (21) 24 (26) M auf der Nadel.
1 Reihe re und 1 Reihe li stricken.

Nächste Reihe: (4) 4 (4) 4 (4) 6 (7) M re, 1 M zun, *2 M re, 1 M zun*, *-* wiederholen, bis (4) 4 (4) 4 (5) 6 (7) M übrigbleiben, (3) 3 (3) 3 (4) 5 (6) M re stricken, wenden.
Nächste Reihe: die erste M lose abheben, li stricken, bis 1 M übrigbleibt, wenden.
Nächste Reihe: die erste M lose abheben, (5) 5 (5) 5 (6) 7 (9) M re, 1 M zun, 2 M re, 1 M zun, 2 M re, 1 M zun, 4 M re, 1 M zun, 2 M re, 1 M zun, 2 M re, 1 M zun, den Rest der Reihe re stricken.
Nächste Reihe: Alle M re stricken.
In der nächsten Reihe auf NS 3,5 wechseln und abketten.

Alle Fäden ver- und Knöpfe annähen; spannen und trocknen.

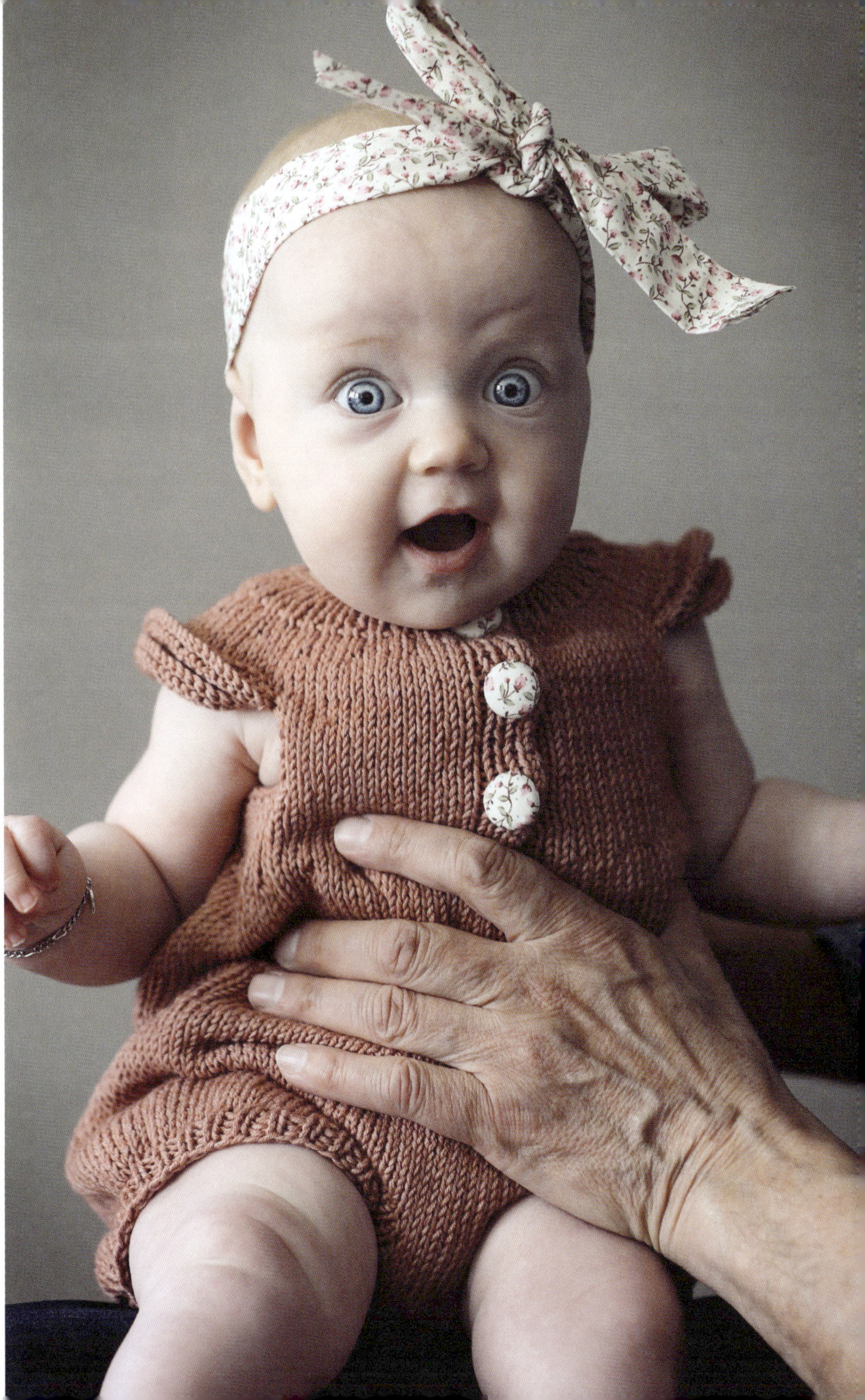

Hose Känguru

Diese Hose ist auf dickeren Nadeln schnell gestrickt und steht einem Neugeborenen genauso gut wie einem Vierjährigen.

GRÖSSE Mon 0-2 (3) 6, Ja (1) 2 (4)
GARN Klompelompe Merinoull , Farben 6061 und 6521 (Kontrastfarbe) (105m / 50g)
GARNMENGE 100 (150) 150 (200) 200 (250) g und 50 g oder ein Rest für die Kontrastfarbe
NADELN Rundstricknadel NS 3 mit 40 cm und 80 cm (80 cm für Magic Loop), Rundstricknadel NS 3,5 mit 40 cm oder 60 cm, optional Nadelspiel NS 3
MASCHENPROBE 22 re M mit NS 3,5 = 10 cm
MASSE
Brustumfang: ca. 44,5 (50) 53,5 (59) 63 (66) cm
Länge: ca. 35 (37) 40 (44) 49 (56) cm

Sie beginnen Ihre Arbeit mit der Rückseite des Latzes (dieser wird doppelt gestrickt), und stricken in Reihen auf der Rundstricknadel.

LATZ

28 (32) 36 (40) 42 (44) M mit NS 3 anschlagen. 6 (7) 8 (9) 9 (10) cm glatt rechts stricken. Nächste Rückreihe rechts stricken (= Umschlagkante). 6 (7) 8 (9) 9 (10) cm glatt rechts stricken.
Die Maschen auf einer Hilfsnadel stilllegen, die Arbeit mittig der Länge nach falten und die Seiten zusammennähen.

DOPPELTE TRÄGER

Rechter Träger: Oben auf der Faltkante des Latzes auf der rechten Seite 6 M aufnehmen und 6 M zusätzlich aufschlingen = 12 M. Zur Runde schließen (mit einem Nadelspiel oder der Rundstricknadel im Magic Loop arbeiten). 9 (10) 10 (11) 12 (13) cm glatt re stricken.
Ab der nächsten Rd wird in Richtung Hals wie folgt zugenommen:
1 M re, 1 M verschränkt aus dem Querfaden zun, re M stricken, bis 1 M übrigbleibt, 1 M zun, 1 M re. Weiter glatt re stricken und die Zunahme in jeder 2. Reihe wiederholen, bis Sie 28 (32) 36 (40) 42 (44) M auf der Nadel haben. Die ersten 14 (16) 18 (20) 21 (22) M auf eine Nadel setzen, die anderen 14 (16) 18 (20) 21 (22) M auf eine zweite Nadel setzen. Eine Hilfsnadel verwenden und die Maschen von den beiden Nadeln zusammen stricken = 14 (16) 18 (20) 21 (22) M auf der Nadel.
Die Maschen auf einer Hilfsnadel stilllegen.

Linker Träger: 6 M aufschlingen und 6 M von der linken Seite der oberen Faltkante des Latzes aufnehmen.

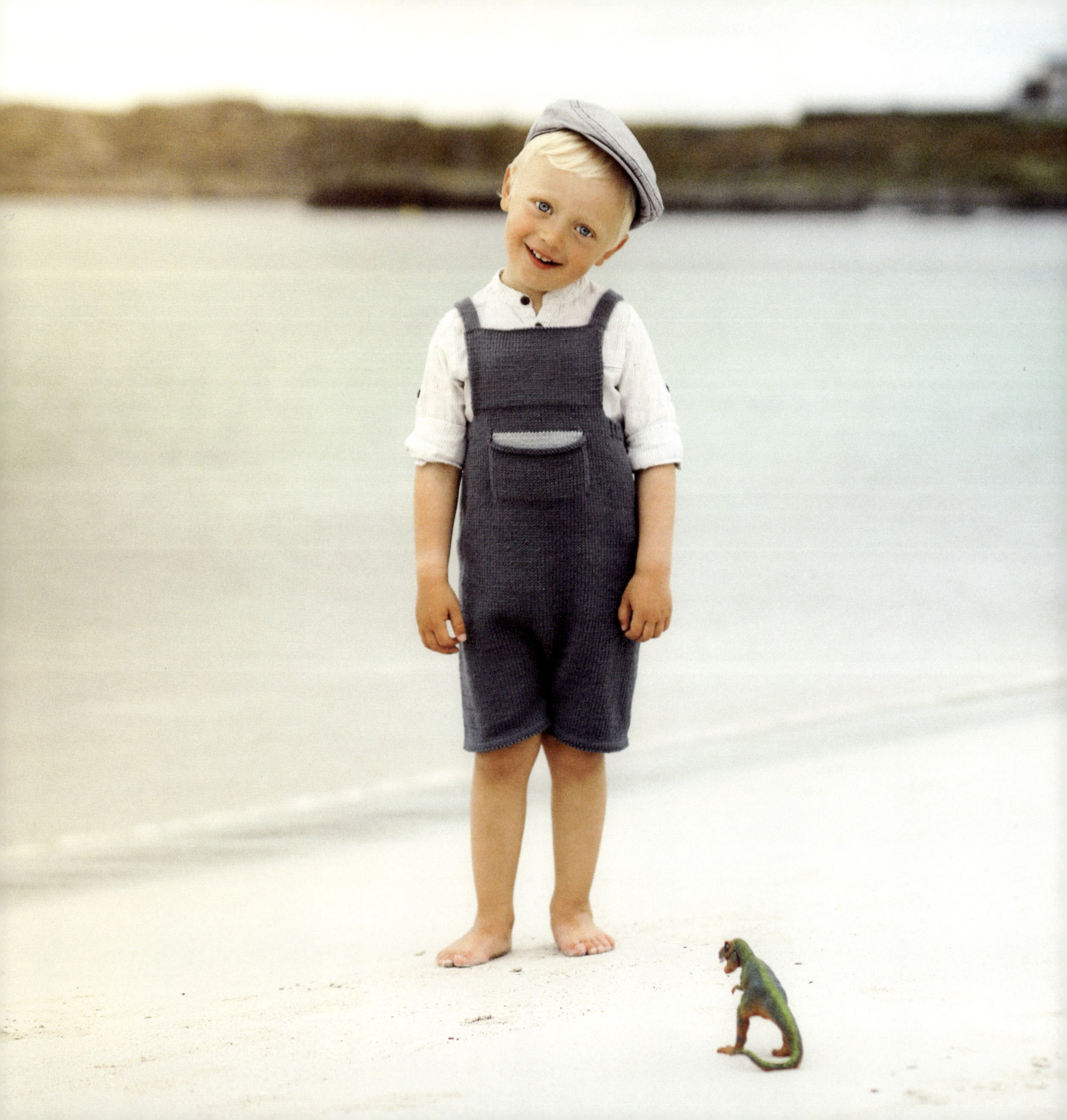

Wie beim rechten Träger stricken, aber wenn Sie mit den Zunahmen fertig sind, 14 (16) 18 (20) 21 (22) M re stricken, bevor Sie die Maschen auf zwei Nadeln aufteilen und re zusammen stricken.

Zu NS 3,5 wechseln und die Teile wie folgt verbinden:
Auf der rechten Seite beginnen und die M des rechten Trägers re stricken. 21 (23) 23 (25) 27 (29) M aufschlingen, die Maschen vom Latz re stricken, 21 (23) 23 (25) 27 (29) M aufschlingen, die Maschen des linken Trägers re stricken. Zur Runde schließen und ab sofort rund stricken. Es befinden sich 98 (110) 118 (130) 138 (146) M auf der Nadel.

6 Rd stricken. Dabei die aufgeschlungenen 21 (23) 23 (25) 27 (29) M unter jedem Arm im Rippenmuster stricken (1 M re, 1 M li), die restlichen Maschen re stricken.

Dem Rückenteil wird in der nächsten Rd mit verkürzten Reihen wie folgt mehr Länge gegeben: (Nach jedem Wenden arbeiten Sie einen Umschlag (U). Beim nächsten Mal, wenn Sie den U erreichen, den U und die nächste M re zus stricken) 10 M re stricken, wenden, 20 M li, wenden, 25 M re, wenden, 30 M li, wenden, 35 M re, wenden, 40 M li, wenden, 20 M re (damit sind Sie wieder am Anfang der Rd).

In der nächsten Rd die Taschenöffnung der Vorderseite wie folgt arbeiten:
39 (44) 48 (52) 56 (59) M re stricken, 20 (22) 22 (26) 26 (28) M auf einer Hilfsnadel stilllegen, 20 (22) 22 (26) 26 (28) M aufschlingen, 39 (44) 48 (52) 56 (59) M re stricken.
1 Rd re stricken.
In der nächsten Rd 39 (44) 48 (52) 56 (59) M re, 20 (22) 22 (26) 26 (28) M li, 39 (44) 48 (52) 56 (59) re stricken.

Danach glatt re stricken, bis die gesamte Arbeit 30 (32) 34 (38) 42 (48) cm (gemessen von der Schulter aus) lang ist.

Auf beiden Seiten der mittleren 6 M vorn und hinten MM setzen. In jeder 2. Rd auf beiden Seiten dieser 6 M 1 M re verschränkt aus dem Querfaden zun, insgesamt 4 Mal = 114 (126) 134 (146) 154 (162) M auf der Nadel.
In der nächsten Rd die 6 M vorn und hinten zusammen abketten, und jedes Bein einzeln stricken = jeweils 51 (57) 61 (67) 71 (75) M auf zwei Nadeln verteilen.

1 (1) 2 (2) 3 (4) cm glatt re rund stricken. Zu NS 3 wechseln.
4 Rd re, 1 Rd li, 4 Rd re stricken und in der letzten Rd abketten.

Wenn Sie ganz unten am Bein eine Kontrastfarbe wünschen, in der 4. Rd zu Farbe B wechseln. In diesem Fall mit Farbe B wie folgt stricken: 1 Rd re, 1 Rd li, 4 Rd re.

TASCHE
Zu Farbe B wechseln. Die Maschen auf der Hilfsnadel weiter stricken. 14 (16) 16 (18) 20 (22) Reihen glatt re stricken.
In der nächsten Reihe (re M) wie folgt abketten:
1 M re, 1 M lose abheben, 1 M re, die lose Masche darüber heben, re stricken, bis 3 M übrigbleiben. 2 M re zus stricken, 1 M re.
1 Reihe li stricken.
Die nächste Reihe re wie oben beschrieben stricken, dabei gleichzeitig abketten.

Die Tasche auf der Innenseite der Hose annähen. Beim Annähen Farbe A verwenden.
Die Umschlagkante ganz unten an den Beinen einschlagen und festnähen. Die Aufnahmekante des Latzes an der Innenseite annähen.
Alle Fäden vernähen, dann Kleidungsstück feucht spannen und trocknen lassen.

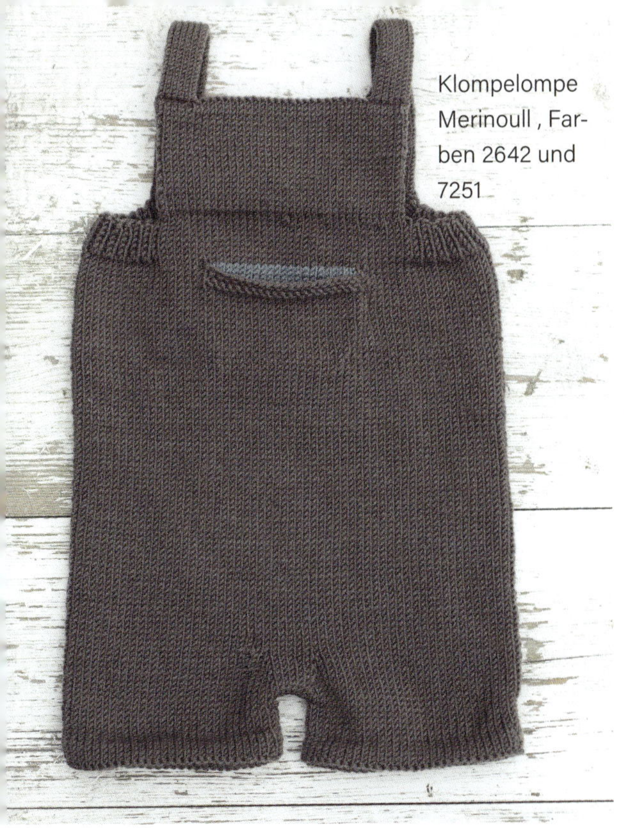

Klompelompe Merinoull , Farben 2642 und 7251

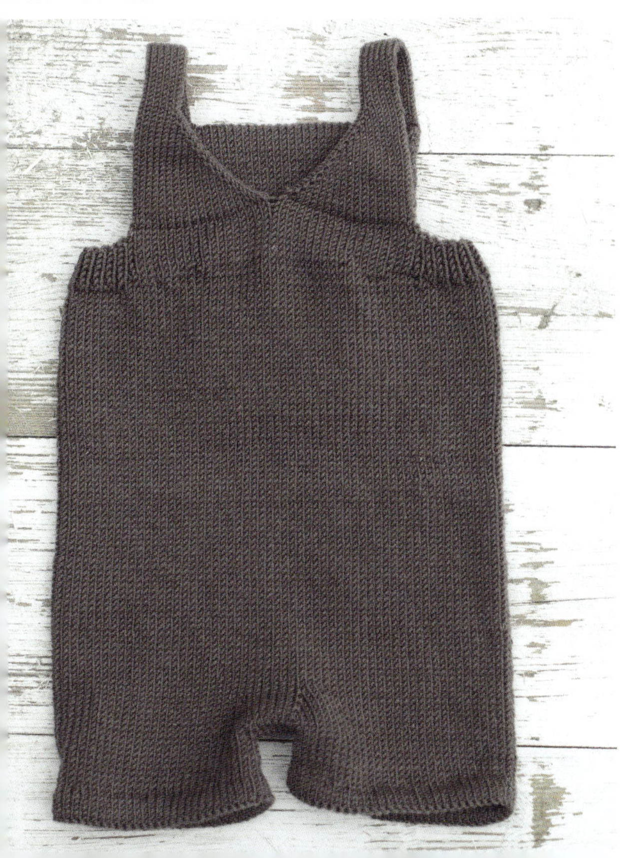

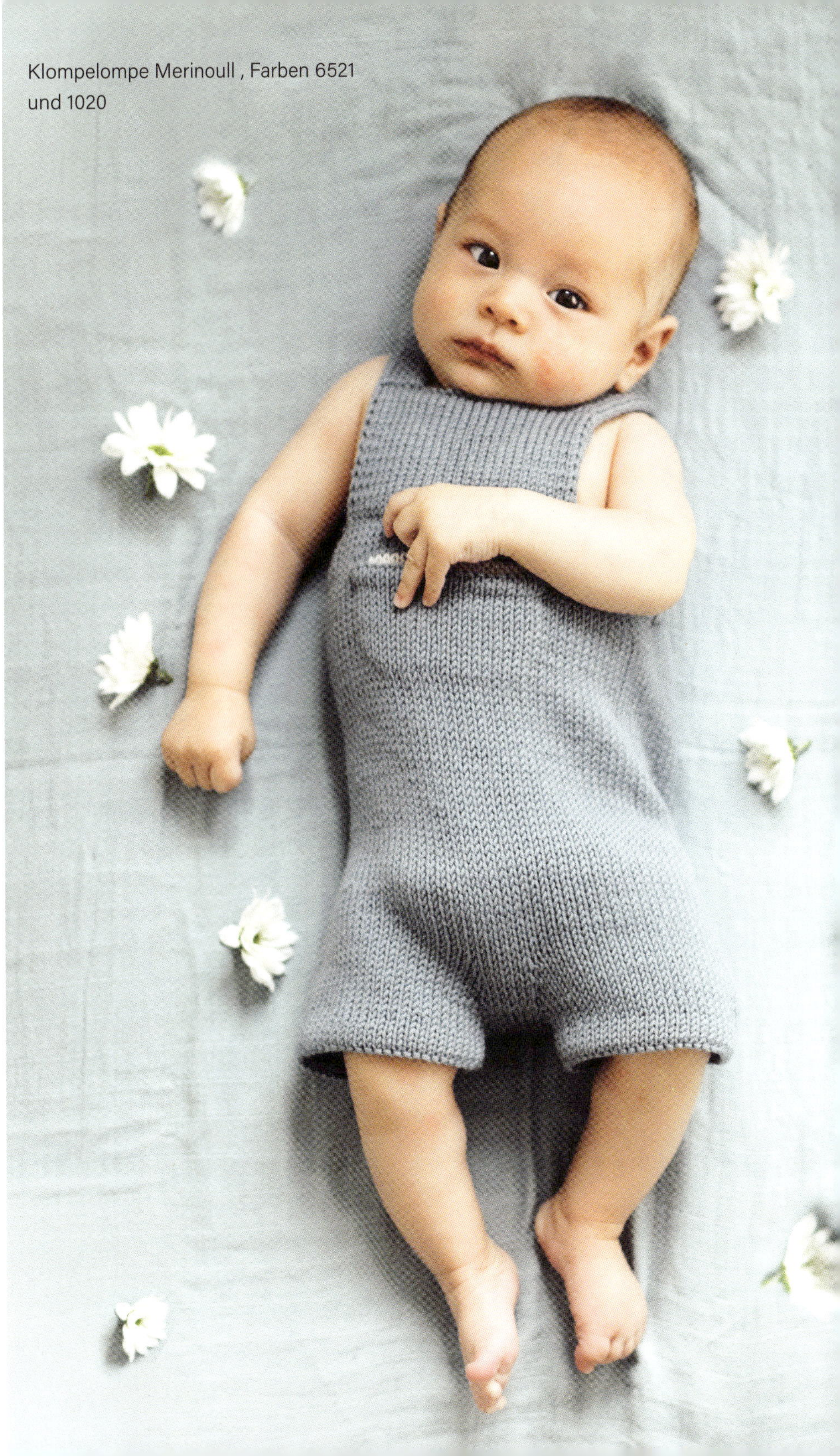

Klompelompe Merinoull , Farben 6521 und 1020

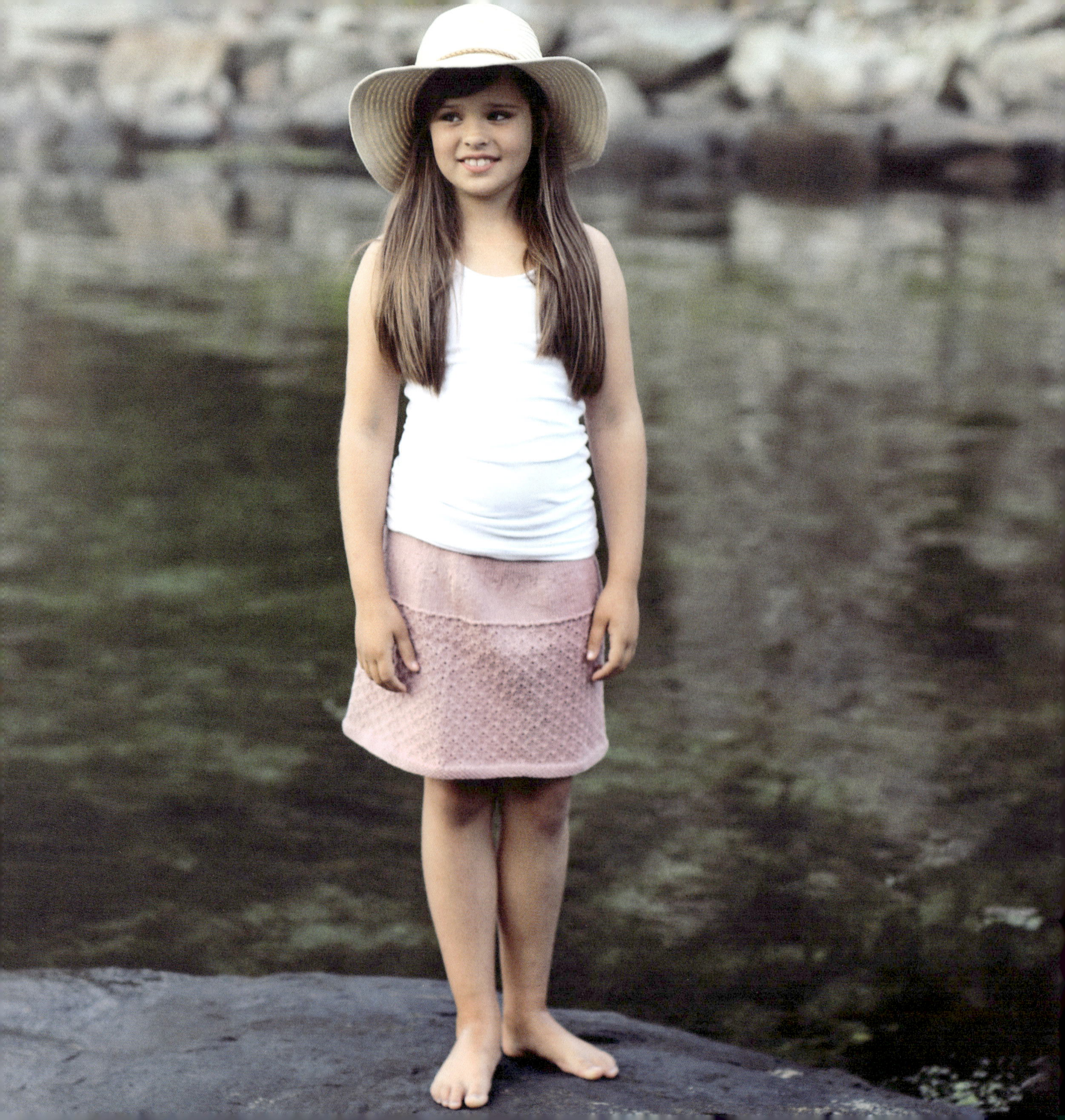

Rock Tulla

Unser Rock Tulla mit dem feinen Muster
ist ein wahrer Mädchentraum.

GRÖSSE Ja 2 (4) 6 (8) 10-12
GARN Klompelompe Tynn Merinoul, Farbe 4032 (175m/ 50g)
GARNMENGE 150 (150) 150 (150) 200 g
NADELN Rundstricknadeln NS 3, 40 cm und 60 cm
MASCHENPROBE 27 M mit NS 3 = 10 cm
MASSE *Brustumfang*: ca. 50 (53) 55,5 (59) 63 cm
Länge: ca. 26 (28) 30 (32) 35 cm

Erläuterung für 1 Langmasche rechts (1 Lre): An der Stelle, an der Sie zwei Runden zuvor 2 M zus gestrickt und 1 M lose ab- bzw. übergehoben haben, unter der übergezogenen M einstechen, den Faden durchholen und langziehen. 2 M re stricken und dann aus demselben Loch wie vorher eine weitere Lre arbeiten. Ein Video zu der Technik finden Sie auf www.klompelompe.no (Video LR (lang rett, auf norwegisch).

Tulla wird auf Rundstricknadeln in Rd von unten gestrickt.
240 (240) 248 (264) 272 M mit NS 3 anschlagen.
6 Rd Perlmuster (1 M re, 1 M li, in der nächsten Rd entgegengesetzt) stricken.
2 Rd re stricken.

MUSTER
1. Rd: *2 M re zus, 1 M lose abh, 1 M re, die lose M überheben, 4 M re*. Bis zum Abschluss der Rd *-* wiederholen.
2. Rd: re M über die gesamte Rd hinweg.
3. Rd: *1 Lre, 2 M re, 1 Lre, 4 M re*. Bis zum Abschluss der Rd *-* wiederholen.
4. Rd: re M über die gesamte Rd hinweg.
5. Rd: *4 M re, 2 M re zus, 1 M lose abh, 1 M re, die lose M überheben*. Bis zum Abschluss der Rd *-* wiederholen.
6. Rd: re M über die gesamte Rd hinweg.
7. Rd: *4 M re, 1 Lre, 2 M re, 1 Lre*. Bis zum Abschluss der Rd *-* wiederholen.
8. Rd: re M über die gesamte Rd hinweg.

Das Muster wiederholen, bis die Arbeit ca. 12 (14) 16 (18) 20 cm lang ist.

2 Rd re, 1 Rd li stricken.

In der nächsten Rd wie folgt abnehmen: *6 M re, 2 M re zus stricken*. *-* bis zum Abschluss der Rd wiederholen = 210 (210) 217 (231) 238 M auf der Nadel.
Danach glatt re stricken, bis die Arbeit 17 (19) 21 (23) 26 cm lang ist.

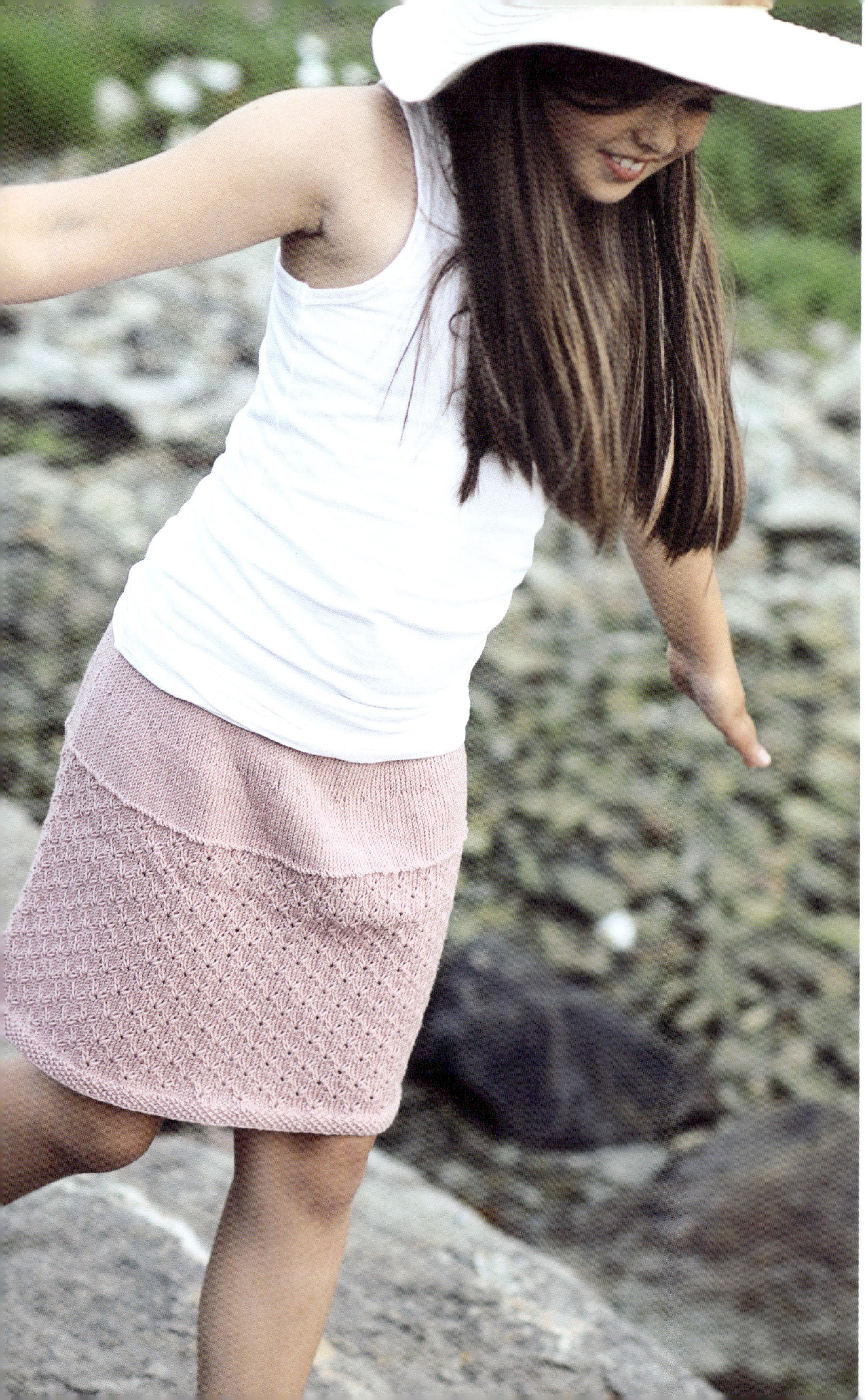

Nächste Rd: *5 M re, 2 M re zus stricken*. *-* bis zum Abschluss der Rd wiederholen = 180 (180) 186 (198) 204 M auf der Nadel.

4 cm glatt re stricken.

Nächste Rd: *4 M re, 2 M re zus stricken*. *-* bis zum Abschluss der Rd wiederholen = 150 (150) 155 (165) 170 M auf der Nadel.

1 Rd re stricken und gleichmäßig verteilt 14 (6) 5 (5) 0 M abnehmen.

4,5 cm im Perlmuster stricken.

1 Rd li stricken (Umschlagkante), dann 4,5 cm glatt re stricken.

Abketten. Denken Sie daran, nicht zu fest abzuketten.

Alle Fäden vernähen, die Kante nach innen umschlagen und festnähen. Eine kleine Öffnung lassen, durch die Sie dann ein Gummiband ziehen, um den Rock in der Taille auf Form zu bringen. Gummiband schließen und Öffnung zunähen und den Rock abschließend dampfen.

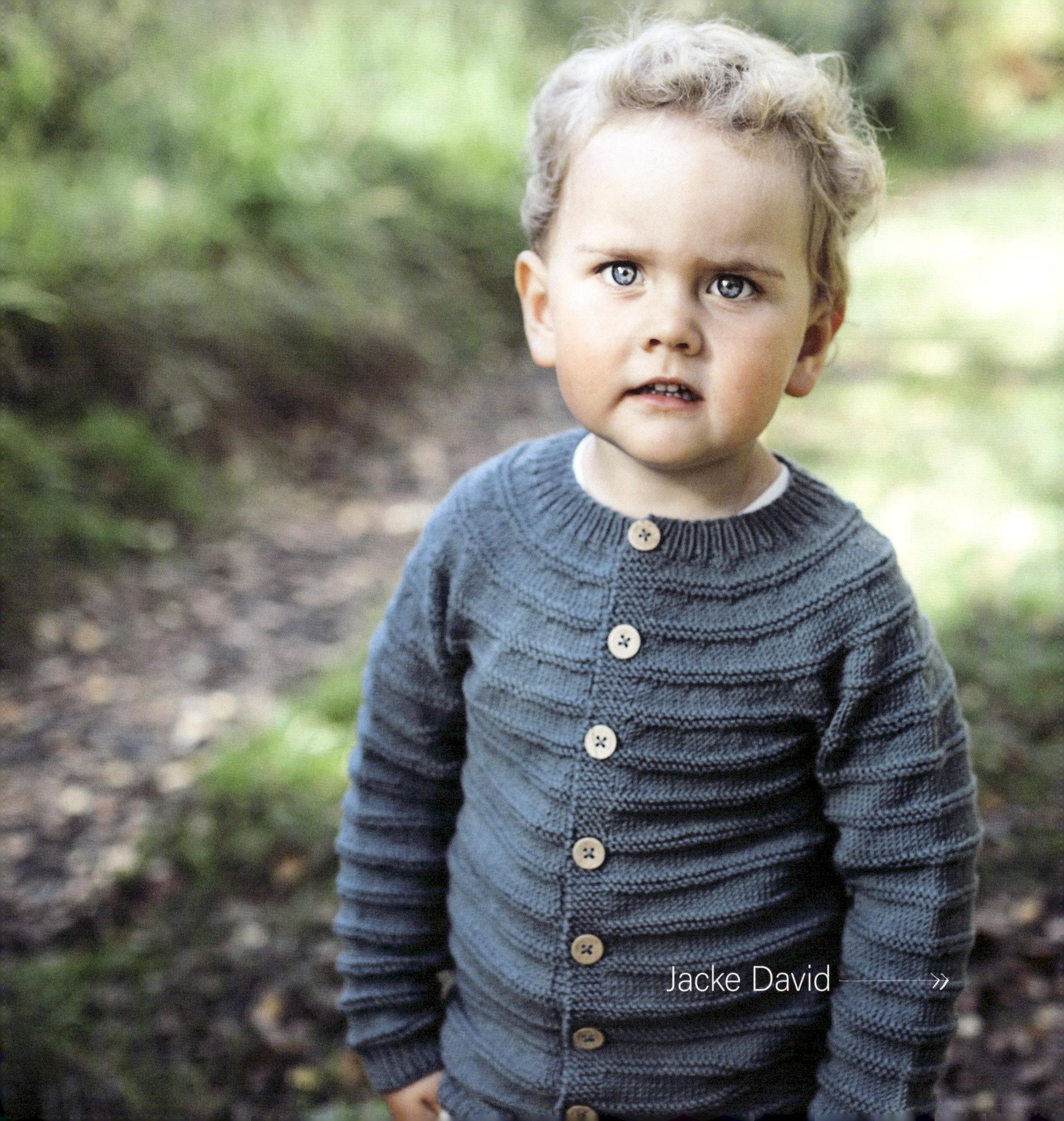

Jacke David »

Jacke David

David ist eine vielseitig verwendbare Jacke
mit rundem Ausschnitt und einem Streifenstrukturmuster.

GRÖSSE Mon (0-1) 3 (6) 12 (18), Ja 2 (4) 6 (8) 10
GARN Sandnes Garn Tynn Merinoull, Farbe 7572 (175m / 50g)
GARNMENGE (100) 100 (100) 150 (150) 150 (200) 250 (250) 300 g
NADELN Rundstricknadeln NS 2,5 und 3, 40 cm oder 60 cm, Nadelspiel NS 2,5 und 3, optional: Rundstricknadel (80 cm) in gleicher Stärke für Magic Loop
MASCHENRPOBE 27 M auf Nadel Nr. 3 = 10 cm
MASSE *Brustumfang:* ca. (45) 51 (54,5) 56 (62) 63 (65) 66 (71) 74,5 cm
Länge: ca. (22) 24 (26) 28 (30,5) 34,5 (38,5) 43 (47) 51 cm

Die Jacke wird von oben in Reihen gestrickt.

(73) 75 (81) 85 (89) 93 (99) 103 (103) 107 M mit NS 2,5 anschlagen.
(6) 6 (6) 6 (8) 8 (8) 10 (10) 10 Reihen im Rippenmuster (1 M re, 1 M li) stricken. In der (3.) 3. (3.) 3. (5.) 5. (5.) 5. (5.) 5. Reihe Knopflöcher wie folgt arbeiten: 3 M im Rippenmuster arbeiten, 2 M abketten, restliche Reihe im Rippenmuster stricken.
In der nächsten Reihen 2 neue M dort aufschlingen, wo vorher abgekettet wurde.

ACHTUNG: Es werden (5) 5 (6) 6 (7) 7 (8) 8 (8) 9 Knopflöcher gestrickt, in Abständen von jeweils ca. (4,5) 5 (4,5) 4,5 (4,5) 5 (4,5) 5,5 (6) 5,5 cm.
Die äußeren 5 M auf jeder Seite kraus re stricken = Knopfleiste.

Zu NS 3 wechseln, 1 Rd re stricken und gleichzeitig 35 M gleichmäßig verteilt zunehmen = (108) 110 (116) 120 (124) 128 (134) 138 (138) 142 M auf der Nadel.
4 Reihen glatt re stricken (re M in der Hin-, li M in der Rückreihe).
3 Reihen kraus re stricken (re M in Hin- und Rückreihe).
2 Reihen glatt re stricken (re M in der Hin-, li M in der Rückreihe).

Nächste Reihe (Hinreihe):
1 Reihe re stricken und gleichzeitig 20 M gleichmäßig verteilt zunehmen (128) 130 (136) 140 (144) 148 (154) 158 (158) 162 M.
4 Reihen glatt re stricken.
3 Reihen kraus re stricken.
2 Reihen glatt re stricken.

Nächste Hinreihe: 1 Reihe re stricken und dabei gleich-

mäßig verteilt 27 M zunehmen = (155) 157 (163) 167 (171) 175 (181) 185 (185) 189 M.
4 Reihen glatt re stricken.
3 Reihen kraus re stricken.
2 Reihen glatt re stricken.
Nächste Hinreihe: 1 Reihe re stricken und dabei gleichmäßig verteilt 39 M zunehmen = (194) 196 (202) 206 (210) 214 (220) 224 (224) 228 M.

(1) 1 (4) 4 (4) 4 (4) 4 (4) 4 Reihen glatt re stricken.

Der folgende Abschnitt gilt NICHT für die beiden Größe Mon (0–1) und 3.
3 Reihen kraus re stricken.
2 Reihen glatt re stricken.
Nächste Hinreihe: 1 Reihe re stricken und dabei gleichmäßig verteilt 39 M zunehmen = (-) - (241) 245 (249) 253 (259) 263 (263) 267 M auf der Nadel.
(0) 0 (1) 3 (1) 4 (4) 4 (4) 4 Reihen glatt re stricken.

Der folgende Abschnitt gilt NICHT für die Größen Mon (0–1) 3 (6) 12 (18).
3 Reihen kraus re stricken.
2 Reihen glatt re stricken.
Nächste Hinreihe: 1 Reihe re stricken und dabei gleichmäßig verteilt (-) - (-) - (-) 25 (30) 30 (50) 39 M zunehmen = (-) - (-) - (-) 278 (289) 293 (313) 306 M.
(0) 0 (0) 0 (0) 1 (1) 3 (3) 4 Reihen glatt re stricken.

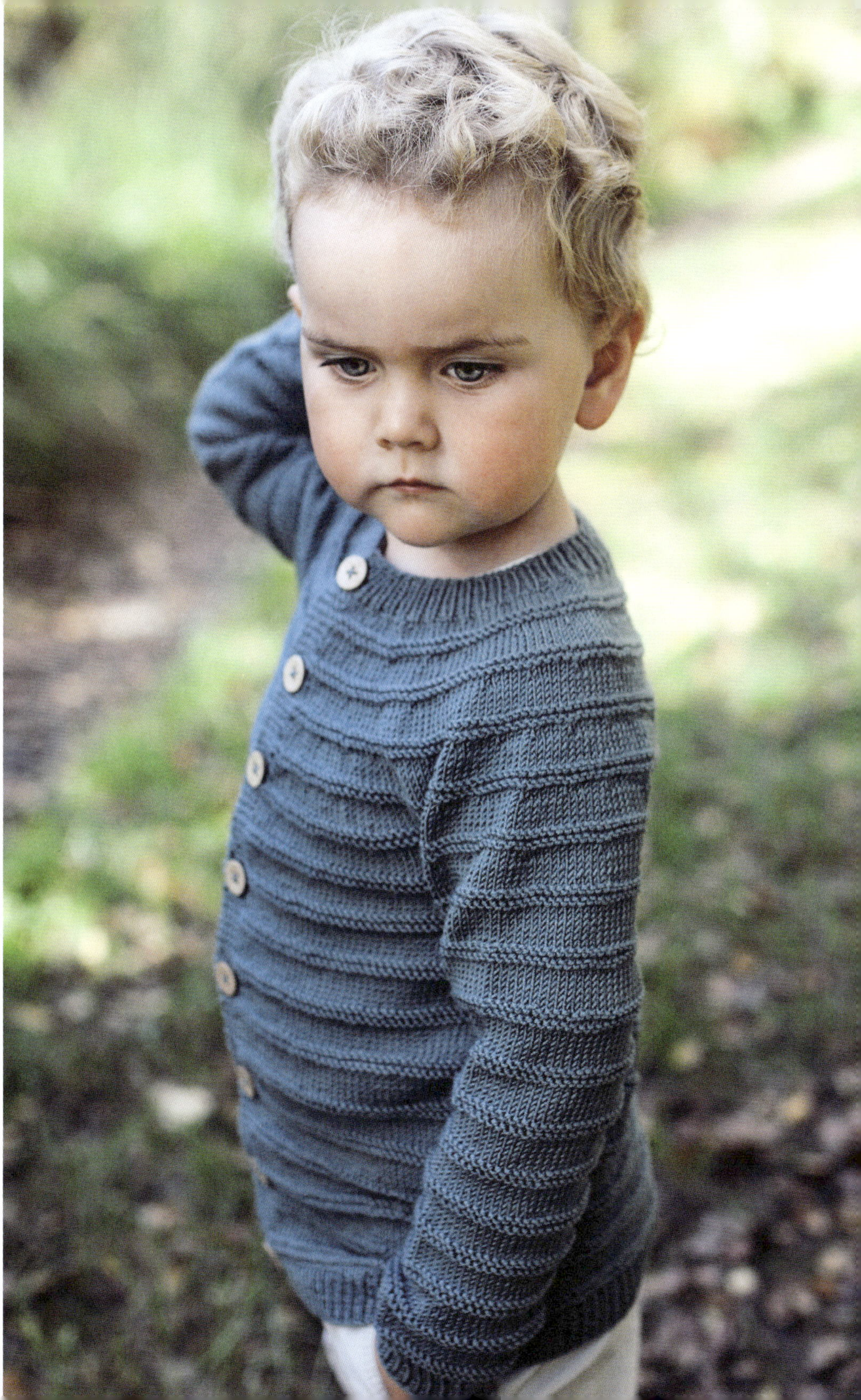

Der folgende Abschnitt gilt NUR für die Größe 10 Jahre:
3 Reihen kraus re stricken.
2 Reihen glatt re stricken.
Nächste Hinreihe: 1 Reihe re stricken und dabei gleichmäßig verteilt 21 M zunehmen = 327 M auf der Nadel.
(0) 0 (0) 0 (0) 0 (0) 0 (0) 1 Reihe glatt re stricken.

Der folgende Abschnitt gilt NUR für die Größen Mon 3 und (18):
1 Reihe re stricken und dabei gleichmäßig verteilt 27 (24) M zunehmen = 223 (273) M auf der Nadel.
1 Reihe glatt re stricken.

Alle Größen:
Sie haben jetzt (194) 223 (241) 245 (273) 278 (289) 293 (313) 327 Maschen auf der Nadel.
Ab der nächsten Reihe erfolgt die Aufteilung von für Ärmel- und Rumpfmaschen wie folgt:
(29) 32 (35) 36 (39) 40 (41) 42 (45) 48 M re stricken, (41) 48 (52) 52 (58) 58 (62) 62 (66) 68 M auf einer Hilfsnadel stilllegen, 5 M aufschlingen (unter dem Arm), (54) 63 (67) 69 (79) 82 (83) 85 (91) 95 M re stricken, (41) 48 (52) 52 (58) 58 (62) 62 (66) 68 M auf einer Hilfsnadel stilllegen, 5 M aufschlingen (unter dem Arm), (29) 32 (35) 36 (39) 40 (41) 42 (45) 48 M re stricken.
(2) 0 (2) 0 (0) 2 (2) 0 (0) 2 Reihen glatt re stricken

Für den Rumpf das Strukturmuster weiter arbeiten:
3 Reihen kraus re stricken
7 Reihen glatt re stricken.
Diese 10 Reihen wiederholen, bis die Arbeit (20) 22 (24) 26 (28) 32 (36) 40 (44) 48 cm lang ist.
Zu NS 2,5 wechseln und (8) 8 (8) 8 (10) 10 (10) 12 (12) 12 Reihen im Rippenmuster stricken. In der letzten Reihe abketten.

ÄRMEL

3 M unter dem Arm aufnehmen (dabei in der Mitte der 5 M, die beim Rumpfteil zugenommen wurden, beginnen). Die (41) 48 (52) 52 (58) 58 (62) 62 (66) 68 M von der Hilfsnadel und die restlichen 2 M unterm Arm aufnehmen.

TIPP

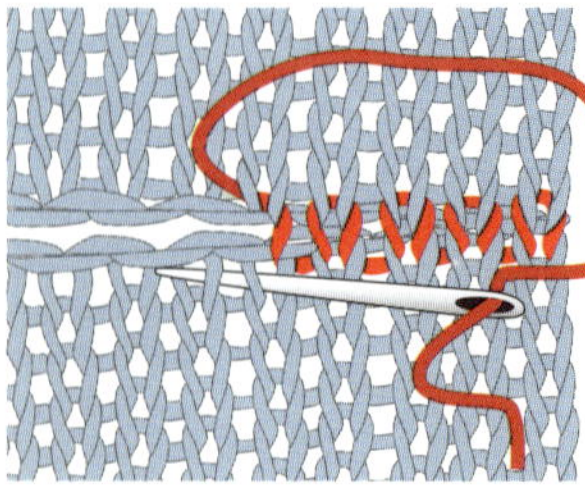

Maschenstich

Wenn es für Sie schwierig ist, Maschen aufzunehmen, können Sie neue Maschen anschlagen und die Öffnung am Ende mit dem Maschenstich zusammennähen.

Die Ärmel werden in Runden gestrickt. Die erste Masche ist eine Markiermasche und wird über den gesamten Ärmel li gestrickt.
(2) 0 (2) 0 (0) 2 (2) 0 (0) 2 Rd re stricken.
Weiter Strukturmuster stricken: 1 Rd li, 1 Rd re, 1 Rd li, 7 Rd re.
Diese 10 Rd über den gesamten Ärmel wiederholen.
Nach 2 cm 1 M auf beiden Seiten der Markiermasche abnehmen. Immer nach (2,5) 2 (2) 2,5 (2) 2,5 (2,5) 3 (3) 3 cm abnehmen, bis noch (38) 41 (41) 43 (43) 45 (47) 49 (51) 51 M auf der Nadel sind. Weiter stricken, bis die Ärmel (12) 14 (16) 18 (20) 23 (26) 29 (33) 36 cm lang sind.

1 Rd re stricken und gleichzeitig die Markiermasche abnehmen (in der kleinsten Größe die Abnahme weglassen). Zur NS 2,5 wechseln und (8) 8 (8) 8 (10) 10 (10) 12 (12) 12 Reihen Rippenmuster stricken. In der letzten Reihe abketten.

Alle Fäden ver- und Löcher unter den Armen zusammennähen. Knöpfe annähen. Jacke spannen, anfeuchten und trocknen lassen.

Klompelompe Tynn Merinoull
Farbe 2652 und Farbe 7251

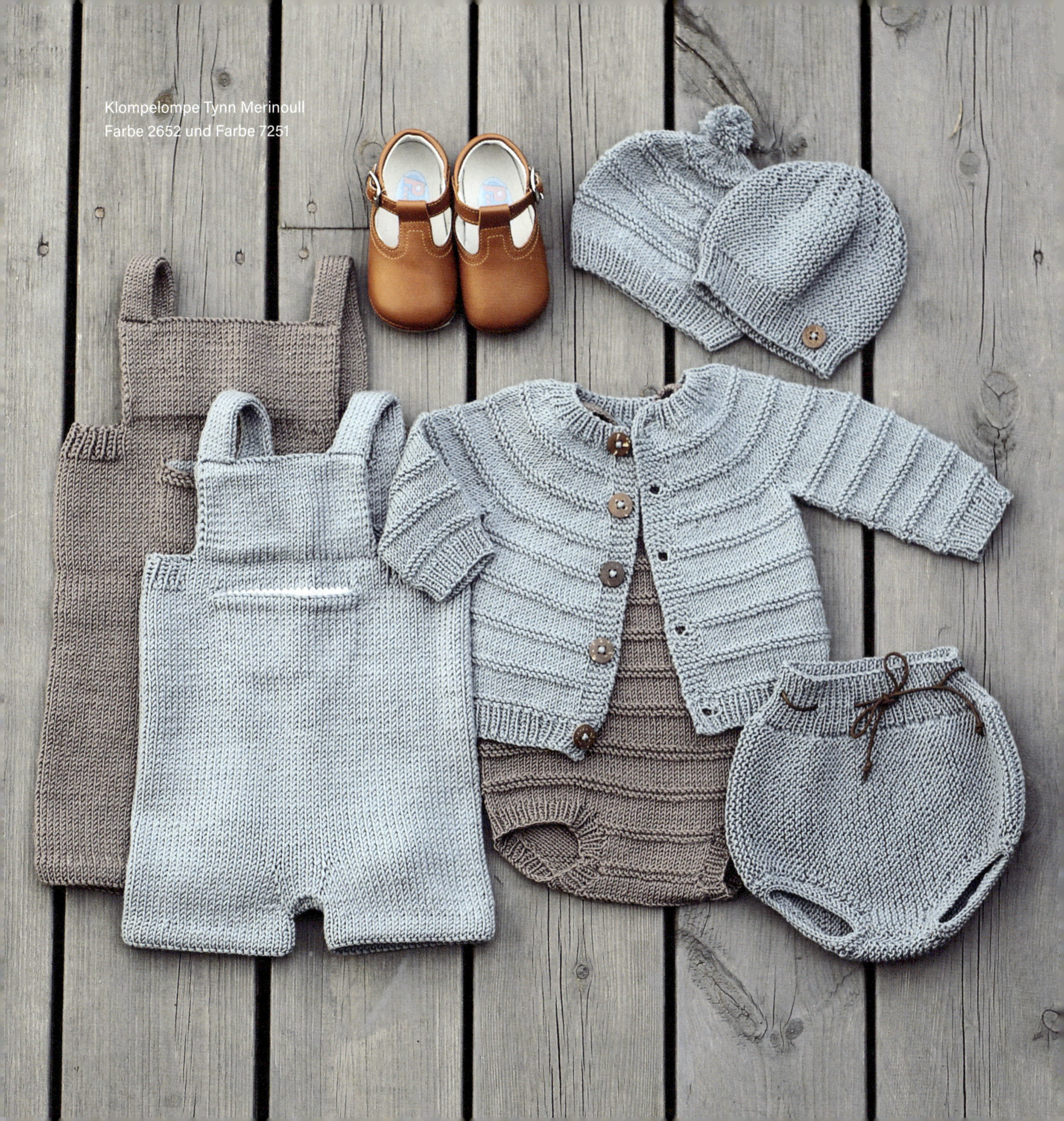

Strampler David

Passend zur Jacke David ist der Strampler im selben Strukturstreifenmuster gearbeitet.

GRÖSSE Mon (0-2) 3 (6) 12 (18) 24 (36)
GARN Klompelompe Tynn Merinoull, Farbe 2652 (175m / 50g)
GARNMENGE (100) 100 (100) 100 (100) 100 (150) g
NADELN Rundstricknadeln NS. 2,5 und 3, jeweils 40 cm, Nadelspiel NS 2,5; optional: Rundstricknadel (80 cm) in gleicher Stärke für Magic Loop
MASCHENPROBE 27 re Ma mit NS 3 = 10 cm
MASSE
Brustumfang: ca. (42) 44,5 (48) 49,5 (52) 53 (55,5) cm
Länge (ab Latz nach unten): ca. (30) 33 (35) 38 (41) 43 (44) cm

Die Arbeit wird oben am Latz begonnen und zunächst in Reihen gestrickt.

(37) 37 (39) 41 (43) 45 (47) M mit NS 2,5 anschlagen.
6 Reihen im Rippenmuster stricken, die erste Reihe rechts stricken. In der 3. Reihe Knopflöcher wie folgt arbeiten: 3 M Rippenmuster, 2 M abketten, weiter Rippenmuster stricken, bis noch 5 M übrigbleiben, 2 M abketten, 3 M Rippenmuster. In der nächsten Reihe 2 neue M dort anschlagen, wo vorher abgekettet wurde.

Zu NS 3 wechseln. Die 4 äußeren M beidseitig kraus re stricken, bei den mittleren M im Strukturmuster stricken:
7 Reihen glatt re stricken.
3 Reihen kraus re stricken.
Diese 10 Reihen wiederholen, bis die Arbeit (7,5) 8,5 (9) 10 (10) 11 (11) cm lang ist. Den Faden abschneiden.

(39) 42 (46) 47 (49) 50 (52) M auf der Nadel anschlagen, die (37) 37 (39) 41 (43) 45 (47) M vom Latz im Strukturmuster von oben (inkl. kraus re am Rand) stricken, dann (38) 41 (45) 46 (48) 49 (51) M anschlagen und zur Runde schließen = (114) 120 (130) 134 (140) 144 (150) M auf der Nadel. Die erste Masche ist hinten in der Mitte.

Die Maschen, die Sie neu angeschlagen haben, über 6 Rd im Rippenmuster stricken, inkl. der 4 M auf beiden Seiten, die vorher kraus re gestrickt wurden. Die verbleibenden Maschen vorn weiterhin im Strukturmuster stricken.

In der nächsten Rd das Rückenteil mit verkürzten Reihen länger arbeiten (nach jedem Wenden arbeiten Sie einen Umschlag (U). Beim nächsten Mal, wenn Sie den U erreichen, den U und die nächste M re zus stricken):

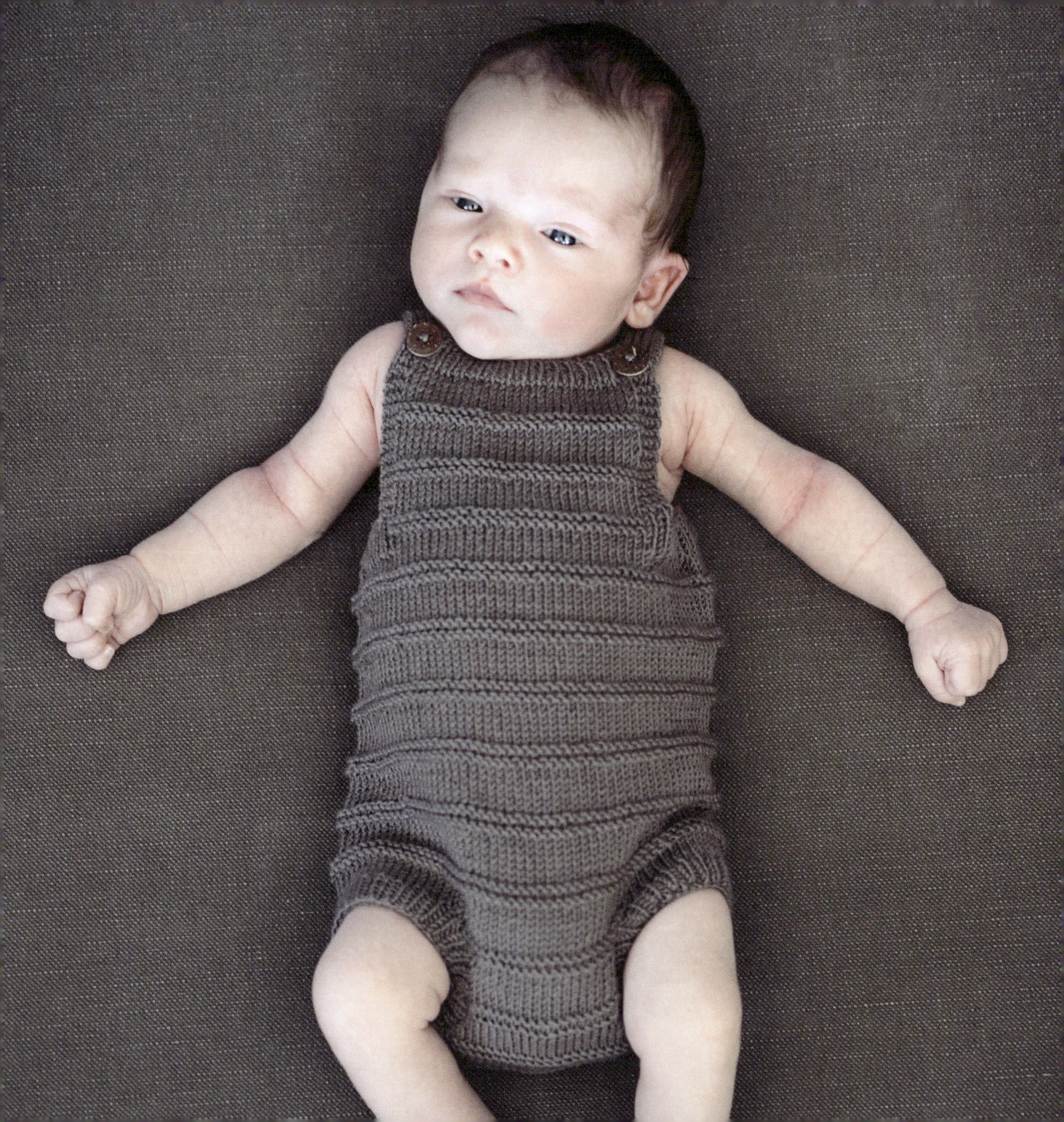

16 M re stricken, wenden, 31 M li, wenden, 39 M re, wenden, 47 M li, wenden. Die Schritte "Stricken und Wenden" fortsetzen und dabei jedes Mal 8 M mehr stricken als vor dem letzten Wenden (z.B. 47 + 8 = 55 ; 55 + 8 = 63 M usw.) - bis Sie auf jeder Seite (3) 3 (3) 4 (4) 4 (4) Mal gewendet haben. Bis zum Beginn der Rd re stricken.

Weiter auf allen Maschen Strukturmuster stricken (damit starten, wenn Sie mit der Runde beim Latz angekommen sind). Das Muster wird in Runden wie folgt gestrickt:
7 Rd re, 1 Rd li, 1 Rd re, 1 Rd li.

Wenn die Arbeit (24) 27 (29) 31 (33) 35 (37) cm lang ist, Faden abschneiden und die nächsten (26) 28 (30) 31 (32) 33 (35) M auf die rechte Nadel heben.
Dann die hinteren (50) 54 (58) 60 (62) 64 (68) M (Rückenteil) in Reihen im Strukturmuster stricken.
Dabei in der Hinreihe wie folgt abnehmen: 2 M re zus, re weiter stricken, bis noch 2 M übrigbleiben, 2 re zus.

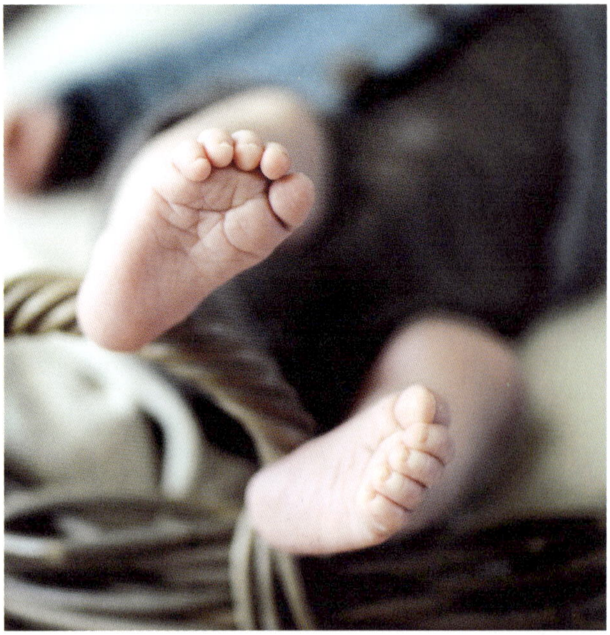

Die Abnahmen in jeder Hinreihe wiederholen, bis noch (20) 20 (22) 22 (24) 24 (24) M auf der Nadel verbleiben. Abketten.

Jetzt (19) 20 (21) 21 (23) 23 (23) M auf jeder Seite des Rückenteils auf Hilfsnadeln heben und die (26) 26 (30) 32 (32) 34 (36) M vorn in der Mitte separat stricken – immer noch im Strukturmuster.
Dabei in der Hinreihe wie folgt abketten: 2 M re zus, weiter stricken, bis noch 2 M übrigbleiben, 2 M re zus.
Das Abketten auf jeder Hinreihe, wiederholen, bis (20) 20 (22) 22 (24) 24 (24) M auf der Nadel verbleiben.
Ohne Abketten weiterarbeiten, bis das Vorderteil ca. 2 cm kürzer ist als das Rückenteil. Abketten. Vorder- und Rückenteil mit Maschenstich Stichen zusammennähen (s. Seite 22).

Rund um die Beinöffnung mit NS 2,5 Maschen aufnehmen, 1 M aus jeder Masche, aber jede 4. Masche überspringen, die Maschen von der Hilfsnadel aufnehmen.
(6) 6 (6) 8 (8) 8 (8) Rd im Rippenmuster (1 M re, 1 M li) arbeiten und beim Stricken der letzten Rd abketten.

TRÄGER

Hinten in der Mitte 19 M aufnehmen. (10) 10 (10) 12 (12) 14 (14) Reihen im Rippenmuster arbeiten (1 M re, 1 M li).
In der nächsten Reihe die mittlere beiden M abketten und jeden Träger einzeln für sich stricken (jeweils 9 M).
Rippenmuster stricken, bis die Träger (15) 18 (20) 22 (24) 26 (28) cm lang ist (gemessen von dort, wo die Maschen aufgenommen wurden).
Alle Fäden vernähen und an den Trägerenden Knöpfe festnähen.
Kleidungsstück feucht spannen und trocknen lassen.

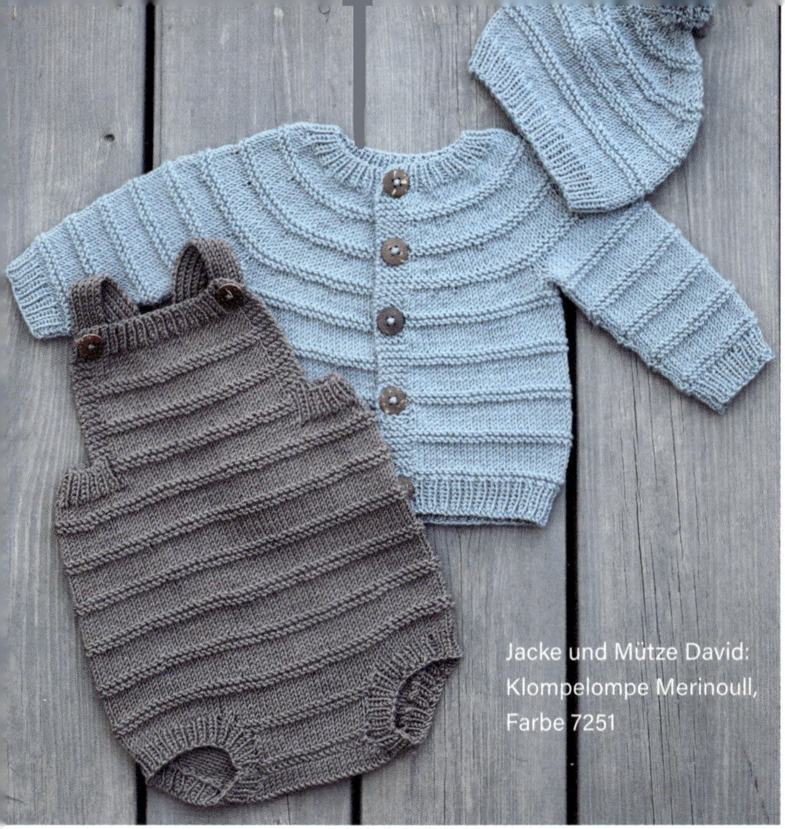

Jacke und Mütze David: Klompelompe Merinoull, Farbe 7251

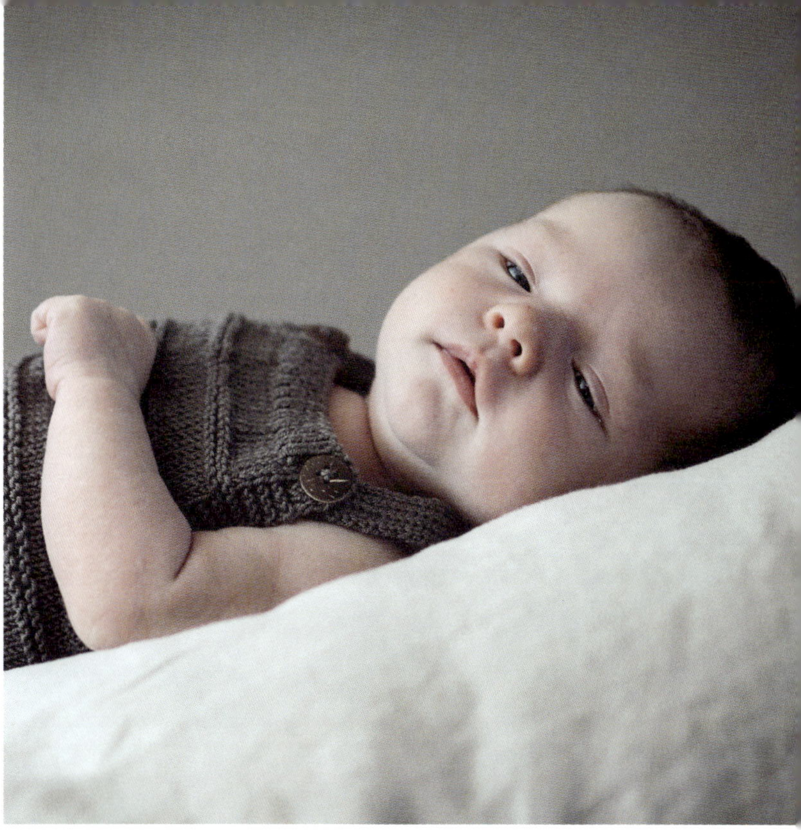

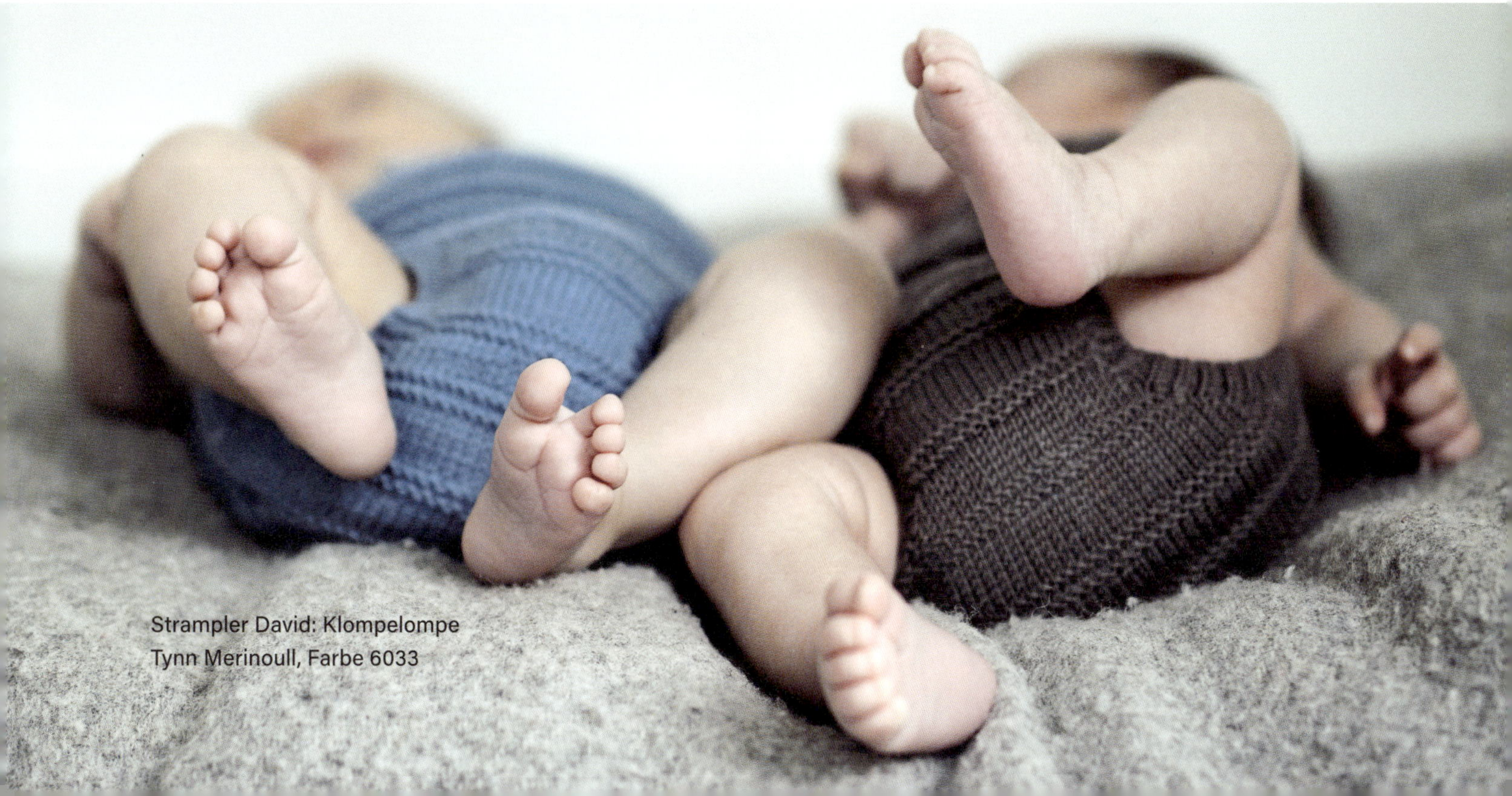

Strampler David: Klompelompe Tynn Merinoull, Farbe 6033

Söckchen David

Einfache Socken mit perfekter Passform für Ihr Baby. Dank der Schnürung können sie nicht vom Fuß rutschen.

GRÖSSE Mon (0-4) 4-12 (18), Ja 2-3
GARN Klompelompe Tynn Merinoull , Farbe 2652 (175m / 50g)
GARNMENGE 50 g für alle Größen
NADELN Nadelspiel NS 3, optional: Rundstricknadel (80 cm) in gleicher Stärke für Magic Loop
MASCHENPROBE 27 re M mit NS 3 = 10 cm

Die Söckchen werden von oben und in Runden gestrickt.

(40) 42 (46) 48 M mit NS 3 anschlagen.
1 Rd li, 1 Rd re, 1 Rd li, 7 Rd re stricken.
- insgesamt (3) 4 (4) 4 Mal wiederholen.

Die Löcher für die Schnürung wie folgt arbeiten:
Größe Mon 0-4: *2 M re zus, 1 U, 2 M re* stricken. *-* über die gesamte Reihe hinweg wiederholen.
Größe Mon 4-12: *2 M re zus, 1 U, 2 M re* stricken. *-* 5 Mal wiederholen, 2 M re, *-* 5 Mal wiederholen.
Größe Mon 18: *2 M re zus, 1 U, 2 M re* stricken. *-* 5 Mal wiederholen, 6 M re, *-* 5 Mal wiederholen.
Größe Ja 2-3: *2 M re zus, 1 U, 2 M re* stricken. *-* über die gesamte Reihe hinweg wiederholen.
3 Rd re stricken. Faden abschneiden.
Die ersten (12) 13 (14) 14 M und die letzten (12) 13 (14) 14 M auf Hilfsnadeln stilllegen, und die mittleren (16) 16 (18) 20 M weiter stricken (= Vorderteil).

FUSSSPANN
Glatt re in Reihen stricken, bis das das Vorderteil ca. (3,5) 4,5 (5,5) 6,5 cm misst. Ab der nächsten Reihe (Hinreihe) wie folgt abketten:
2 M re zus stricken, re weiter stricken, bis noch 2 M übrig sind. 1 M lose abh, 1 M re, die lose M überheben.
Die Abnahmen in jeder Hinreihe wiederholen, insgesamt (3) 3 (4) 4 Mal. In der nächsten Reihe (Rückreihe) abketten.

Hinten in der Mitte der Socke am Rundenanfang wieder beginnen. Die Maschen von der Hilfsnadel re stricken, Maschen rund um das Vorderteil aufnehmen (ca. 1 M in jeder M, aber an den Seiten ca. jede 4. M überspringen) und die Maschen auf der zweiten Hilfsnadel wieder re stricken = (62) 68 (74) 80 M auf der Nadel.

(3,5) 3,5 (4,5) 5,5 cm kraus re (1 Rd li, 1 Rd re) stricken. Wenn die nächste Rd re ansteht, wie folgt abnehmen:
1 M re, 2 M re zus, (22) 25 (28) 31 M re, 2 M re zus, 8 M re, 2 M re zus, (22) 25 (28) 31 M re, 2 M re zus, 1 M re.
1 Rd li stricken.

Nächste Rd:
1 M re, 2 M re zus, (18) 21 (24) 27 M re, 2 M re zus, 2 M re zus, 8 M re, 2 M re zus, 2 M re zus (18) 21 (24) 27 M re, 2 M re zus, 1 M re.
1 Rd li stricken.

Nächste Rd:
1 M re, 2 M re zus, 2 M re zus, (17) 20 (23) 26 M re, 2 M re zus, 1 M re, 2 M re zus, 1 M re, 2 M re zus, (17) 20 (23) 26 M re, 2 M re zus, 2 M re zus, 1 M re.
1 Rd li stricken.

Nächste Rd:
1 M re, 2 M re zus, (16) 19 (22) 25 M re, 2 M re zus, 3 M re, 2 M re zus, (16) 19 (22) 25 M re, 2 M re zus, 1 M re.
1 Rd li stricken.
Danach 1 Rd re stricken und dabei abketten.

Die Sockenspitze zusammen- und Fäden vernähen. Eine Kordel herstellen, die durch die Löcher gezogen wird.

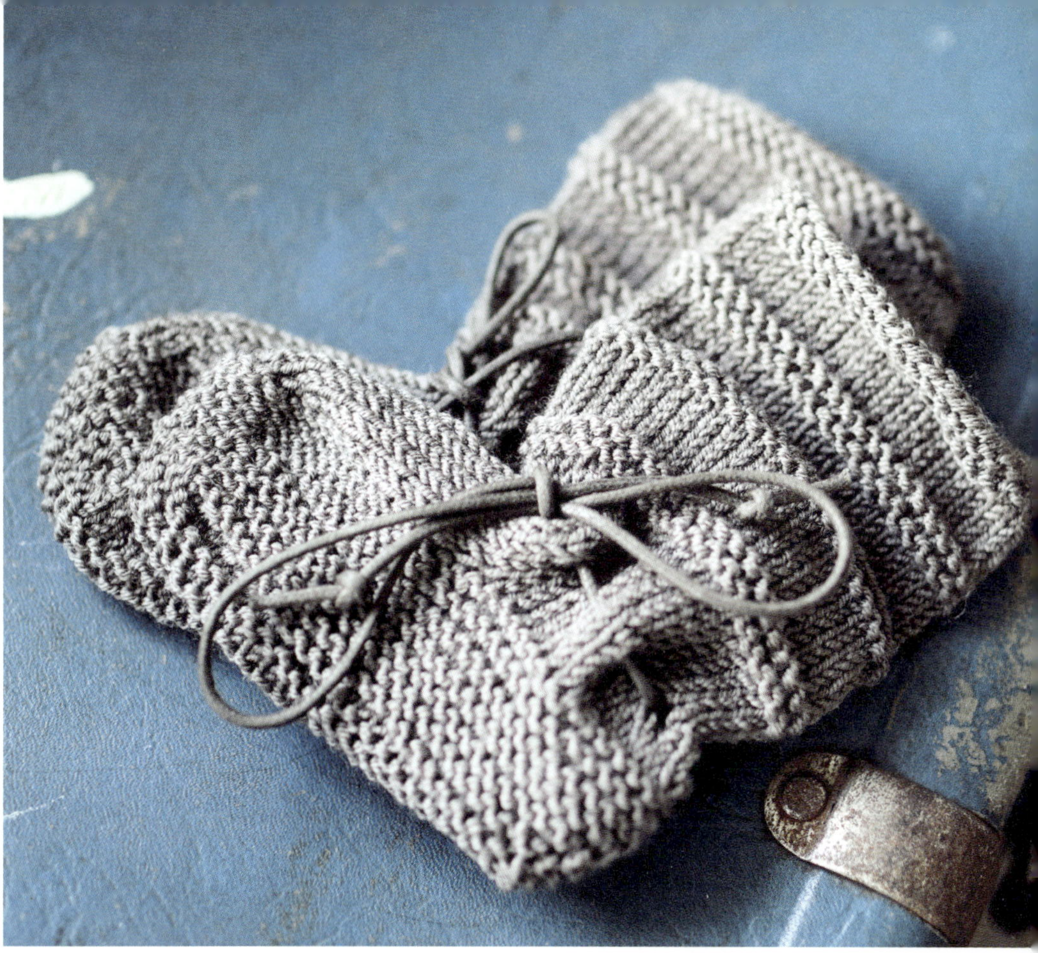

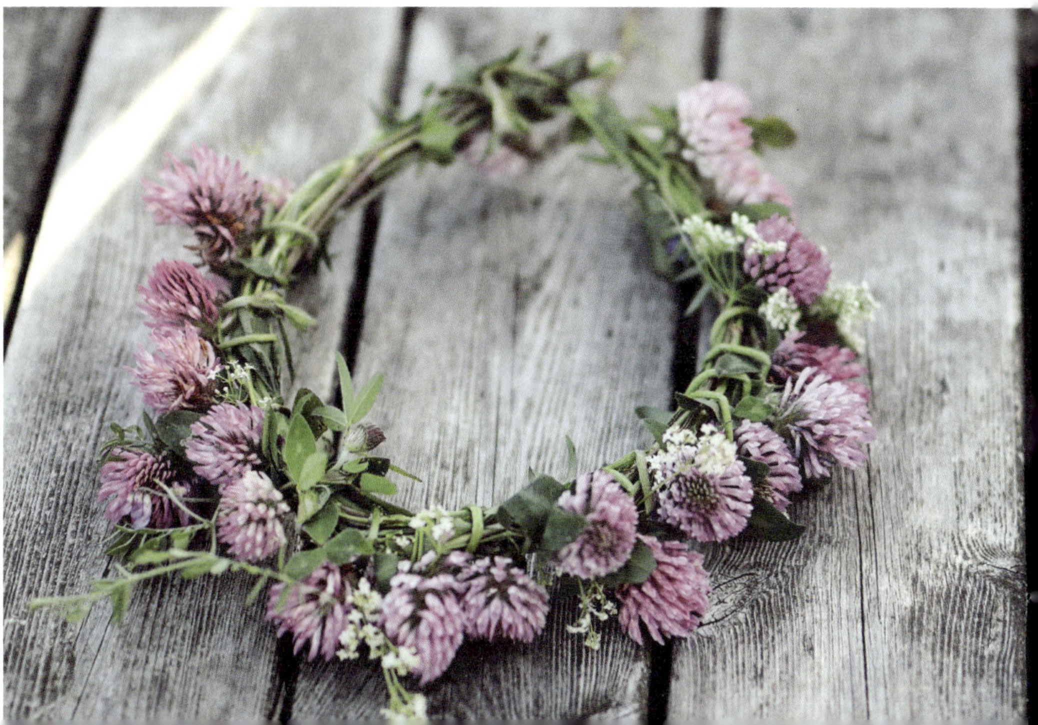

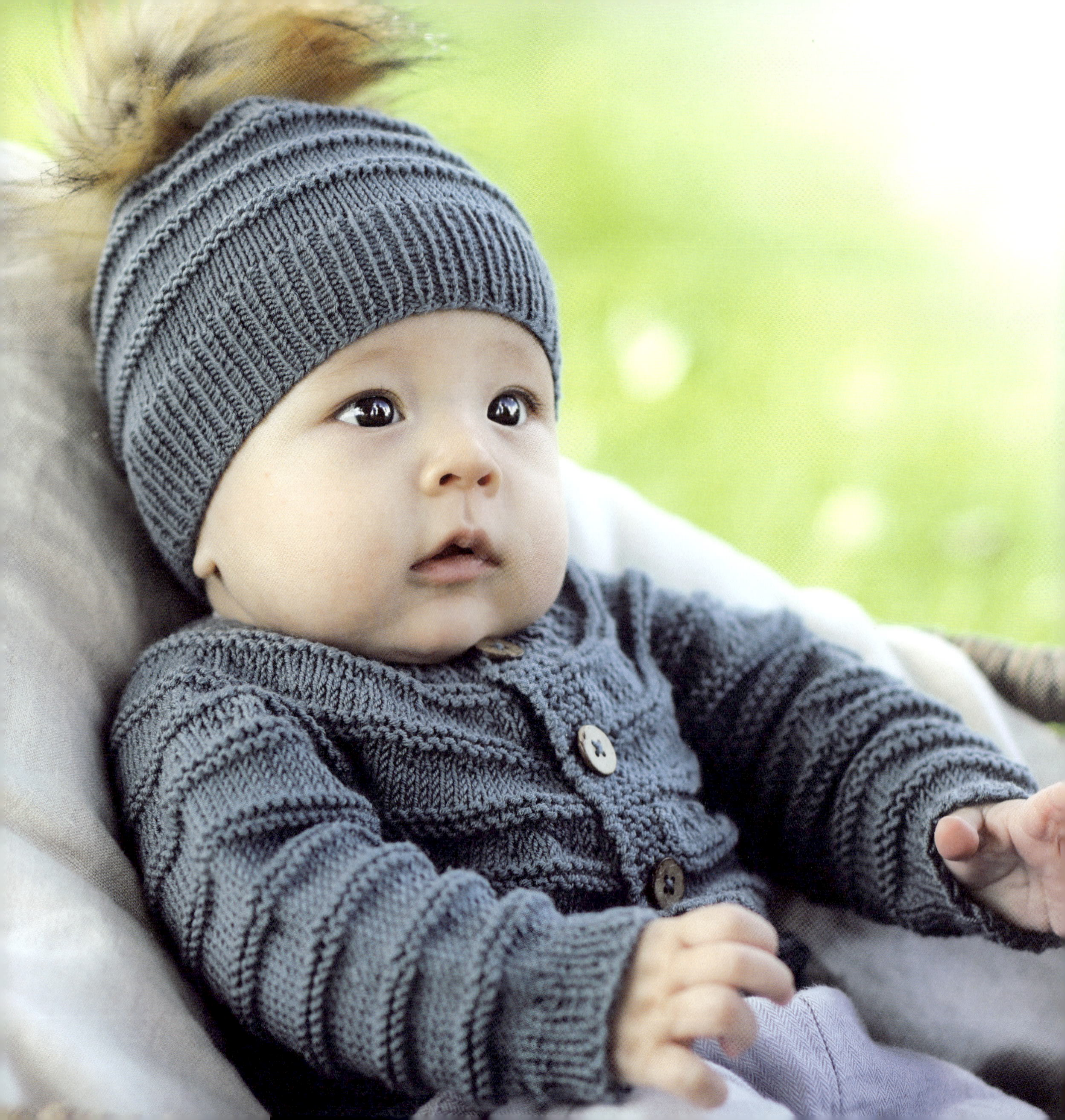

Mütze David

Eine auf dünnen Nadeln gestrickte Mütze mit Strukturstreifenmuster. Sie kann mit einer Bommel aus Kunstpelz geschmückt werden – oder Sie fertigen eine Bommel aus Restwolle.

GRÖSSE Mon 0-1 (1-3) 3-6, Ja (1) 2-3 (5-7) 8-10
GARN Klompelompe Tynn Merinoull, Farbe 6571 (175m / 50g)
GARNMENGE 50 g für alle Größen
NADELN Rundstricknadeln NS 2,5 und 3, je 40 cm, Nadelspiel NS. 3
MASCHENPROBE 27 re M mit NS 3 = 10 cm

80 (88) 94 (100) 100 (108) 116 M mit NS 2,5 anschlagen. 3 (3) 3 (4) 5 (5) 6 cm Rippenmuster in Runden stricken (1 M re, 1 M li).
Zu NS 3 wechseln. 1 Rd re stricken und dabei gleichmäßig verteilt 0 (0) 2 (4) 4 (4) 4 M zunehmen = 80 (88) 96 (104) 104 (112) 120 M auf der Nadel. Weiter im Strukturmuster stricken.

STRUKTURMUSTER:
Folgende 10 Rd wiederholen:
7 Rd re, 1 Rd li, 1 Rd re, 1 Rd li.
Ab sofort wird in den ungeraden Rd im Muster abgenommen (so dass niemals in den Rd abgenommen wird, in denen li gestrickt wird).
Mit den Abnahmen beginnen, wenn die Arbeit ca. 8,5 (9,5) 10,5 (11,5) 13,5 (15,5) 17,5 cm lang ist, und in jeder 4. Rd wie folgt abnehmen:
1. Mal: *6 M re, 2 M re zus*. *-* über die gesamte Rd hinweg wiederholen.
2. Mal: *5 M re, 2 M re zus*. *-* über die gesamte Rd hinweg wiederholen.
3. Mal: *4 M re, 2 M re zus*. *-* über die gesamte Rd hinweg wiederholen.
4. Mal: *2 M re, 2 M re zus*. *-* über die gesamte Rd hinweg wiederholen, mit 2 (3) 0 (1) 1 (2) 3 M re abschließen.
5. Mal: *1 M re, 2 M re zus*. *-* über die gesamte Rd hinweg wiederholen, mit 2 (0) 0 (1) 1 (2) 0 M re abschließen.
6. Mal: *2 M re zus*. *-* über die gesamte Rd hinweg wiederholen, mit 0 (0) 0 (1) 1 (0) 0 M re abschließen.

Von jetzt ab glatt re arbeiten.
1 Rd re stricken.
In der nächsten Rd *2 M re zus*. *-* über die gesamte Rd hinweg wiederholen, mit 1 (0) 1 (1) 1 (0) 1 M re abschließen.
Den Faden durch die Maschen führen und zusammenziehen. Ggf. eine Bommel befestigen. Fäden vernähen, Mütze feucht spannen und trocknen lassen.

Jacke Schmetterling

Der Schmetterling ist für uns DAS Symbol des Sommers, so schön bunt! Diese Jacke können Sie so bunt stricken, wie sie möchten. Wir lieben sie als Zubehör zum Sommerkleid!

GRÖSSE Ja (1) 2 (4) 6 (8) 10
GARN Klompelompe Tynn Merinoull (175m / 50g)
Farbe A: 4032
Farbe B: 1013
Farbe C: 2652
Farbe D: 4344
GARNMENGE
Farbe A: (150) 150 (200) 200 (250) 300 g
Farbe B: 50 g für alle Größen
Farbe C: 50 g für alle Größen
Farbe D: 50 g für alle Größen
NADELN Rundstricknadeln NS 2,5 und 3, jeweils 40 cm und 60 cm, Nadelspiele NS 2,5 und 3
MASCHENPROBE 27 re M mit NS 3 = 10 cm
MASSE *Brustumfang:* ca. (55) 57 (63) 71 (75) 77,5 cm
Länge: ca. (33) 38 (42) 46,5 (49,5) 52 cm

Die Arbeit wird von oben nach unten gestricken, zunächst in Reihen.
(91) 95 (101) 101 (109) 109 M auf Rundstricknadel NS 2,5 in Grundfarbe (Farbe A) anschlagen, dann (3) 3 (3) 3,5 (3,5) 3,5 cm im Rippenmuster stricken (1 M re, 1 M li).
Zu NS 3 wechseln und die Maschen zur Runde schließen. Ab sofort wird rund gestrickt. 1 Rd re stricken und dabei 7 Steekmaschen aufschlingen.
ACHTUNG: Die Steekmaschen sind nicht Bestandteil der Maschenanzahl im Musterdiagramm weiter unten.

1 Rd re stricken und gleichmäßig verteilt (46) 50 (44) 52 (52) 52 M zunehmen = (137) 145 (145) 153 (161) 161 M auf der Nadel. Mit dem Musterdiagramm beginnen. Wenn Sie mit dem Musterdiagramm fertig sind, sollten Sie (239) 253 (253) 305 (321) 321 M auf der Nadel haben. (0) 4 (3) 5 (8) 8 Rd in Grundfarbe stricken. Dann 1 Rd re stricken und (8) 6 (26) 0 (0) 12 M gleichmäßig verteilt zunehmen = (247) 259 (279) 305 (321) 333 M auf der Nadel.
Für Größe 4 Jahre: 4 Rd re stricken.
Für Größe 8 (10) Jahre: 4 (6) Rd re stricken.

Maschen für die Ärmel wie folgt auf Hilfsnadeln stillegen: (33) 34 (38) 43 (46) 47 M re stricken, die nächsten (56) 60 (62) 64 (66) 69 M auf eine Hilfsnadel setzen (Ärmelmaschen), 7 M unter den Armen aufschlingen, (69) 71 (79) 91 (97) 101 M re stricken, die nächsten (56) 60 (62) 64 (66) 69 M auf eine Hilfsnadel setzen (Ärmelmaschen), 7 M unter den Armen aufschlingen, (33) 34 (38) 43 (46) 47 M re stricken.

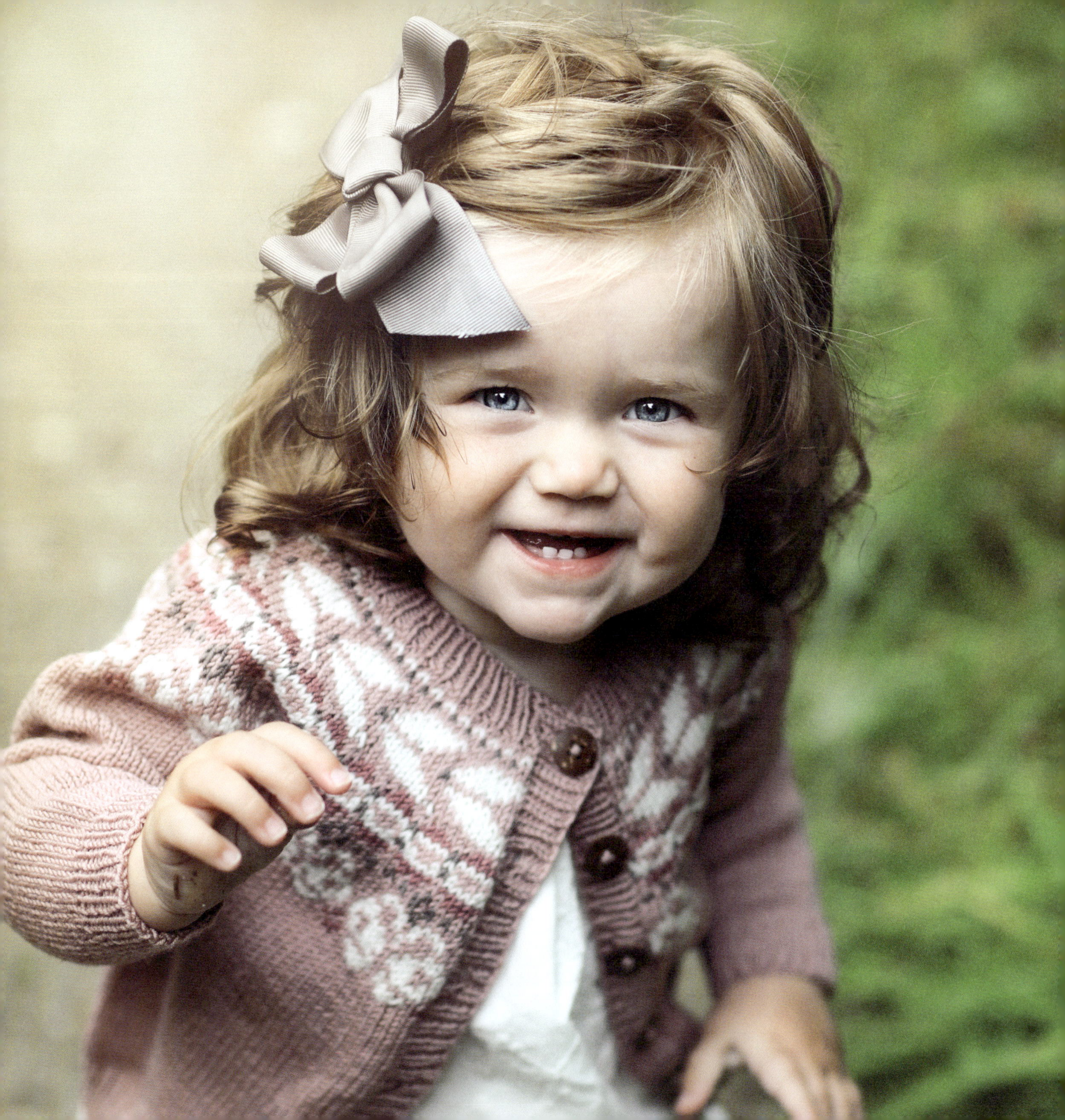

Musterdiagramm für 6 (8) 10 Jahre

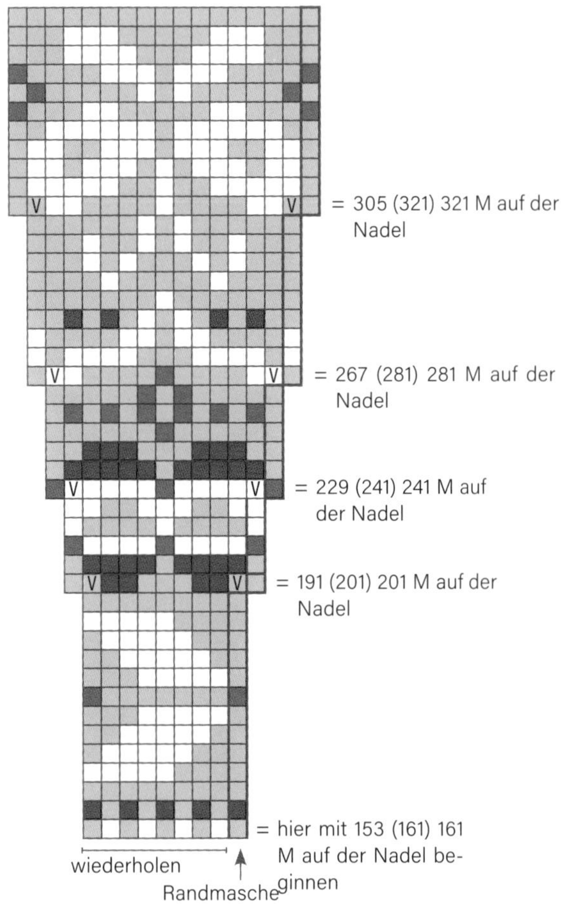

Musterdiagramm für (1) 2 (4) Jahre

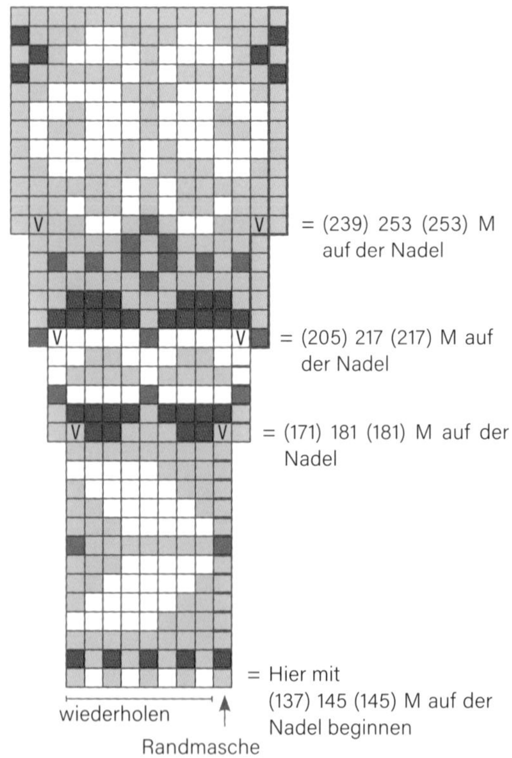

- Farbe A
- Farbe B
- Farbe C
- Farbe D
- V – hier zunehmen, indem Sie den Faden zwischen den Maschen re verschränkt in der Farbe stricken, die im Kästchen angezeigt wird

VORDER- UND RÜCKENTEIL

Sie haben jetzt (149) 153 (169) 191 (203) 209 M auf der Nadel. Glatt re in der Grundfarbe stricken, bis die Arbeit (30) 35 (39) 43 (46) 48 cm lang ist. 1 Rd re stricken und dabei die Steekmaschen abketten. Zu NS 2,5 wechseln. (3) 3 (3) 3,5 (3,5) 4 cm Rippenmuster in Reihen stricken (1 re, 1 li). Beim Stricken der letzten Reihe abketten.

ÄRMEL

4 M auf der Nadel anschlagen, die (56) 60 (62) 64 (66) 69 M stricken, die auf der Hilfsnadel waren, und 3 M auf-

schlingen. Die Ärmel werden mit dem Nadelspiel rund glatt re gestrickt. Die erste Masche (Markiermasche, MM) wird über den gesamten Ärmel hinweg li gestrickt.

Wenn der Ärmel 2 cm misst, wie folgt abnehmen:
1 M li (MM) stricken, 2 M re zus, bis 2 M vor der MM stricken, 1 M lose abheben, 1 M re, die lose M überheben.
Diese Abnahmen alle (2) 2 (2) 2,5 (2,5) 3 cm wiederholen, bis Sie (45) 49 (49) 51 (51) 56 M auf der Nadel haben. Stricken, bis der Ärmel (19) 22 (25) 27 (31) 34 cm lang ist. 1 Rd re stricken und (1) 1 (1) 1 (1) 0 M abnehmen. Zu NS 2,5 wechseln und (3) 3 (3) 3,5 (3,5) 4 cm Rippenmuster (1 M re, 1 M li) stricken. Abketten.

FERTIGSTELLUNG
2 feste Maschinennähte auf beiden Seiten der Mitte der Steekmaschen nähen. Aufschneiden. Mit NS 2,5 auf beiden Seiten aus den Randmaschen Maschen für die Knopfleisten aufnehmen, ca. 1 M in jeder Masche, aber jede 4. M überspringen.
8 Reihen im RIppenmuster stricken (1 M re, 1 M li) stricken. ACHTUNG: Auf einer Seite dabei Knopflöcher arbeiten. Knopflöcher werden für Mädchen meist auf der rechten und für Jungen auf der linken Seite gearbeitet.
Gleichmäßig verteilt (7) 8 (8) 8 (9) 9 Knopflöcher arbeiten. In der 3. Reihe für jedes Knopfloch 2 M abketten, die in der 4. Reihe wieder aufgeschlungen werden.
Abketten (nicht zu straff).

Die Schnittkante nach innen falten und mit kleinen Stichen festnähen. Fällt es Ihnen schwer, eine gute Kante hinzubekommen, können Sie einen Beleg stricken. Dafür Maschen aufnehmen (so wie bei der Knopfleiste). Glatt re stricken, bis der Beleg breit genug ist, um die Schnittkante zu bedecken. Abketten und Beleg mit einem Faden in der Grundfarbe der Jacke festnähen.

Alle Fäden vernähen, Knöpfe annähen, dann Kleidungsstück feucht spannen und trocknen lassen.

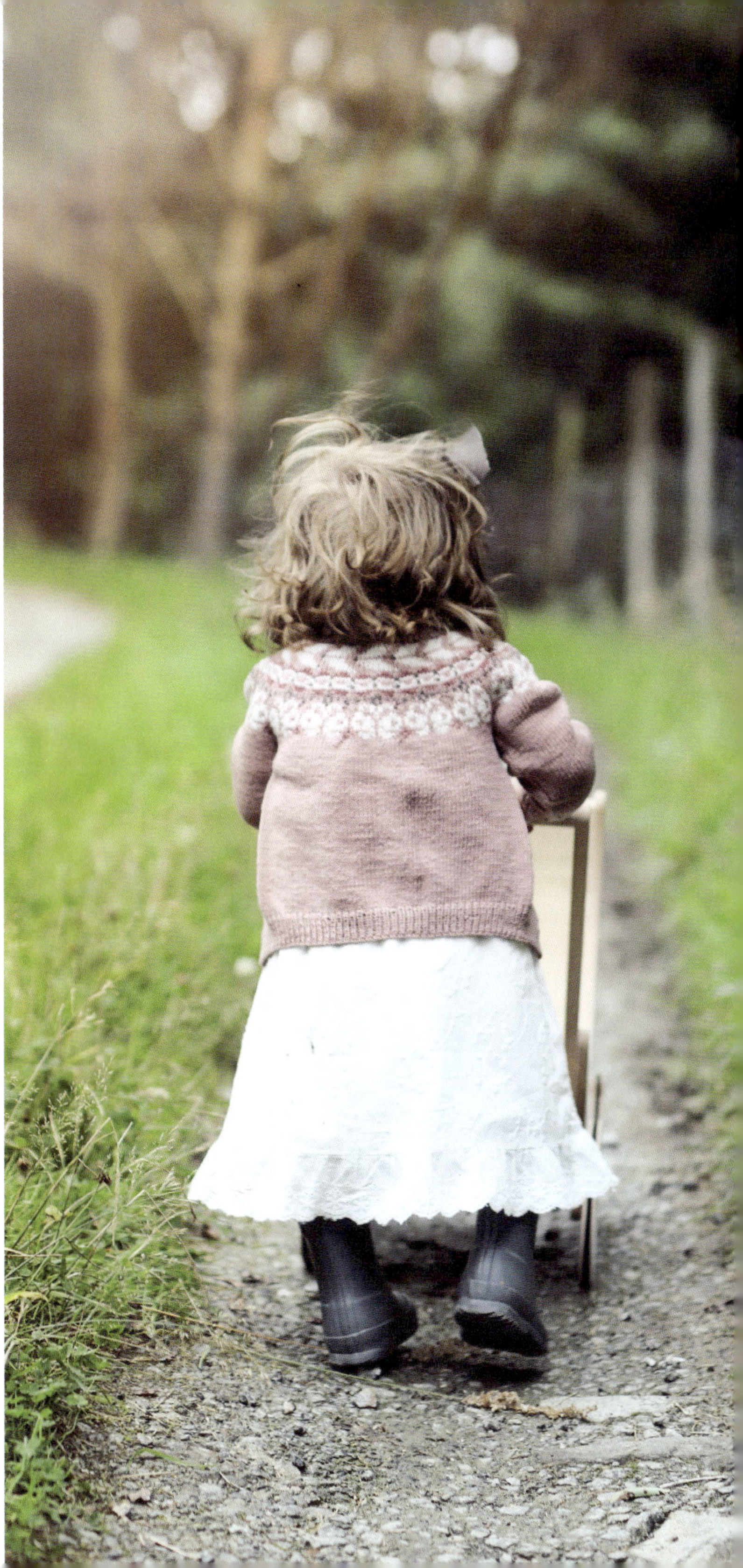

Mütze Schmetterling

Hier auf unserer Insel Karmøy sind wir daran gewöhnt, jederzeit Mützen griffbereit zu haben, auch im Sommer. Diese Mütze wird aus dünnem Garn gestrickt, und ihr Muster passt perfekt zur Jacke Schmetterling.

GRÖSSE Mon 6-12, Ja (1-2) 3-6 (8-12)
GARN Klompelompe Tynn Merinoull, Farbe A: 4331, Farbe B: 1013 (175m / 50g)
GARNMENGE Farbe A: 50 g für alle Größen, Farbe B: 50 g oder ein Rest für alle Größen
NADELN Rundstricknadeln NS 2,5 3, 40 cm, Nadelspiel NS 3
MASCHENPROBE 27 re M mit NS 3 = 10 cm

92 (100) 108 (116) M in Farbe A mit NS 2,5 anschlagen.
3 cm im Rippenmuster stricken (1 M re, 1 M li).
Zu NS 3 wechseln.
1 Rd re stricken und dabei gleichmäßig verteilt 20 M zunehmen = 112 (120) 128 (136) M auf der Nadel.
In der nächsten Runde MM wie folgt setzen: 30 (34) 36 (42) M re, MM, 17 M re, MM, M re über den Rest der Rd hinweg.

Weiter wie folgt stricken:
1. Rd: *1 M re mit Farbe A, 1 M re mit Farbe B*. *-* über die gesamte Rd wiederholen – mit Ausnahme der 17 M zwischen den MM, die nach Musterdiagramm gestrickt werden.
2. Rd: *1 M re mit Farbe B, 1 M re mit Farbe A*. *-* über die gesamte Rd wiederholen – mit Ausnahme der 17 M zwischen den MM, die nach Musterdiagramm gestrickt werden.
Diese beiden Rd wiederholen, bis das Musterdiagramm fertig gestrickt ist.
Ab sofort werden alle Maschen in Farbe A gestrickt.
Glatt re stricken, bis die Arbeit ca. 13 (15) 18 (20) cm lang ist.

Dann wie folgt abnehmen:
6 M re, 2 M re zus stricken. *-* über die gesamte Rd wiederholen = 98 (105) 112 (119) M auf der Nadel.
3 Rd re stricken.

Nächste Rd:
5 M re, 2 M re zus stricken. *-* über die gesamte Rd wiederholen = 84 (90) 96 (102) M auf der Nadel.
2 Rd re stricken.

Nächste Rd:
4 M re, 2 M re zus stricken. *-* über die gesamte Rd wiederholen = 70 (75) 80 (85) M auf der Nadel.
2 Rd re stricken.

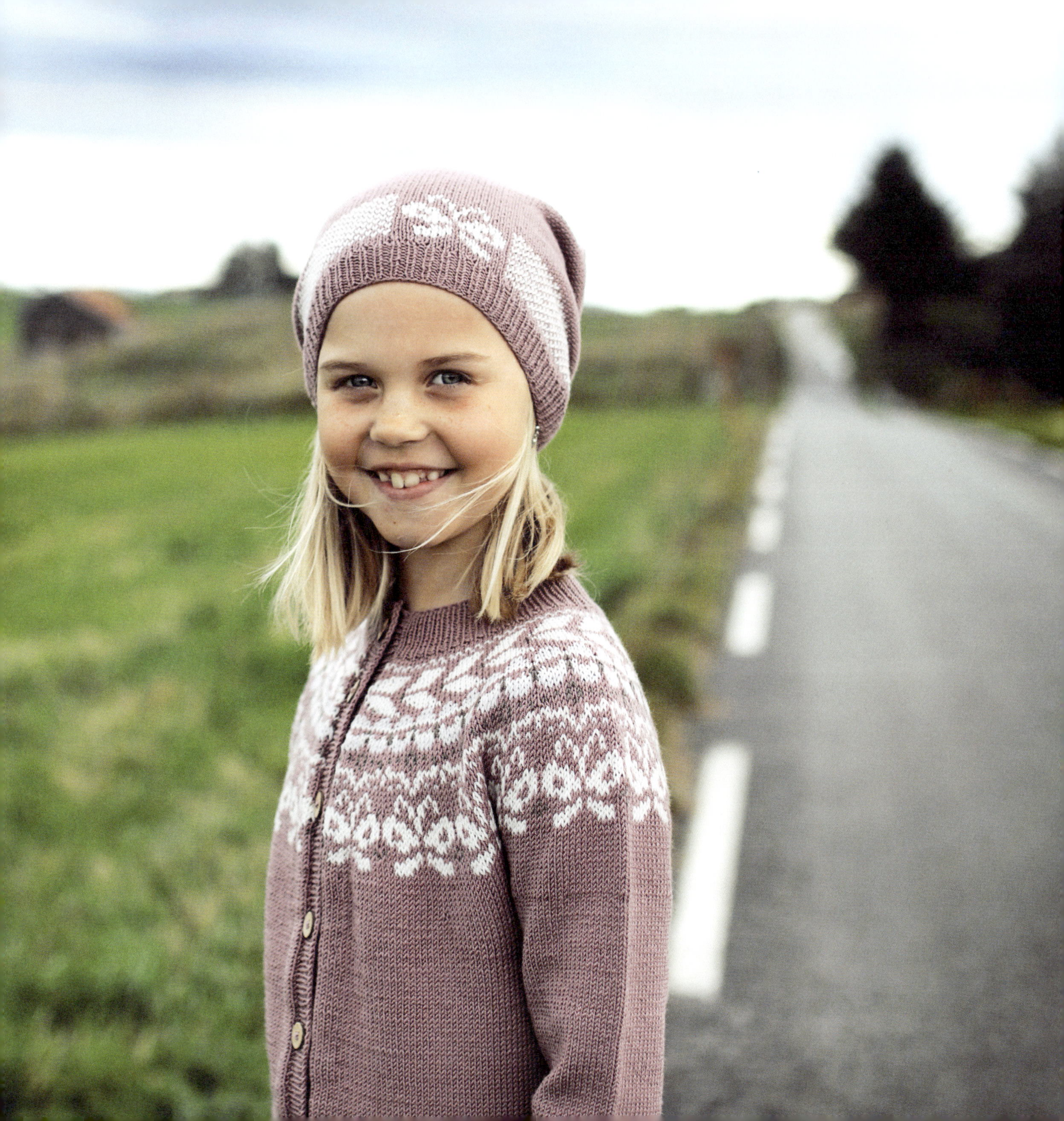

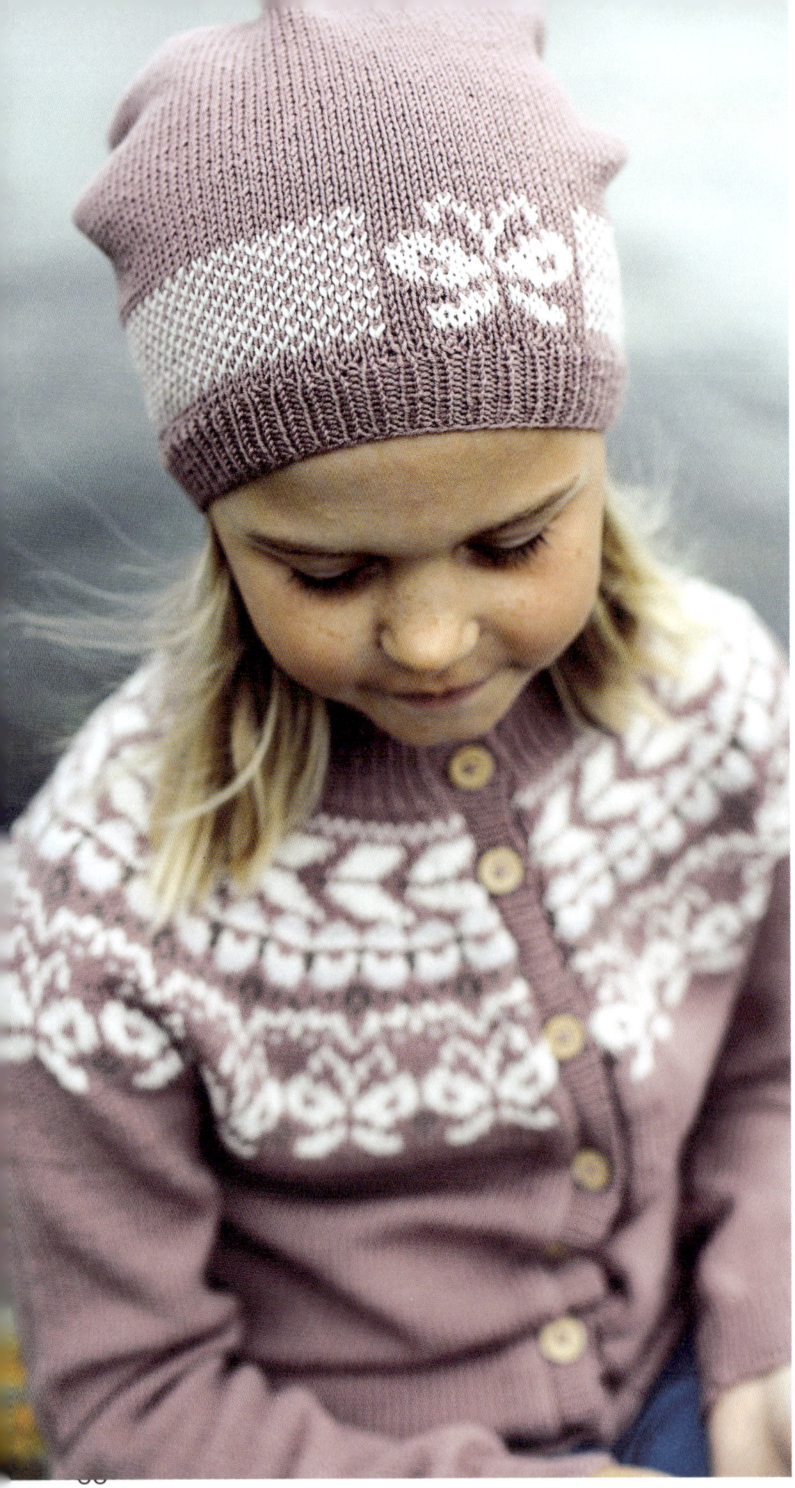

Nächste Rd:
3 M re, 2 M re zus stricken. *-* über die gesamte Rd wiederholen = 56 (60) 64 (68) M auf der Nadel.
2 Rd re stricken.
Nächste Rd:
6 M re, 2 M re zus stricken. *-* über die gesamte Rd wiederholen, aber mit 0 (4) 0 (4) M re abschließen = 49 (53) 56 (60) M auf der Nadel.
2 Rd re stricken.
Nächste Rd:
5 M re, 2 M re zus stricken. *-* über die gesamte Rd wiederholen, mit 0 (4) 0 (4) M re abschließen = 42 (46) 48 (52) M auf der Nadel.
1 Rd re stricken.
Nächste Rd:
4 M re, 2 M re zus stricken. *-* über die gesamte Rd wiederholen, mit 0 (4) 0 (4) M re abschließen = 35 (39) 40 (44) M auf der Nadel.
1 Rd re stricken.
Nächste Rd:
3 M re, 2 M re zus stricken. *-* über die gesamte Rd wiederholen, mit 0 (4) 0 (4) M re abschließen = 28 (32) 32 (36) M auf der Nadel.
1 Rd re stricken.
Nächste Rd:
2 M re, 2 M re zus stricken = 21 (24) 24 (27) M auf der Nadel. 1 Rd re stricken. Dann über die gesamte Rd *2 re zus* stricken, mit 1 (0) 0 (1) M re abschließen.

Den Faden durch die Maschen führen und zusammenziehen. Alle Fäden vernähen, dann die Mützen feucht spannen und trocknen lassen.

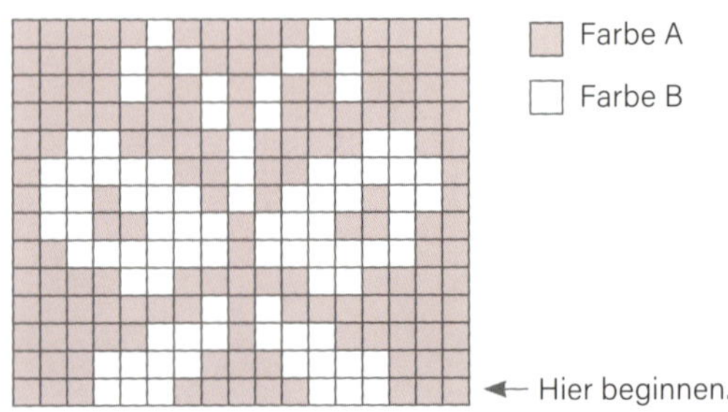

Jacke Schmetterling: Farbe A: 6521, B: 1013, C: 7251, D: 6571
Rock Tulla und Puppenrock Tulla: Farbe 6571
Puppenjacke David: Farbe 6521

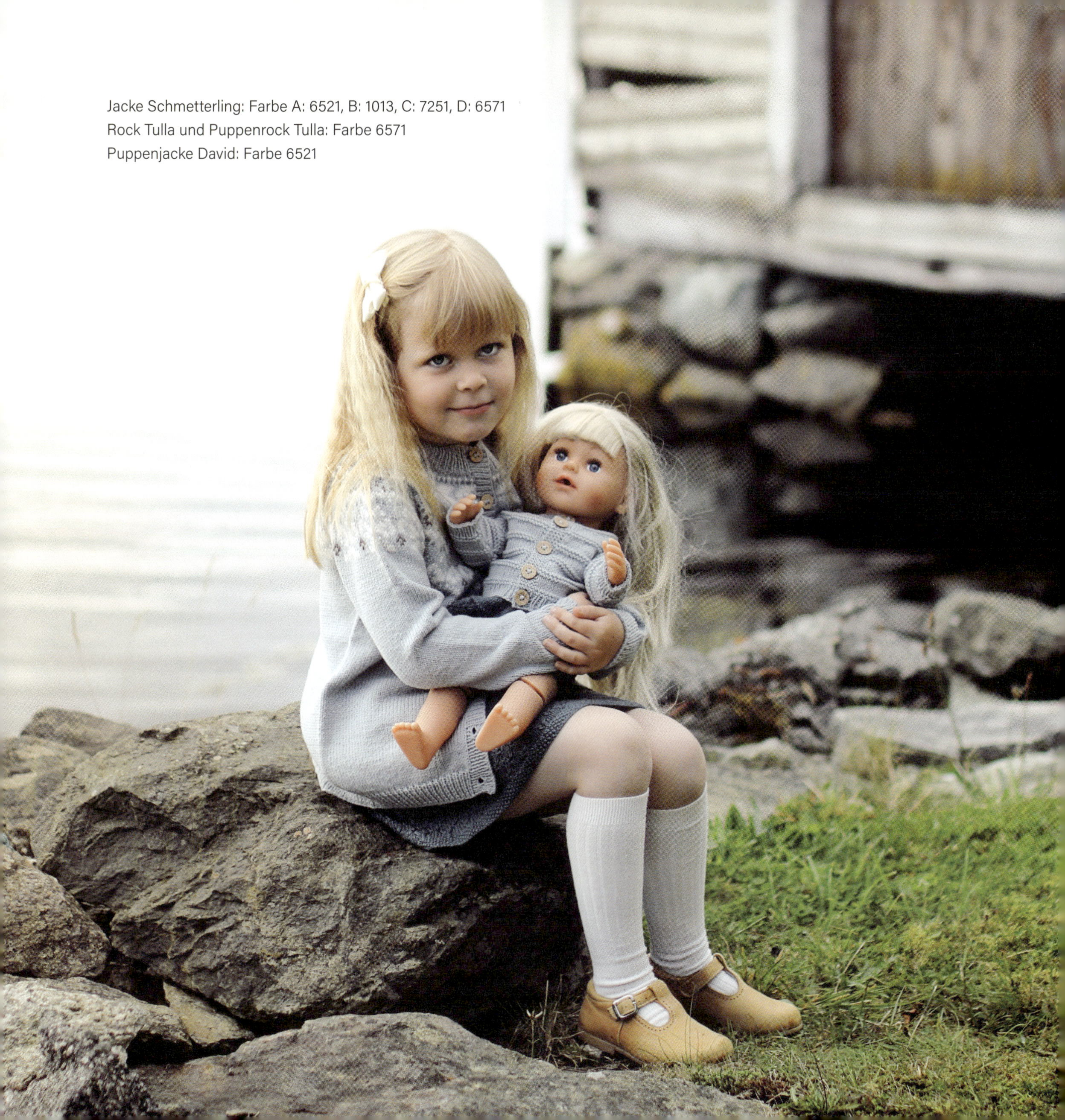

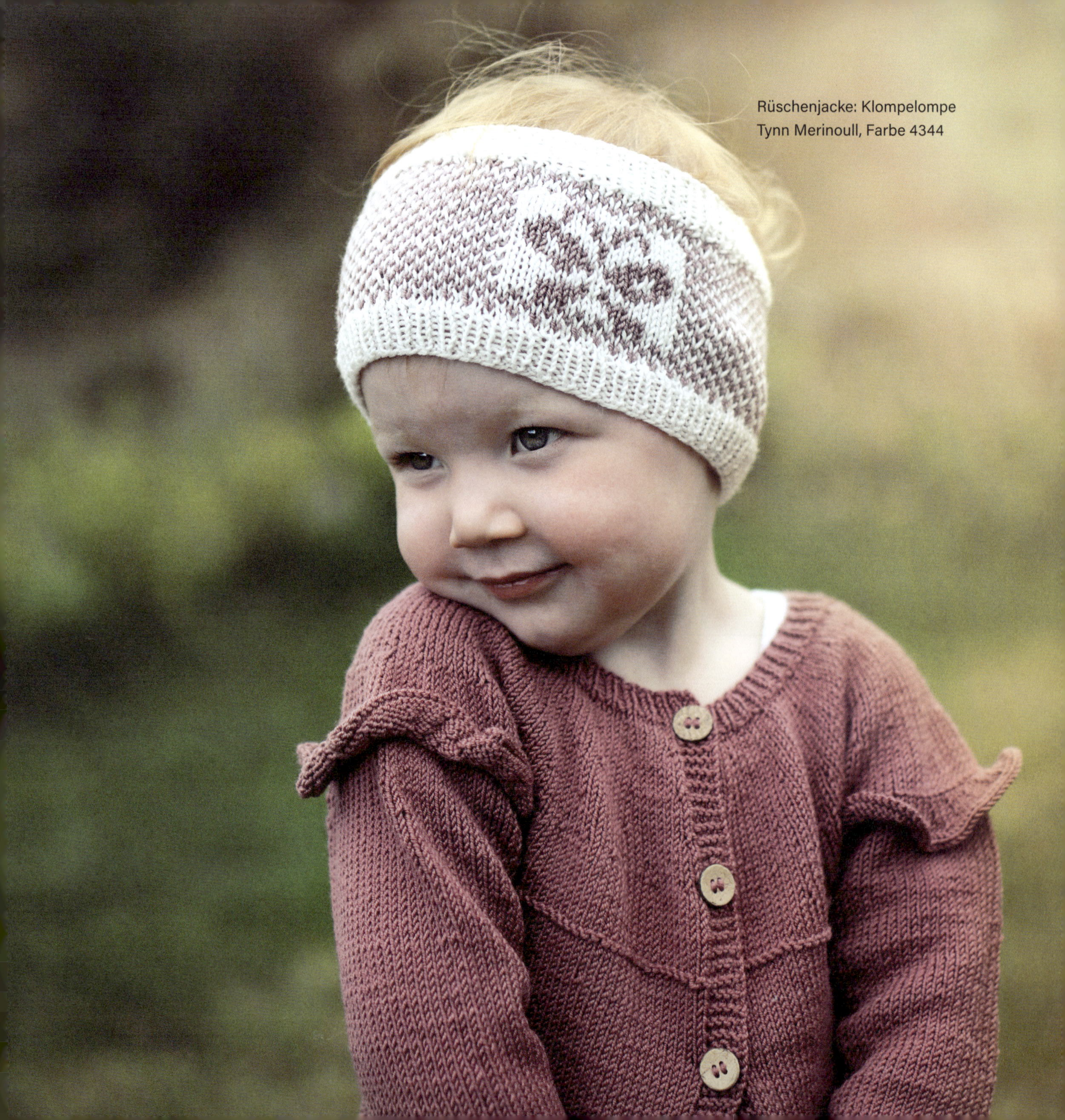
Rüschenjacke: Klompelompe
Tynn Merinoull, Farbe 4344

Stirnband Schmetterling

Stricken Sie ein Stirnband in demselben Muster wie die Schmetterling-Jacke.

GRÖSSE Mon 6-12, Ja (1-2) 3-6 (8-12)

GARN Klompelompe Tynn Merinoull, Farbe A: 1013, Farbe B: 4331 (175m / 50g)

GARNMENGE jeweils 50 g

NADELN Rundstricknadeln NS 2,5 und 3, jeweils 40 cm

MASCHENPROBE 27 re M mit NS 3 = 10 cm

92 (100) 108 (116) M in Farbe A mit NS 2,5 anschlagen.
2 cm im Rippenmuster stricken (1 M re, 1 M li).
Zu NS 3 wechseln. 1 Rd re stricken und dabei gleichmäßig verteilt 20 M zunehmen = 112 (120) 128 (136) M auf der Nadel. Dabei MM wie folgt setzen: 30 (34) 38 (42) M re, MM, 17 M re, MM, M re über den Rest der Rd hinweg.

0 (3) 3 (5) Rd wie folgt stricken:
1. Rd: *1 M re in Farbe A, 1 M re in Farbe B*. *-* über die gesamte Rd hinweg wiederholen.
2. Rd: *1 M re in Farbe B, 1 M re in Farbe A*. *-* über die gesamte Rd hinweg wiederholen.

Wie folgt weiter stricken:
1. Rd: *1 M re in Farbe A, 1 M re in Farbe B*. *-* über die gesamte Rd wiederholen – mit Ausnahme der 17 M zwischen den MM, die nach Musterdiagramm gestrickt werden.
2. Rd: *1 M re in Farbe B, 1 M re in Farbe A*. *-* über die gesamte Rd wiederholen – mit Ausnahme der 17 M zwischen den MM, die nach Musterdiagramm gestrickt werden.

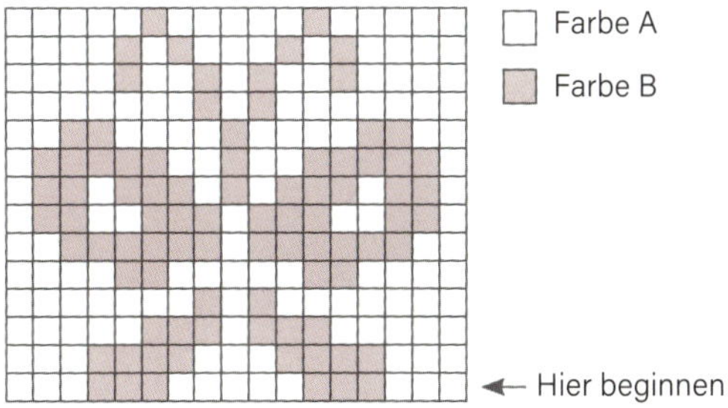

Nach Muster-Abschluss 0 (3) 3 (5) Rd wie folgt stricken:
1. Rd: *1 M re in Farbe A, 1 re in Farbe B*. *-* über die gesamte Rd hinweg wiederholen.
2. Rd: *1 M re in Farbe B, 1 M re in Farbe A*. *-* über die gesamte Rd hinweg wiederholen.

In Farbe A 1 Rd re stricken und dabei gleichmäßig verteilt 20 M abnehmen = 92 (100) 108 (116) M auf der Nadel.
Zu NS 2,5 wechseln und 2 cm im Rippenmuster stricken.
In der letzten Rd lose abketten. Alle Fäden vernähen.

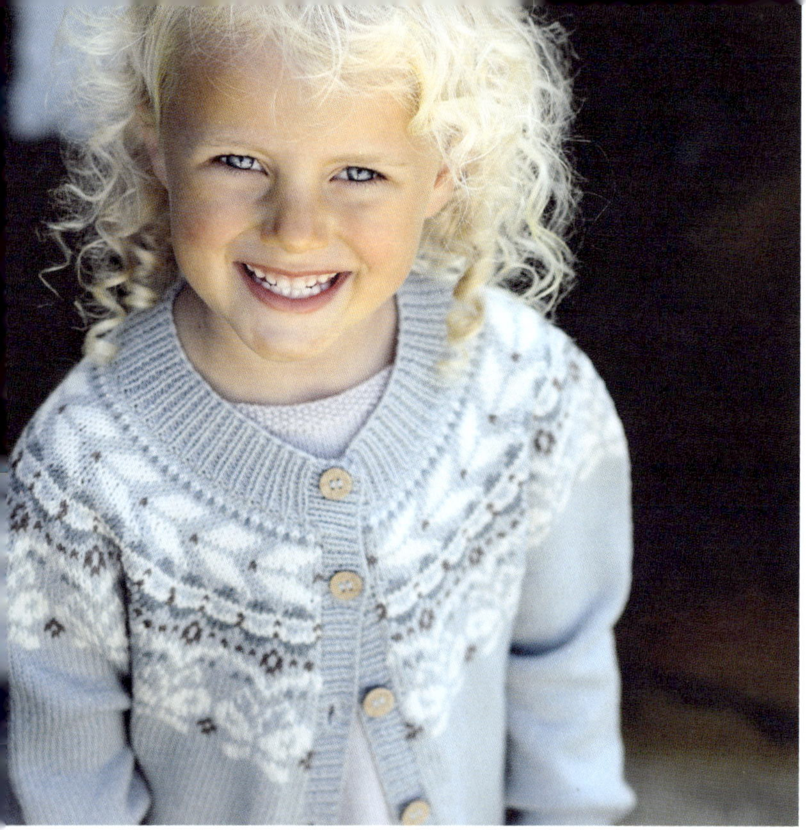
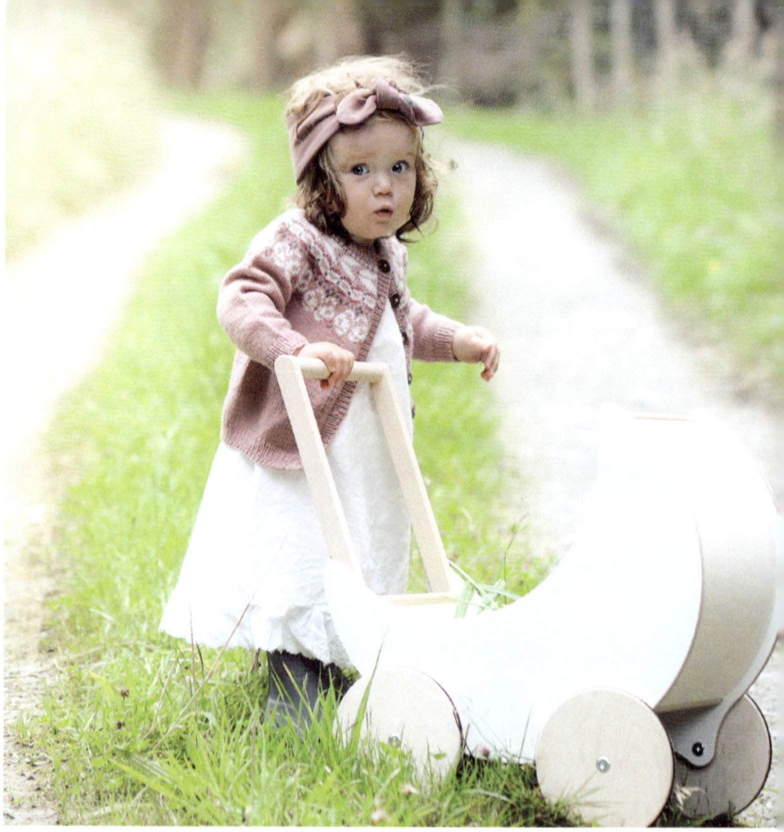
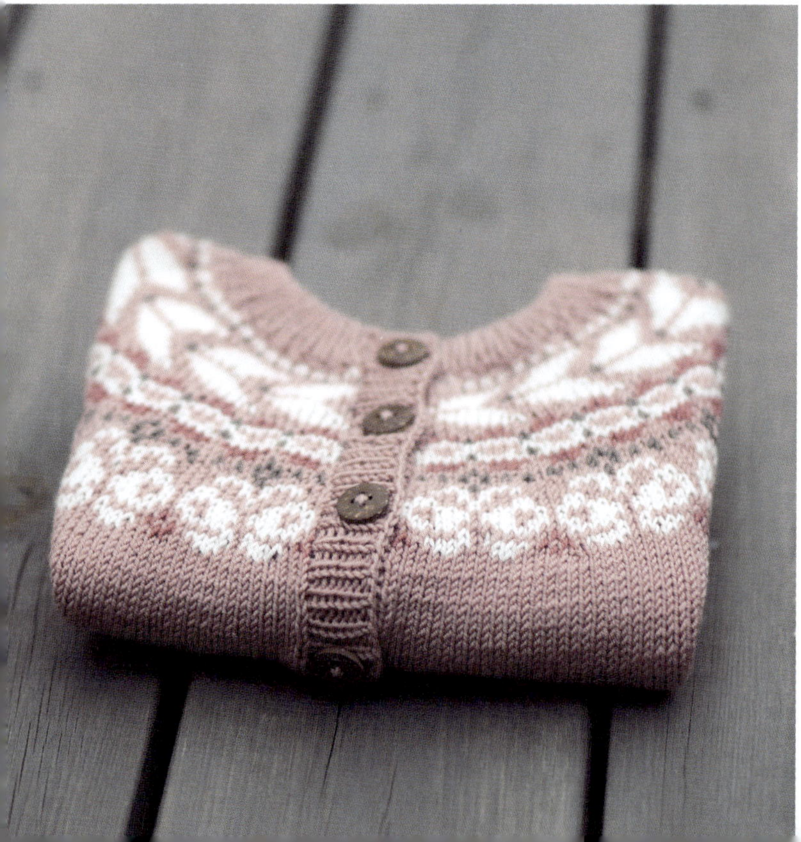
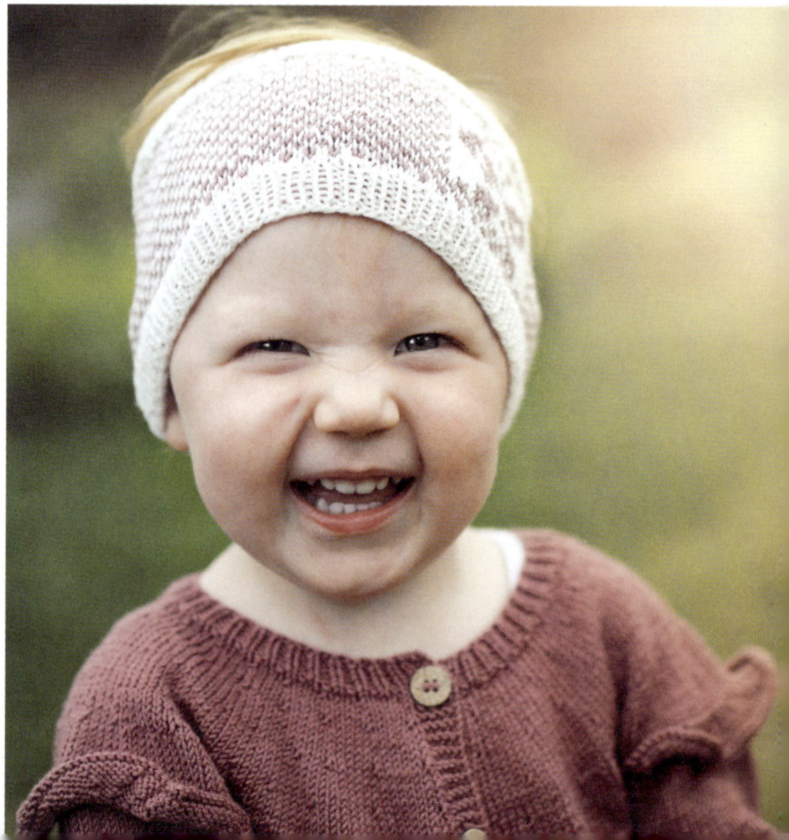

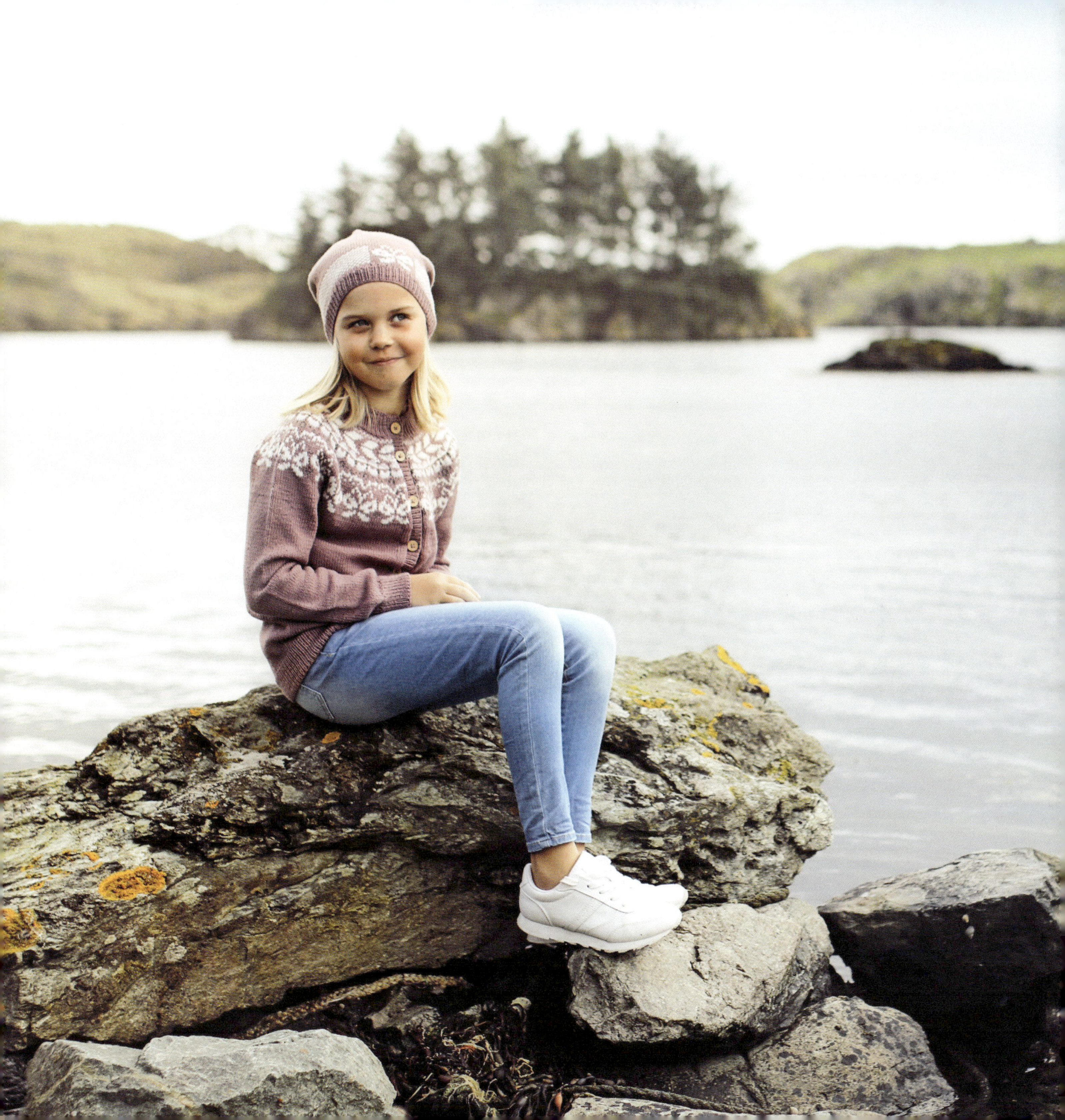

Jacke Eivind

Wenn Sie nur ein Strickprojekt für sich auswählen möchten, ist eine Jacke ideal! Die Jacke Eivind kann Ihr Kind super im Kindergarten oder in der Schule anziehen, aber sie passt auch zu besonderen Anlässen.

GRÖSSE Mon 6, Ja (1) 2 (4) 6 (8) 10
GARN Klompelompe Merinoull, Farbe 6061 (105m / 50g)
GARNMENGE 200 (200) 250 (300) 300 (350) 400 g
NADELN Rundstricknadeln NS 3 und 3,5, 40 cm und 60 cm, Nadelspiele NS 3 und 3,5, optional: Rundstricknadel (80 cm) in gleicher Stärke für Magic Loop
MASCHENPROBE 22 re M mit NS 3,5 = 10 cm
MASSE *Brustumfang:* ca. 54,5 (58,5) 58,5 (62) 66 (73) 75 cm
Länge: ca. 32 (33) 36 (39) 44 (47) 52 cm

Die Arbeit wird von oben nach unten in Reihen gestrickt. 65 (69) 69 (73) 75 (77) 79 M mit NS 3 anschlagen. 6 (6) 8 (8) 10 (10) 10 Reihen im Rippenmuster stricken (1 M re, 1 M li). Zu NS 3,5 wechseln.
Ärmel und beide Vorderteile im Perlmuster arbeiten (1 M re, 1 M li, in der nächsten Reihe entgegengesetzt). Das Rückenteil wird glatt re gestrickt.

Für Raglan wie folgt abteilen:
10 (11) 11 (11) 11 (12) 13 M Perlmuster, 1 U, 1 M re (= Markiermasche (MM)), 1 U, 9 (9) 9 (9) 10 (10) 10 M Perlmuster, 1 U, 1 M re (= MM), 1 U, 23 (25) 25 (29) 29 (29) 29 M re, 1 U, 1 M re (= MM), 1 U, 9 (9) 9 (9) 10 (10) (10) M Perlmuster, 1 U, 1 M re (= MM), 1 U, 10 (11) 11 (11) 11 (12) 13 M Perlmuster.

Nächste Reihe: Ärmel und Vorderteile weiterhin im Perlmuster, Rückenteile li stricken. Die Umschläge aus der vorherigen Rd re oder li verschränkt stricken – je nachdem, wie es ins Muster passt.
Weiterhin in der Hinreihe auf beiden Seiten der MM je einen Umschlag stricken, diesen in der Rückreihe je nach Muster re oder li verschränkt stricken.
Die MM in der Hinreihe immer re und in der Rückreihe immer li stricken.

Nachdem Sie 15 (16) 16 (17) 19 (21) 23 Mal zugenommen haben, haben Sie 185 (197) 197 (209) 227 (245) 263 M auf der Nadel.

In der nächsten Reihe nicht mehr zunehmen, sondern die MM abnehmen. Die Maschen von den Vorder- und dem Rückenteil auf eine Nadel setzen, dazwischen unter jedem Arm 6 M aufschlingen = 115 (123) 123 (131) 139 (149) 159 M auf der Nadel.
Die verbleibenden 39 (41) 41 (43) 48 (52) 56 M für jeden der beiden Ärmel auf Hilfsnadeln setzen.

Puppen-Strampler und Neugeborenen-Mütze David:
Klompelompe Tynn Merinoull,
Farbe 2652

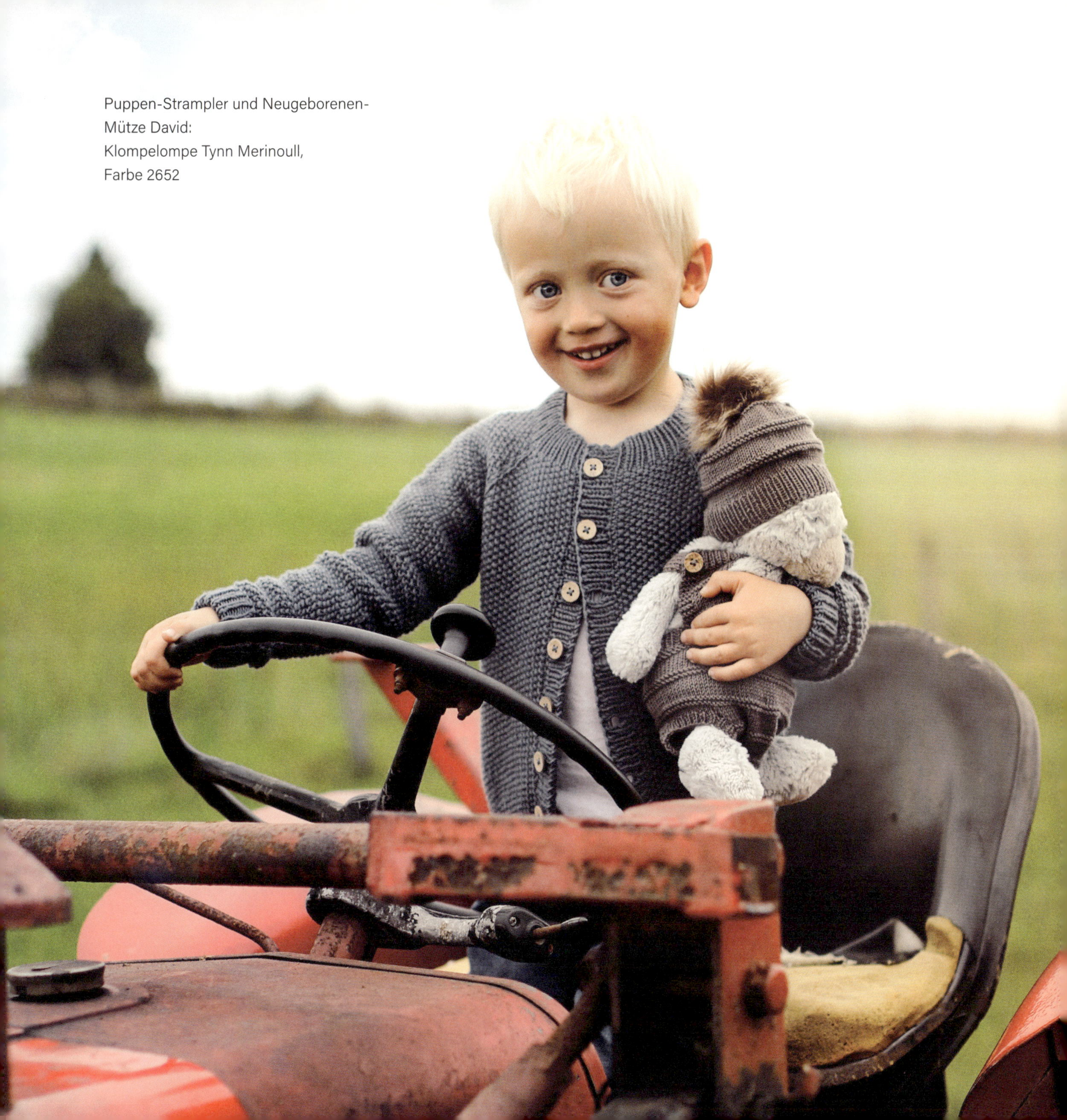

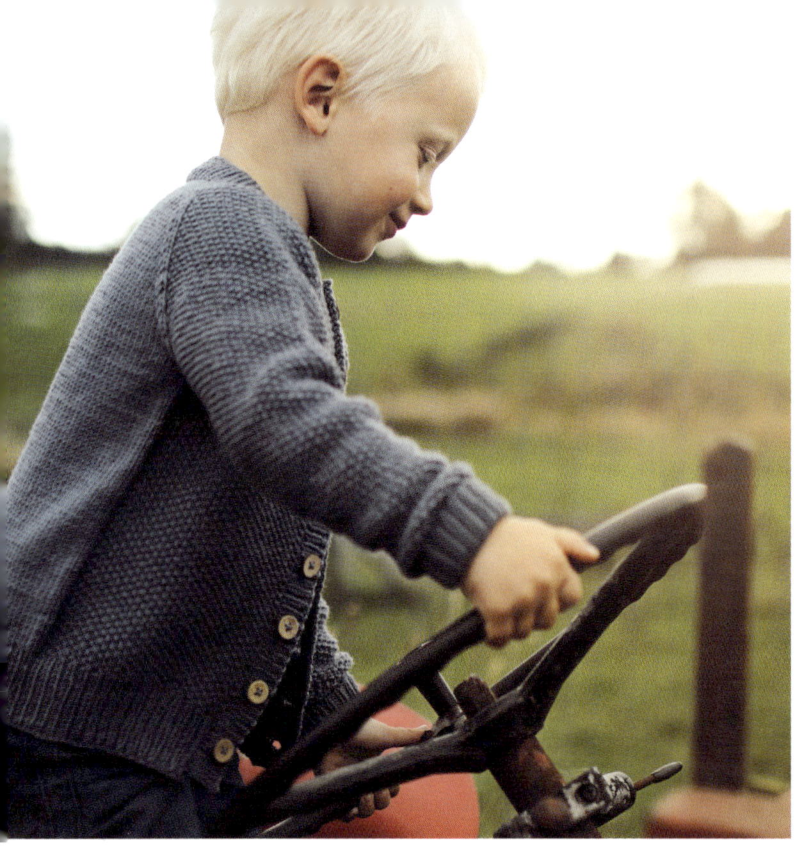

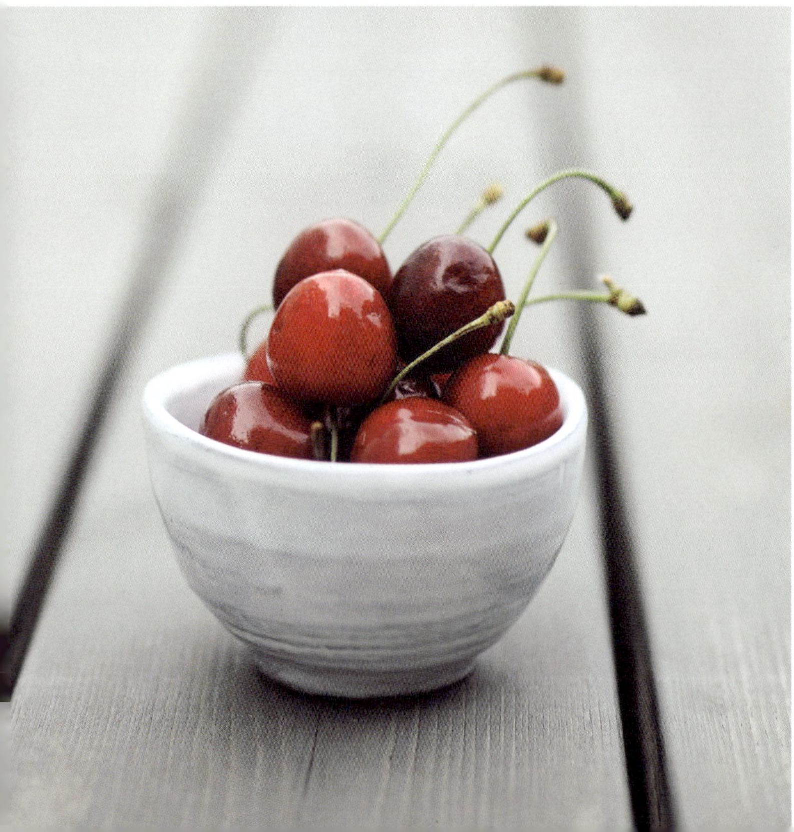

In der Mitte der 6 M, die Sie unter den Armen aufgeschlungen haben, einen MM setzen. Ärmel und Vorderteile weiter im Perlmuster, das Rückenteil iglatt re stricken.
Weiter stricken, bis die Arbeit am Rückenteil 29 (30) 32 (35) 39 (42) 47 cm lang ist. Zu NS 3 wechseln und 3 (3) 4 (4) 5 (5) 5 cm im Rippenmuster (1 M re, 1 M li) stricken.

ÄRMEL MIT NS 3,5 STRICKEN

3 M aufschlingen, die 39 (41) 41 (43) 48 (52) 56 M auf der Hilfsnadel stricken, 3 M aufschlingen. Mittig unter dem Arm zur Runde schließen.
16 (19) 22 (25) 27 (31) 34 cm Perlmuster stricken.
Nach 2 cm wie folgt abnehmen: 1 M Perlmuster, 2 M re zus stricken. Stricken, bis 3 M übrigbleiben, 1 M lose abh, 1 M Perlmuster, die abgehobene M lose darüber heben, 1 M Perlmuster. Alle 2 (2) 2,5 (3,5) 2,5 (2,5) 2 cm wiederholen, bis Sie 31 (31) 31 (35) 34 (36) 36 M auf der Nadel haben. In der letzten Reihe bei den 4 kleinsten Größen nur 1 M abnehmen.
Zur NS 3 wechseln und 3 (3) 4 (4) 5 (5) 5 cm Rippenmuster (1 M re, 1 M li) stricken. Abketten.

KNOPFLEISTE MIT NS 3 STRICKEN

Linkes Vorderteil: 1 M aus jeder M aufnehmen, aber jede 4. M überspringen. Rippenmuster stricken (1 M re, 1 M li). In der 4. Reihe gleichmäßig verteilt 7 (7) 8 (8) 9 (9) 10 Knopflöcher arbeiten, indem Sie 2 M re zusammen und 1 U stricken.
3 weitere Reihen im Rippenmuster stricken und dann abketten.
Rechtes Vorderteil: gleiche Anzahl M aufnehmen und gleiche Knopfleiste arbeiten, jedoch ohne Knopflöcher.

Alle Fäden vernähen, unter den Armen zusammen- und Knöpfe annähen. Vorsichtig dampfen oder das Kleidungsstück feucht spannen und trocknen lassen.

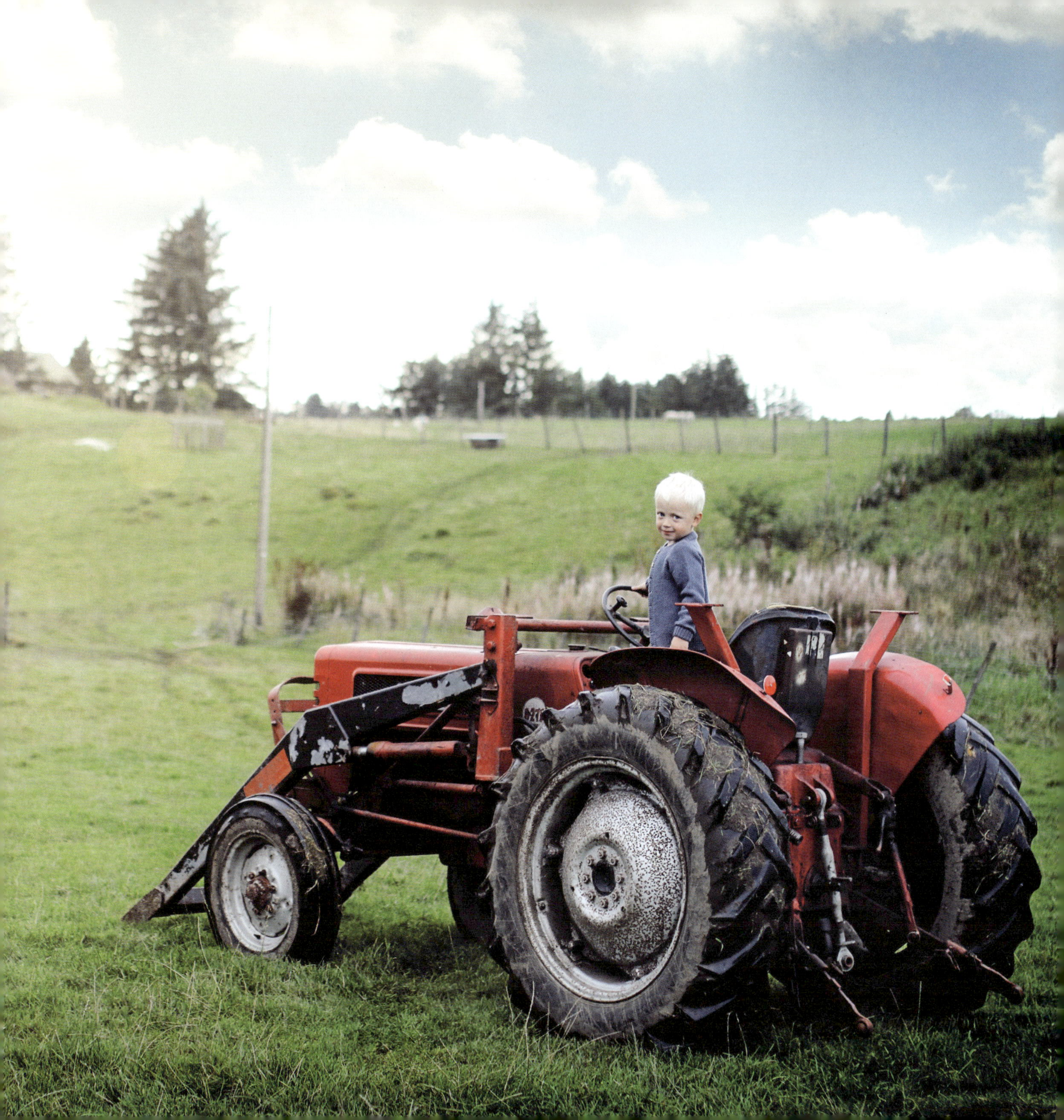

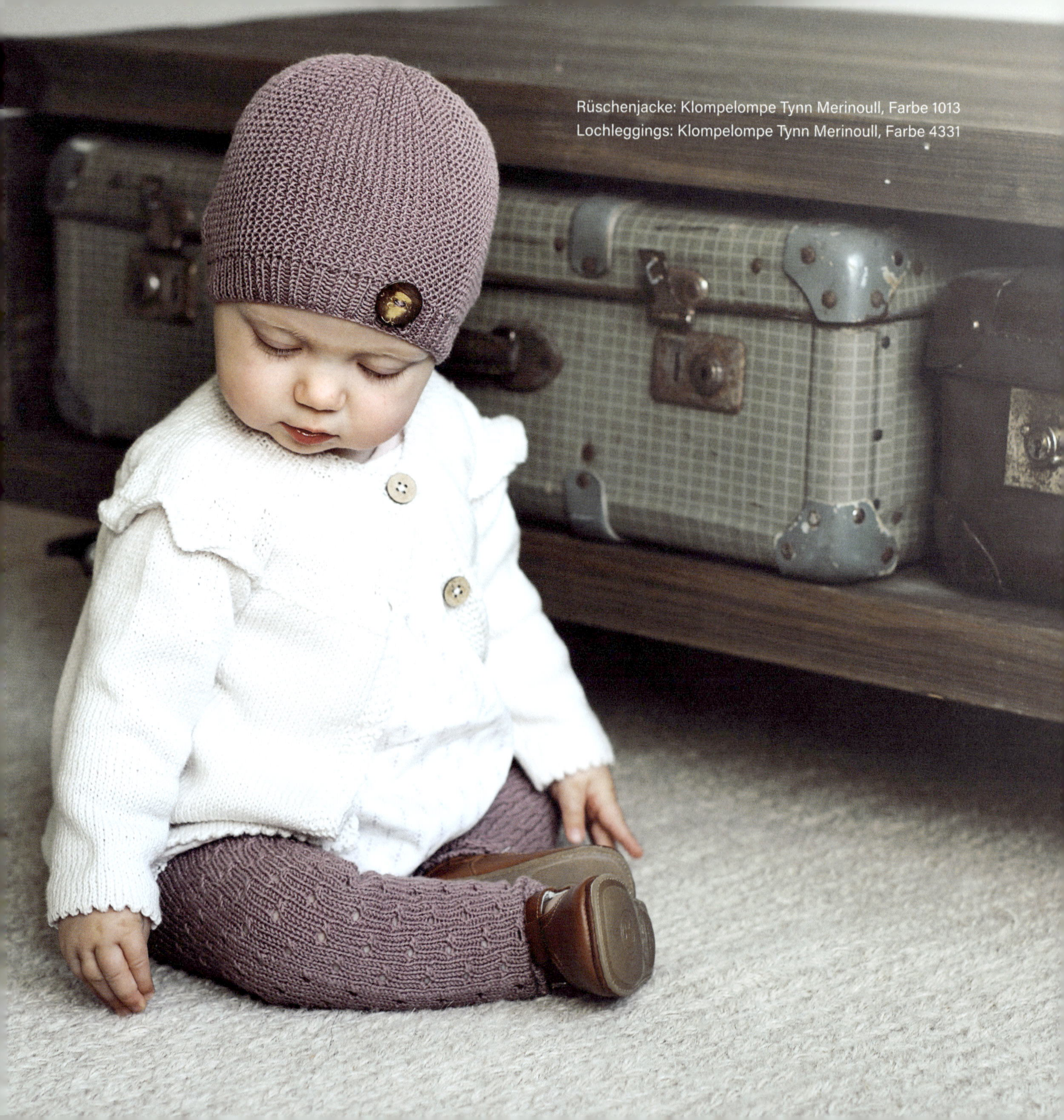

Rüschenjacke: Klompelompe Tynn Merinoull, Farbe 1013
Lochleggings: Klompelompe Tynn Merinoull, Farbe 4331

Mütze Billie

Mütze stricken mal anders - nämlich mit verkürzten Reihen!

GRÖSSE Mon (0-1) 1-3 (3-6) 9-12, Ja (2-3) 4-7 (8-10)
GARN Klompelompe Tynn Merinoull, Farbe 4331 (175m / 50g)
GARNMENGE (50) 50 (50) 50 (50) 100 (100) g
NADELN Rundstricknadeln NS 2,5 und 3, jew. 40 cm, Nadelspiel NS 3, optional: Rundstricknadel (80 cm) in gleicher Stärke für Magic Loop
MASCHENPROBE 27 re M mit NS 3 = 10 cm

Zunächst wird der kraus rechte Teil in Reihen gestrickt.

(26) 30 (36) 40 (44) 48 (52) M mit NS 3 anschlagen. Beim Wenden die erste M lose abheben, nachdem Sie gewendet haben, und den Faden etwas straffziehen.

Größen Mon (0-1) 1-3 (3-6) 9-12:
*4 Reihen re stricken.
Re stricken, bis 2 M übrigbleiben, wenden, den Rest der Reihe re stricken.
Re stricken, bis 4 M übrigbleiben, wenden, den Rest der Reihe re stricken.
Re stricken, bis 6 M übrigbleiben, wenden, den Rest der Reihe re stricken.
Re stricken, bis 8 M übrigbleiben, wenden, den Rest der Reihe re stricken.
Re stricken, bis 10 M übrigbleiben, wenden, den Rest der Reihe re stricken.*
- (12) 13 (14) 14 Mal wiederholen.

Größen Ja (2-3) 4-7 (8-10):
*4 Reihen re stricken.
Re stricken, bis 2 M übrigbleiben, wenden, den Rest der Reihe re stricken.
Re stricken, bis 4 M übrigbleiben, wenden, den Rest der Reihe re stricken.
Re stricken, bis 6 M übrigbleiben, wenden, den Rest der Reihe re stricken.
Re stricken, bis 8 M übrigbleiben, wenden, den Rest der Reihe re stricken.
Re stricken, bis 10 M übrigbleiben, wenden, den Rest der Reihe re stricken.
Re stricken, bis 12 M übrigbleiben, wenden, den Rest der Reihe re stricken.*
- (14) 15 (16) Mal wiederholen.

Alle Größen:
1 Reihe re stricken und dabei lose abketten.
Die Enden zusammen- und die Fäden vernähen.

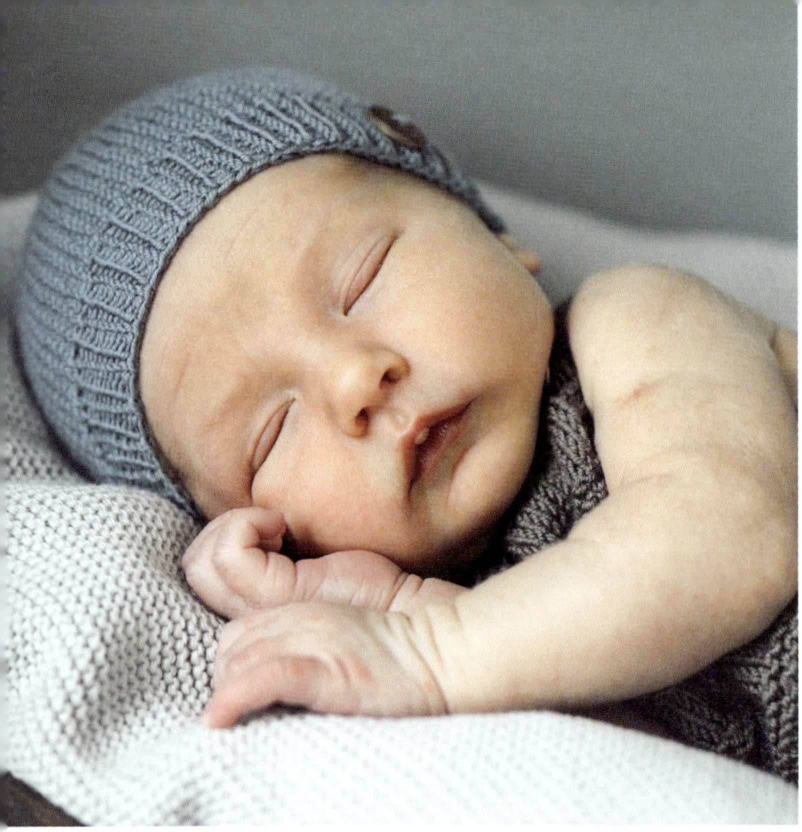

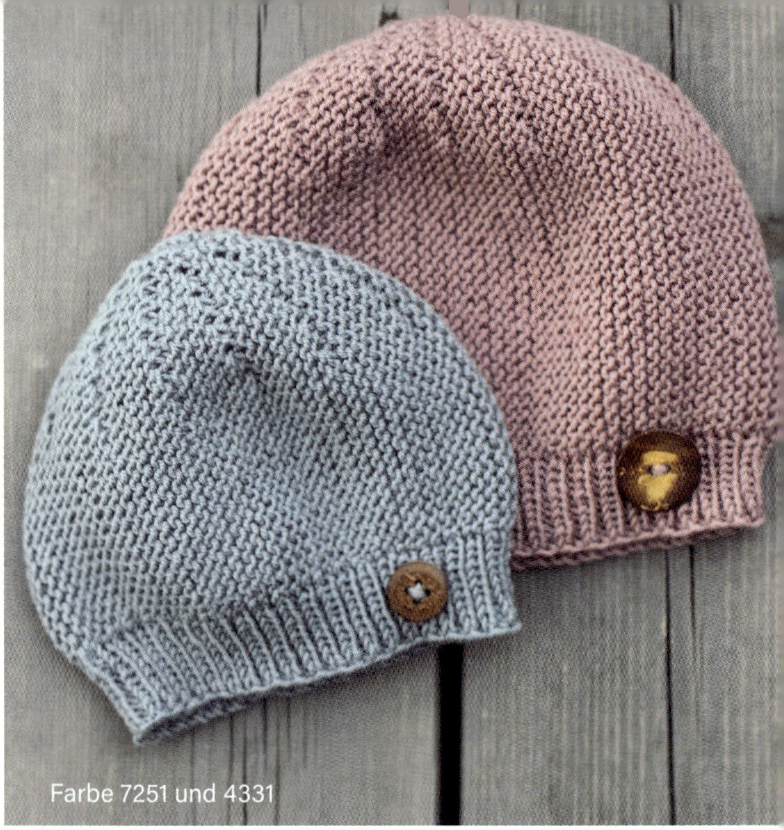

Farbe 7251 und 4331

Am oberen Rand (24) 26 (28) 28 (28) 30 (30) M mit Nadelspiel oder Rundstricknadel NS 3 aufnehmen.
1 Rd li stricken.
2 M li zus stricken. *-* für den Rest der Rd wdh.
Mit (0) 1 (0) 0 (0) 1 (1) M li abschließen.
Den Faden durch die Maschen führen und zusammenziehen.

Am unteren Rand (84) 90 (94) 98 (108) 112 (120) M mit NS 2,5 aufnehmen.
(10) 10 (10) 10 (12) 12 (14) Rd Rippenmuster stricken (1 M re, 1 M li) und in der letzten Rd abketten. Darauf achten, dass Sie nicht zu straff oder zu lose abketten.

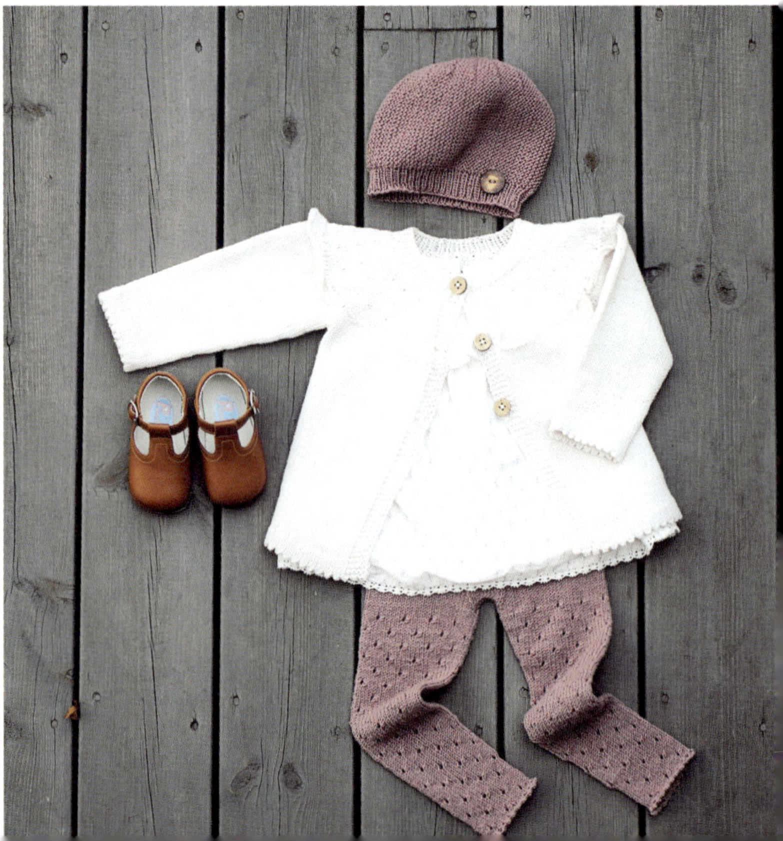

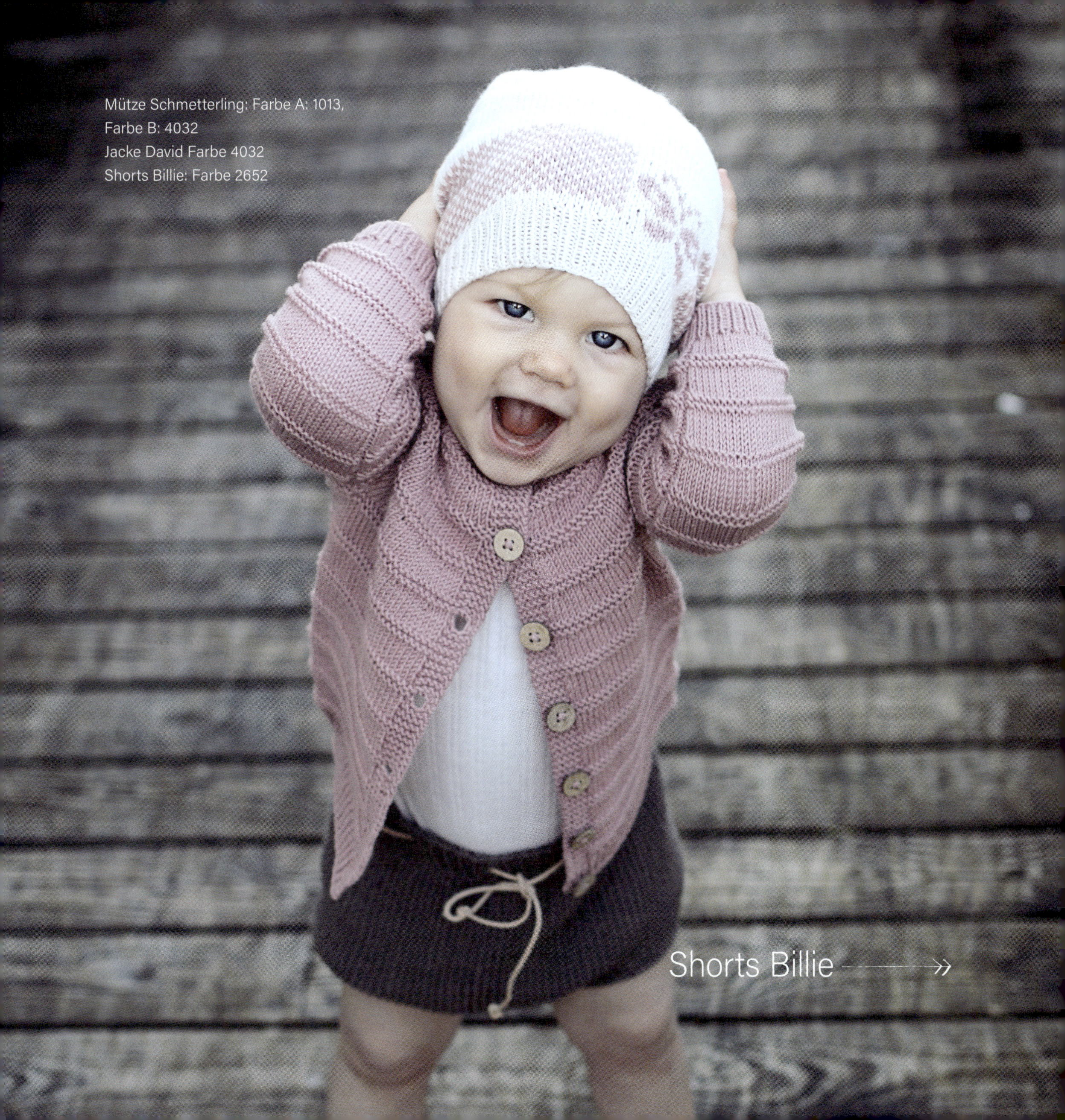

Mütze Schmetterling: Farbe A: 1013,
Farbe B: 4032
Jacke David Farbe 4032
Shorts Billie: Farbe 2652

Shorts Billie →

Shorts Billie

Coole Shorts, die kraus rechts in Reihen gestrickt werden. Der Bund wird mit einer Lederschnur oder einem Band in Form gebracht.

GRÖSSE Mon (0–1) 3 (6) 12 (18–24)
GARN Klompelompe Tynn Merinoull, Farbe 7251 (175m / 50g)
GARNMENGE (50) 50 (100) 100 (100) g
NADELN Rundstricknadeln NS 2,5 und 3, jeweils 40 cm, Nadelspiel NS 2,5; optional: Rundstricknadel (80 cm) in gleicher Stärke für Magic Loop
MASCHENPROBE 27 re M mit NS 3 = 10 cm

Die Shorts wird von der Seite in Reihen gestrickt.
(20) 24 (28) 32 (38) M mit NS 3 anschlagen. (7) 8 (9) 10 (11) cm kraus rechts stricken.

In der nächsten Hinreihe wie folgt zunehmen: re stricken, bis 1 M übrigbleibt, 1 M zunehmen, 1 M re.
Die Rückreihe re stricken. Diese beiden Reihen insgesamt 8 Mal wiederholen.

In der nächsten Reihe am Ende der Reihe 5 M aufschlingen. Ohne weitere Zunahmen 4 cm kraus re stricken.
In der nächsten Reihe (Rückreihe) die ersten 5 M abketten.
In der nächsten Reihe wie folgt abnehmen:

Re stricken, bis 3 M übrigbleiben, 2 M re zus, 1 M re.
Die Rückreihe re stricken.
Diese beiden Reihen insgesamt 8 Mal wiederholen.

Ohne weitere Abnahmen dann (7) 8 (9) 10 (11) cm kraus re stricken.

Jetzt das Rückenteil wie folgt höher arbeiten (Hinreihe):
1 M re stricken, 1 M zunehmen, bis Reihenende re stricken.
3 Reihen re stricken.
Diese 4 Reihen insgesamt zwei Mal wiederholen.
Dann (0) 1 (2) 3 (4) cm kraus re stricken.

In der nächsten Hinreihe wie folgt zunehmen:
Re stricken, bis 1 M übrigbleibt, 1 M zunehmen, 1 M re.
Rückreihe re stricken.
Diese beiden Reihen insgesamt 20 Mal wiederholen.
4 cm ohne weitere Zunahmen kraus re stricken.

In der nächsten Reihe wie folgt abnehmen:
re stricken, bis 3 M übrigbleiben, 2 M re zus, 1 M re.
Die Rückreihe re stricken.
Diese beiden Reihen insgesamt 20 Mal wiederholen.
(0) 1 (2) 3 (4) cm kraus re stricken.

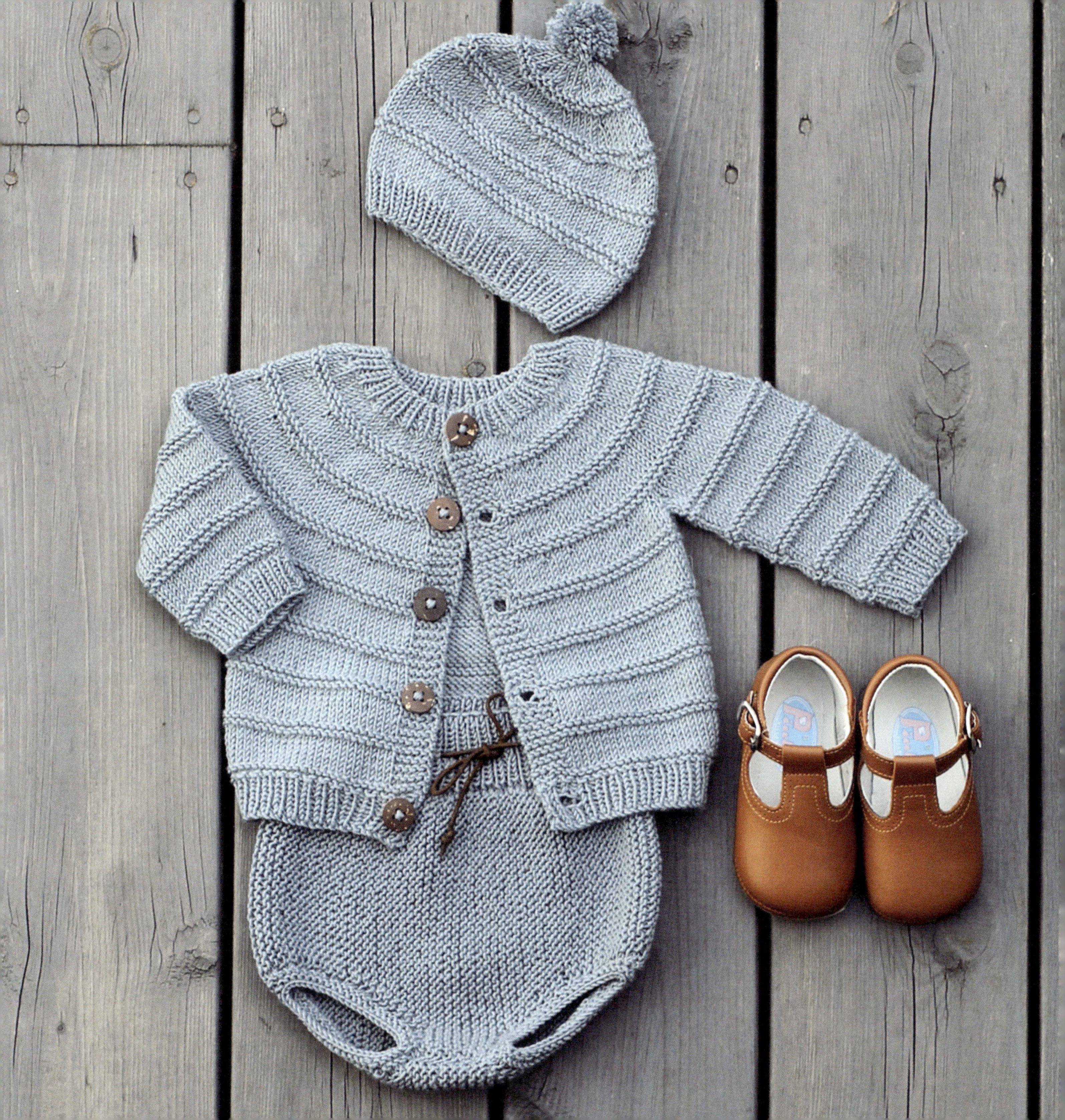

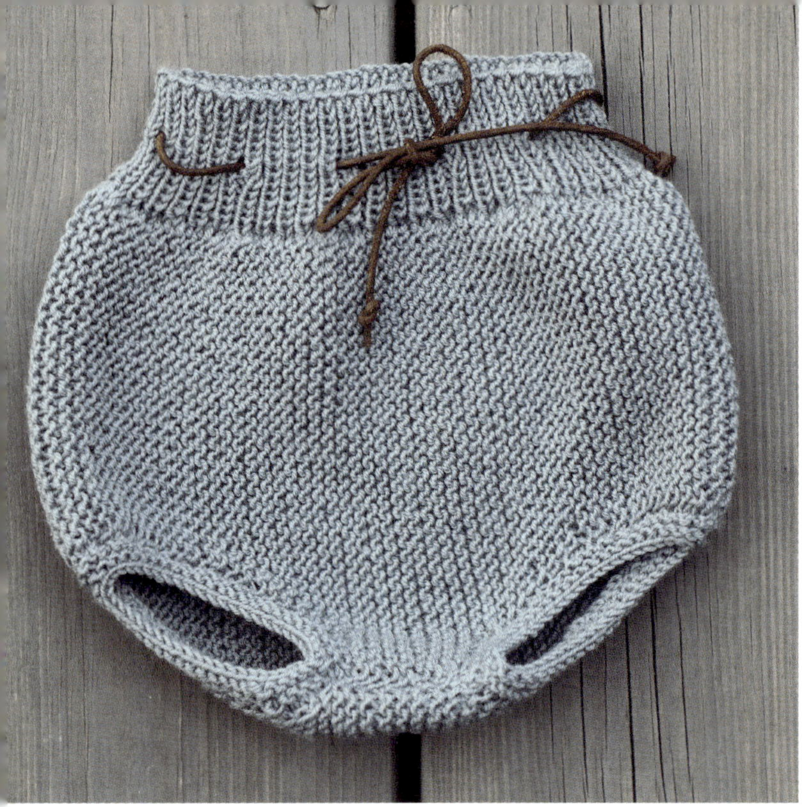

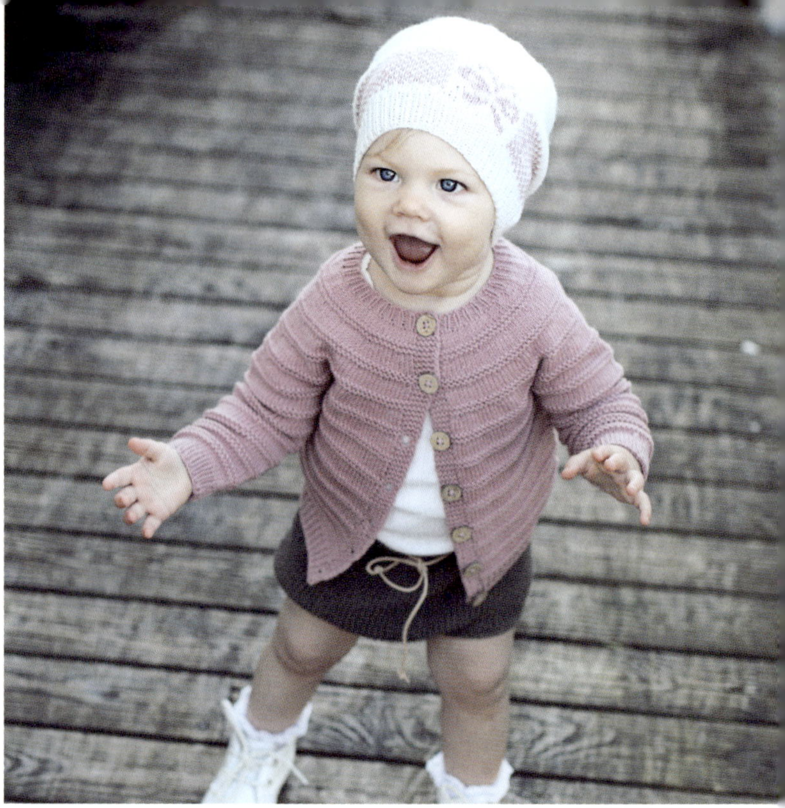

2 Reihen re stricken.
In der nächsten Hinreihe: 1 M re, 2 M re zus, den Rest der Reihe re stricken.
3 Reihen re stricken.
Nächste Reihe: 1 M re, 2 M re zus, den Rest der Reihe re stricken.
1 Reihe re stricken und abketten.
Die beiden Enden zusammennähen, die Schrittöffnung ebenfalls schließen.

ABSCHLUSS DER BEINÖFFNUNGEN:
NS 2,5 verwenden und im Schritt beginnen. 1 M aus jeder M aufnehmen, aber jede 4. M überspringen.
1 Rd re stricken und gleichmässig zunehmen, bis eine Maschenanzahl von (60) 70 (80) 80 (84) M erreicht ist.
1 Rd li stricken.
Nächste Reihe: (20) 25 (30) 30 (32) M re stricken, dann *2 M re zus*. *-* 10 Mal wiederholen, dann (20) 25 (30) 30 (32) M re. 1 Reihe li stricken. 1 Reihe re stricken und lose abketten.

BUND:
Hinten in der Mitte beginnen und am oberen Rand Maschen aufnehmen, ca. 1 M alle 2 M. 1 Rd re stricken und gleichmässig zunehmen, bis eine Maschenanzahl von (100) 110 (120) 130 (140) M erreicht ist.
6 Rd im Rippenmuster stricken (1 M re, 1 M li).
Nächste Rd: (4) 4 (5) 5 (6) M Rippenmuster, 2 M re zus, 1 U, *(8) 9 (10) 11 (12) M Rippenmuster, 2 M re zus, 1 U*. *-* insgesamt 9 Mal wiederholen, (4) 5 (5) 6 (6) M Rippenmuster.
6 Rd im Rippenmuster stricken (1 M re, 1 M li). Dann lose abketten und alle Fäden vernähen und ein (Leder)Band durch die entstandenen Löcher im Bund ziehen.

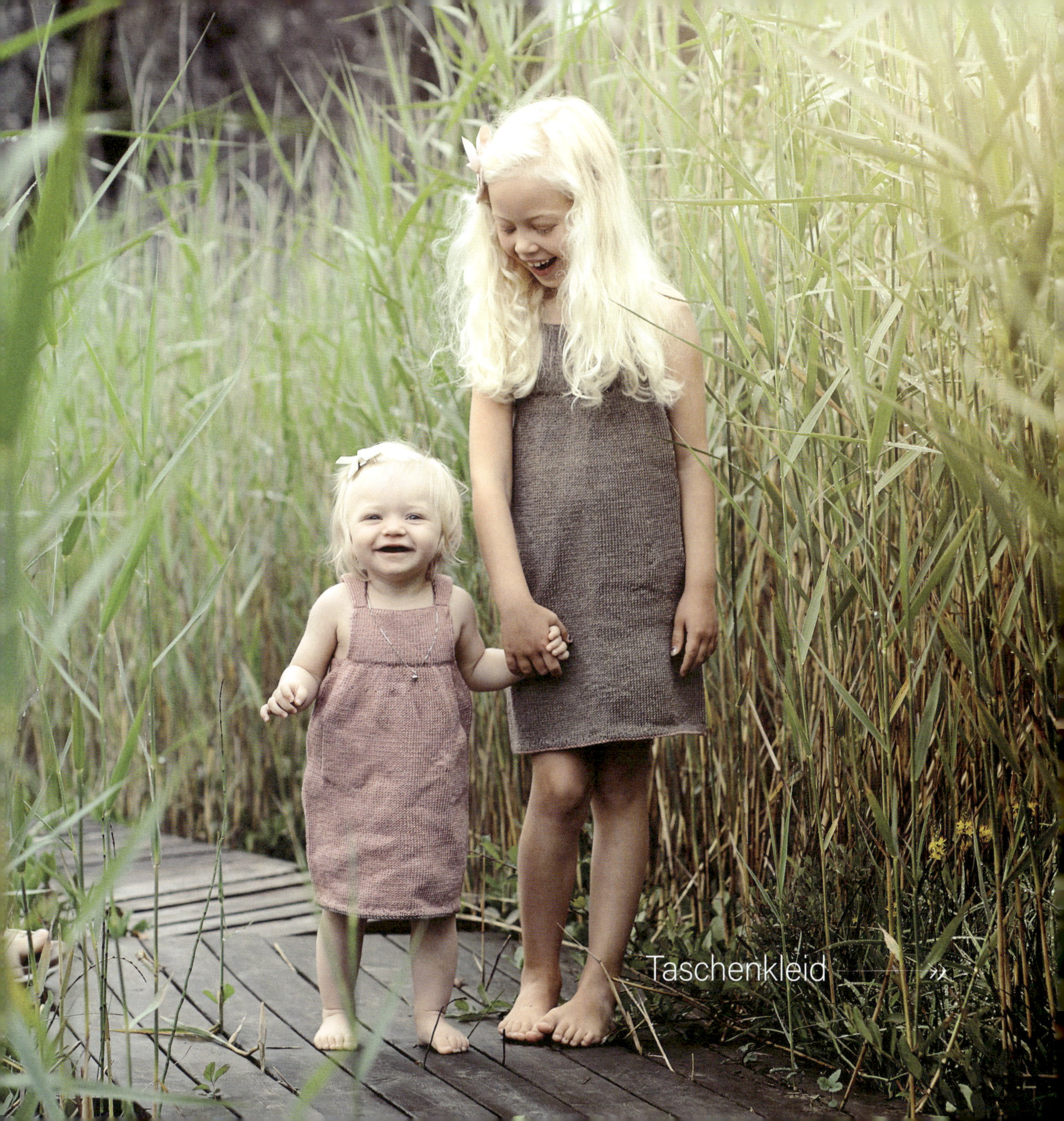

Taschenkleid

Taschenkleid

Dieses Kleid ist einfach zu stricken und hat coole Taschen!

GRÖSSE Mon 6, Ja (1) 2 (4) 6 (8) 10
GARN Sandnes Garn Duo, Farbe 2652 + 4032 (Kontrast) 4032 + 2652 (Kontrast) (124m / 50g)
GARNMENGE 150 (200) 200 (200) 250 (250) 350 g + Kontrastfarbe 50 g
NADELN Rundstricknadeln NS 3, 40 cm und 80 cm (80 cm für Magic Loop), Rundstricknadel NS 3,5, 40 cm oder 60 cm, evtl. Nadelspiel NS 3
MASCHENPROBE 22 re M mit NS 3,5 = 10 cm
MASSE *Brustumfang:* ca. 41 (46) 50 (53,5) 57 (61) 61 cm
Länge: ca. 41 (46) 52 (58) 64 (70) 75 cm

Die Arbeit beginnt mit der Rückseite des Latzes (dieser muss doppelt gearbeitet werden), und wird auf Rundstricknadeln in Reihen gestrickt.

LATZ

36 (40) 42 (44) 46 (48) 48 M mit NS 3 anschlagen. 6 (7) 8 (9) 9 (10) 11 cm glatt re stricken.
Die nächste Reihe (Rückreihe) re stricken (Umschlagkante).
6 (7) 8 (9) 9 (10) 11 cm glatt re stricken.
Die Maschen auf eine Hilfsnadel setzen, die Arbeit falten, und die Seiten zusammennähen.

DOPPELTRÄGER

Rechter Träger:
6 M ganz oben am Latz von der rechten Seite aus aufnehmen (an der Umschlagkante) und 6 M zusätzlich aufschlingen = 12 M. Auf einem Nadelspiel oder mit dem Magic Loop in Runden stricken.

ACHTUNG

Wenn Sie die Technik beherrschen, ist der Magic Loop hier empfehlenswert. So können Sie 6 M auf der Rückseite des Latzes aufnehmen, anstatt 6 M zusätzlich aufzuschlingen. Sie können sich einen Film zu dieser Technik auf www.klompelompe.no anschauen (Video "Magic Loop", norwegisch).

7 (7) 8 (8) 9 (10) 10 Rd glatt re stricken. In der nächsten Rd in Richtung Hals wie folgt zunehmen:
1 M re, 1 M rechts verschränkt aus dem Querfaden zunehmen, weiter re stricken, bis 1 M übrigbleibt, 1 M zunehmen, 1 M re.

Weiter glatt re stricken und die Zunahme in jeder 4. Reihe wiederholen, bis Sie 28 (32) 34 (36) 38 (40) 40 M auf der Nadel haben. 6 (7) 8 (9) 9 (10) 11 cm ohne Zunahmen glatt re stricken.
Die ersten 14 (16) 17 (18) 19 (20) 20 M auf eine Nadel und die

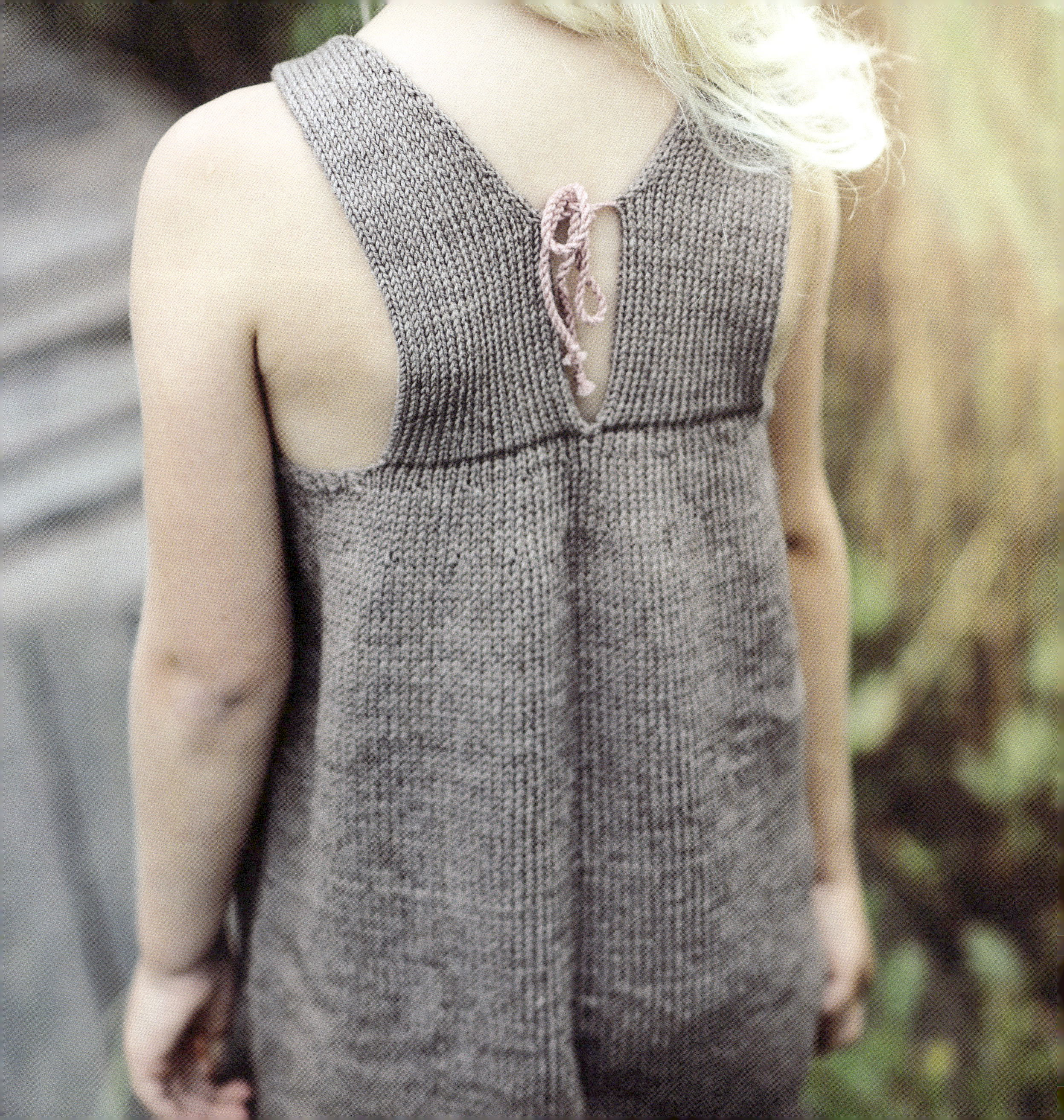

nächsten 14 (16) 17 (18) 19 (20) 20 M auf eine andere Nadel setzen. Eine Hilfsnadel verwenden und die Maschen von den beiden Nadeln zusammen stricken, indem Sie 1 M von der vorderen Nadel und 1 M von der hinteren Nadel re zus stricken = 14 (16) 17 (18) 19 (20) 20 M auf der Nadel.
Die Maschen auf einer Hilfsnadel stilllegen.

Linker Träger:
6 M aufschlingen und 6 Maschen von der linken Seite des Latzes aufnehmen.
Wie beim rechten Träger stricken. Wenn Sie 6 (7) 8 (9) 9 (10) 11 cm glatt re gestrickt haben, 14 (16) 17 (18) 19 (20) 20 M re stricken, bevor die Maschen von der vorderen Nadel und die Maschen von der hinteren Nadel re zusammen gestrickt werden.

Die Teile wie folgt zusammen stricken:
Die Maschen des rechten Trägers re stricken, 13 (15) 17 (19) 21 (23) 23 M aufschlingen, die Maschen auf dem Latz re stricken, 13 (15) 17 (19) 21 (23) 23 M aufschlingen, die Maschen auf dem linken Träger re stricken. Zur Runde schließen und ab jetzt in Rd stricken = 90 (102) 110 (118) 126 (134) 134 M auf der Nadel.

Weiter 3 Rd stricken – dabei alle Maschen re stricken, mit Ausnahme der 13 (15) 17 (19) 21 (23) 23 M unter den Armen, die im Rippenmuster (1 M re, 1 M li) gestrickt werden.

Zu NS 3,5 wechseln. 1 Rd re stricken und dabei gleichmäßig verteilt 28 M zunehmen = 118 (130) 138 (146) 154 (162) 162 M auf der Nadel. 8 Rd re stricken. In der nächsten Runde gleichmäßig verteilt 28 M zunehmen = 146 (158) 166 (174) 182 (190) 190 M auf der Nadel.

Wenn die Arbeit von der Schulter abwärts gemessen 19 (21) 25 (28) 31 (34) 37 cm lang ist, Öffnungen für die Taschen wie folgt stricken:
45 (48) 50 (52) 54 (56) 56 M re stricken, wenden, 90 (96) 100 (104) 108 (112) 112 M li, wenden.

Diese 90 (96) 100 (104) 108 (112) 112 M (Rückenteil) in Reihen stricken und die verbleibenden 56 (62) 66 (70) 74 (78) 78 M (Vorderteil) auf einer Hilfsnadel stilllegen. Ca. 8 (8) 9 (9) 10 (10) 10 cm weiter stricken – bis die letzte Reihe eine Rückreihe ist. Nun 45 (48) 50 (52) 54 (56) 56 M re stricken (Sie sind jetzt hinten in der Mitte). Die Maschen auf einer Hilfsnadel stilllegen.
Die 56 (62) 66 (70) 74 (78) 78 M auf der Hilfsnadel ebenso stricken, und mit einer Rückreihe abschließen.

Weiter in Runden stricken, bis die gesamte Arbeit 41 (46) 52 (56) 64 (70) 75 cm misst.
1 Rd re stricken und gleichmäßig verteilt 28 M abnehmen.
1 Rd re stricken.

Zu Farbe B wechseln.
1 Rd re stricken.
1 Rd li stricken.
3 Rd re stricken und in der letzten Rd abketten.

TASCHEN

Die Taschen spiegelgleich auf der Rückseite (Innenseite) des Kleids beginnen und mit Farbe B stricken.
20 (20) 24 (24) 26 (26) 26 M auf beiden Seiten mit NS.3 aufnehmen = 40 (40) 48 (48) 52 (52) 52 M auf der Nadel.
Auf beiden Seiten jeweils einen MM setzen – mit 20 (20) 24 (24) 26 (26) 26 M zwischen den MM.
3 Rd re stricken.

Nächste Rd:
1 M re, 1 M lose abheben, 1 M re, die lose M überheben, bis 1 M vor dem MM re stricken, 1 M zun, 2 M re, 1 M zun, bis 3 M vor dem MM re stricken, 2 M re zus, 1 M re.
Weiter glatt re stricken, aber die Abnahme/Zunahme-Rd alle 3 Rd wiederholen – insgesamt 5 (6) 7 (8) 9 (10) 10 Mal.
2 Rd re stricken.
Wie folgt abnehmen:
*1 M lose abh, 1 M re, die lose M überheben, 1 M lose abh, 1 M re, die lose M überheben, bis 4 M vor dem MM stricken,

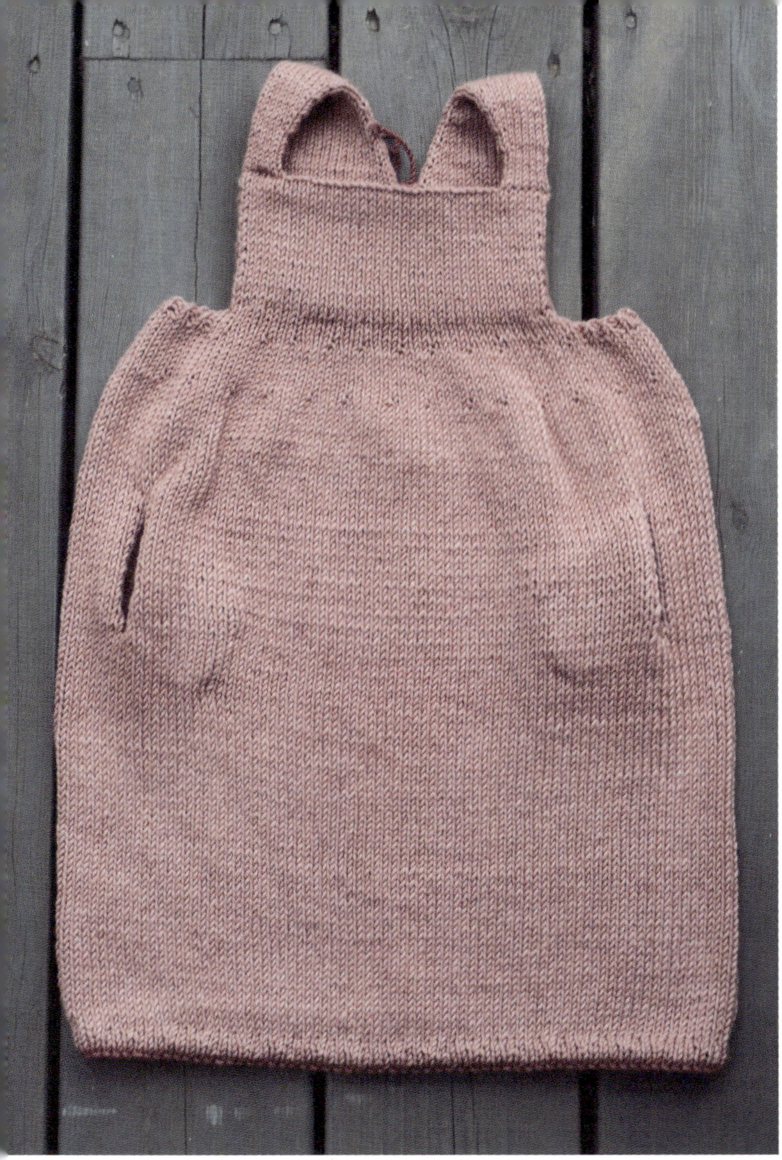

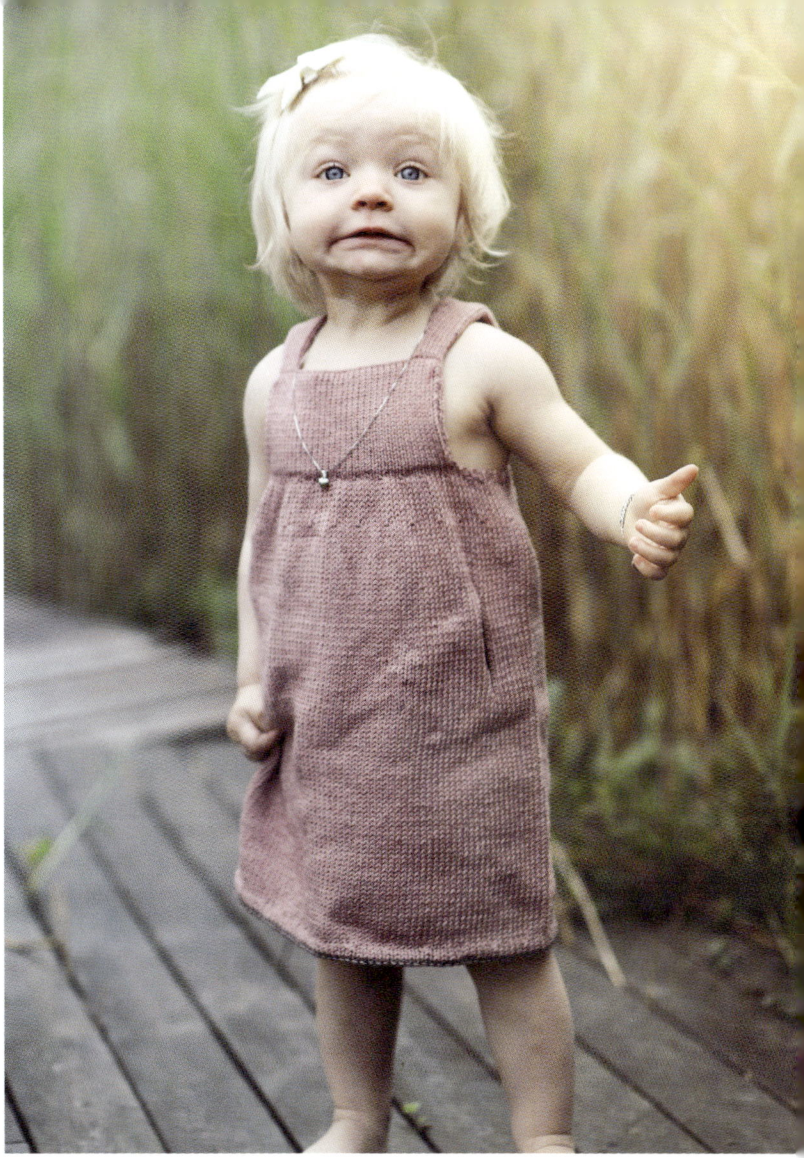

2 M re zus, 2 M re zus*, *-* über die gesamte Rd wiederholen.
Die Abnehmrunde wiederholen.
In der nächsten Rd alle M re stricken und dabei abketten.
Die Tasche unten zusammennähen und mit Farbe A an ein paar Stellen am Kleid befestigen. Für die zweite Tasche wiederholen.
Den Latz innen festnähen, die Umschlagkante unten mit der Hauptfarbe annähen, dann alle Fäden vernähen.
Knoten im Nacken wie folgt arbeiten:
Einen Faden in eine Seite des Rückenausschnittes fädeln.
Diesen Faden wie eine Schnur drehen, während er am Kleid befestigt ist. Am Ende einen Knoten knüpfen. Eine gleichartige Schnur auch auf der anderen Seite fertigen. Für die drei größten Größen können Sie, wenn Sie dies wünschen, noch zwei Schnüre anfertigen, die in der Mitte des Rückenausschnittes befestigt werden.
Das Kleidungsstück vorsichtig dampfen oder feucht spannen und trocknen lassen.

Coole Kapuzenjacke

Dies ist eine weiche Kapuzenjacke, die auf dicken Nadeln aus Merinowolle gestrickt wird. Sie wird mit angenähtem Reißverschluss und einer großen, bequemen Kapuze gearbeitet.

GRÖSSE Ja 1 (2) 4 (6) 8 (10)
GARN Klompelompe Merinoull , Farbe 7251 (105m / 50g)
GARNMENGE 300 (300) 350 (400) 450 (550) g
REISSVERSCHLUSS (teilbar): 30 (35) 40 (45) 50 (55) cm
NADELN Rundstricknadeln NS 3 und 3,5, 60 cm, Nadelspiele NS 3 und 3,5
MASCHENPROBE 22 re M mit NS 3,5 = 10 cm
MASSE *Brustumfang:* ca. 58 (60) 65 (71) 76 (82) cm
Länge: ca. 31 (36) 41 (46) 51 (56) cm

Die Arbeit wird von unten und in Reihen begonnen.
128 (132) 144 (156) 168 (180) M mit NS 3 anschlagen. 10 (10) 12 (12) 14 (14) Reihen Rippenmuster stricken (1 M re, 1 M li). Zu NS 3,5 wechseln. 7 M auf der Nadel aufschlingen (Steek-Maschen), und ab jetzt rund stricken (die Steek-Maschen werden bei M-Angaben nicht mitgerechnet). Glatt re stricken, bis die Arbeit 21 (25) 29 (34) 34 (38) cm lang ist. 28 (29) 32 (35) 38 (41) M re stricken, 8 M abketten, 56 (58) 64 (70) 76 (82) M re stricken, 8 M abketten, 28 (29) 32 (35) 38 (41) M re stricken.

ÄRMEL
34 (34) 34 (38) 40 (40) M mit NS 3 anschlagen. 12 Rd Rippenmuster stricken. Zu NS 3,5 wechseln und nach 1 Rd glatt re wie folgt zunehmen: 1 M re, 1 M zun, stricken, bis 1 M übrigbleibt, 1 M zun, 1 M re. Dies alle 3 cm wiederholen, bis Sie 46 (48) 50 (54) 58 (62) M auf der Nadel haben, und weiter stricken, bis der glatt rechte Teil 20 (24) 27 (30) 32 (34) cm lang ist. In der Mitte unter dem Arm 8 M abketten = 38 (40) 42 (46) 50 (54) M auf der Nadel. Für den zweiten Ärmel wiederholen

RUMPFTEIL
Das rechte Vorderteil stricken, den Ärmel durch zus stricken der abgeketteten 8 M aufnehmen, Rückenteil stricken, den nächsten Ärmel aufnehmen und das linke Vorderteil stricken. Einen MM an jeder Naht zwischen Ärmel und Rumpfteil setzen = 188 (196) 212 (232) 252 (272) M auf der Nadel.

In der nächsten Rd für den Raglan wie folgt abnehmen:
1 M re, 1 M lose abh, 1 M re, die lose M überh, bis 3 M vor der nächsten MM re stricken, 2 M re zus, 1 M re. *-* über die gesamte Rd wiederholen = 8 M abgenommen. Alle 2 Rd auf die gleiche Weise abnehmen.
Nach 13 (14) 15 (17) 19 (21) mal Abnehmen werden die Abnahmen beendet = 84 (84) 92 (96) 100 (104) M auf der Nadel. Die Steek-Maschen abketten und die Kapuze in Reihen weiterstricken.

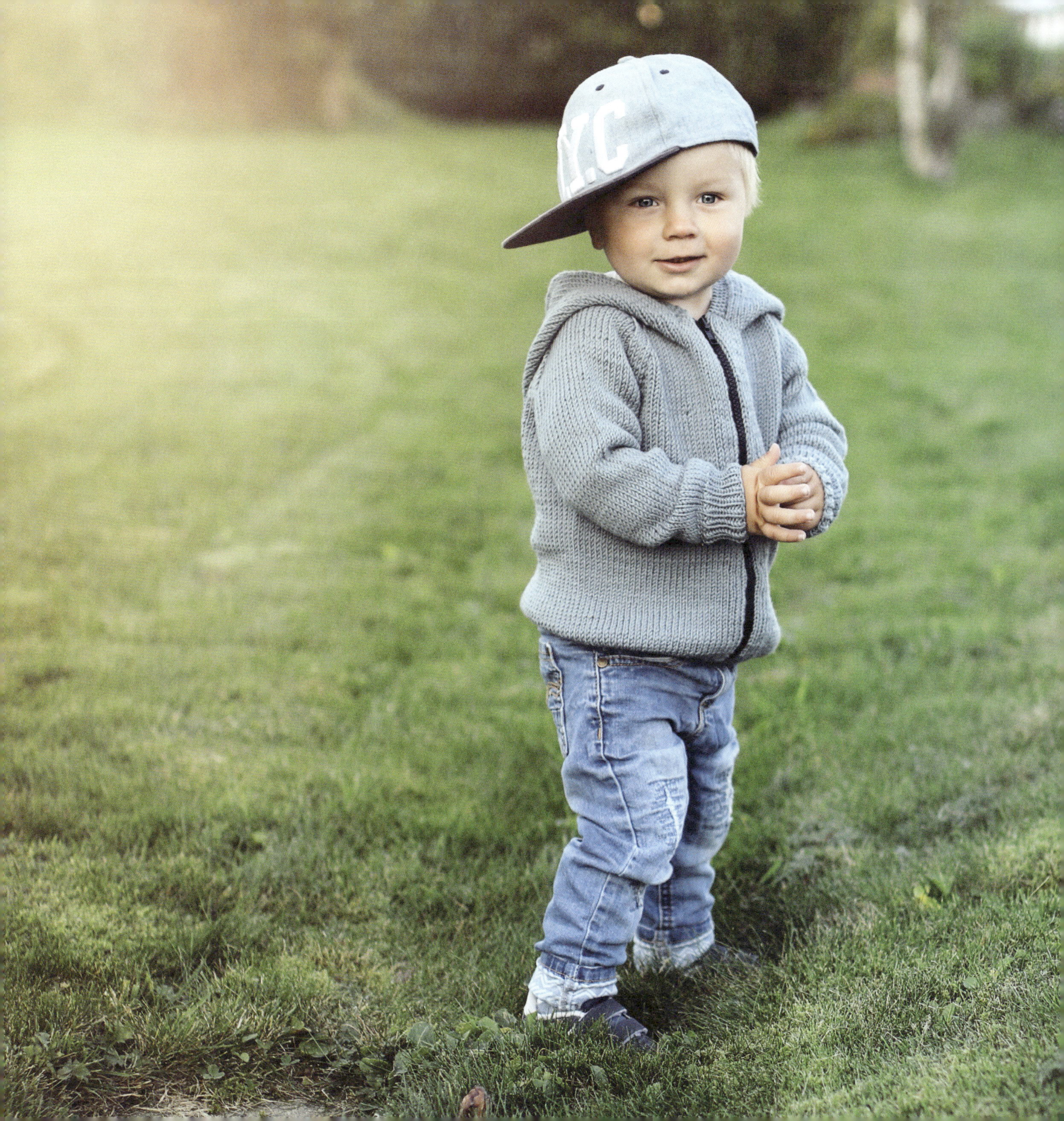

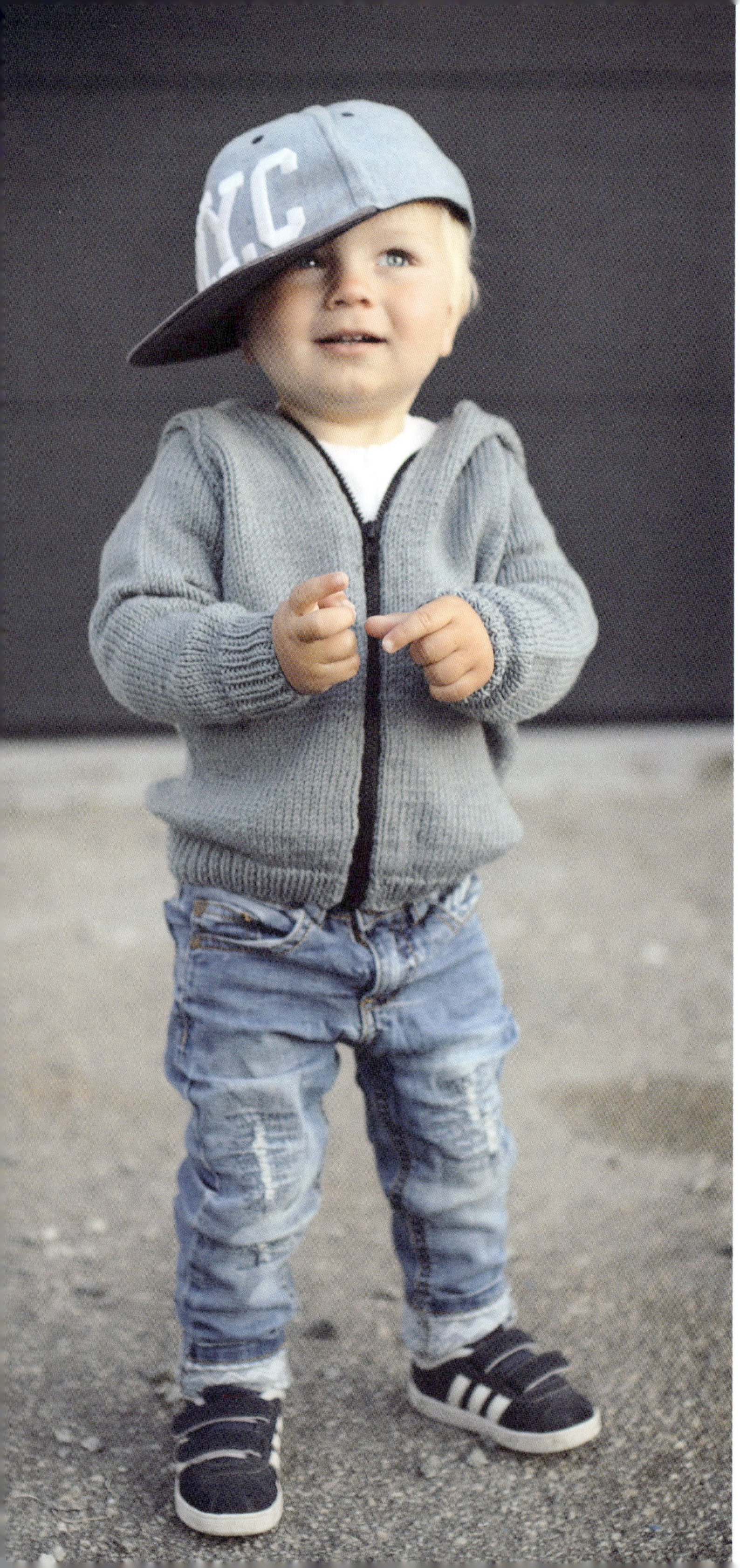

KAPUZE

In der nächsten Hinreihe gleichmäßig verteilt 10 M am Rückenteil (zwischen den beiden Raglan-MM hinten) zunehmen. Die Kapuze glatt re, aber die jeweils äußeren 4 M kraus re stricken, bis die Kapuze 27 (28) 29 (30) 30 (32) cm (ab der Stelle, an der Sie die Raglan-Abnahmen beendet haben) misst. Abketten, den kraus rechten Rand umschlagen und festnähen.

ZUSAMMENNÄHEN

Zwei straffe Maschinennähte auf beiden Seiten der mittleren Steek-Masche nähen. Entlang der mittleren Maschen aufschneiden. Auf beiden Seiten des Reißverschlusses Maschen häkeln, und diese an der Jacke festnähen. Für eine schöne Kante könnten Sie einen Beleg anstricken (siehe Jacke Schmetterling).

Das Kleidungsstück feucht spannen und trocknen lassen.

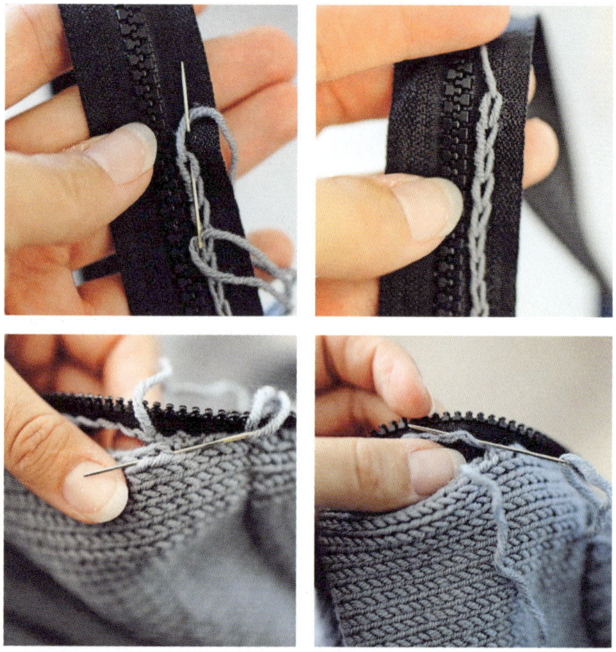

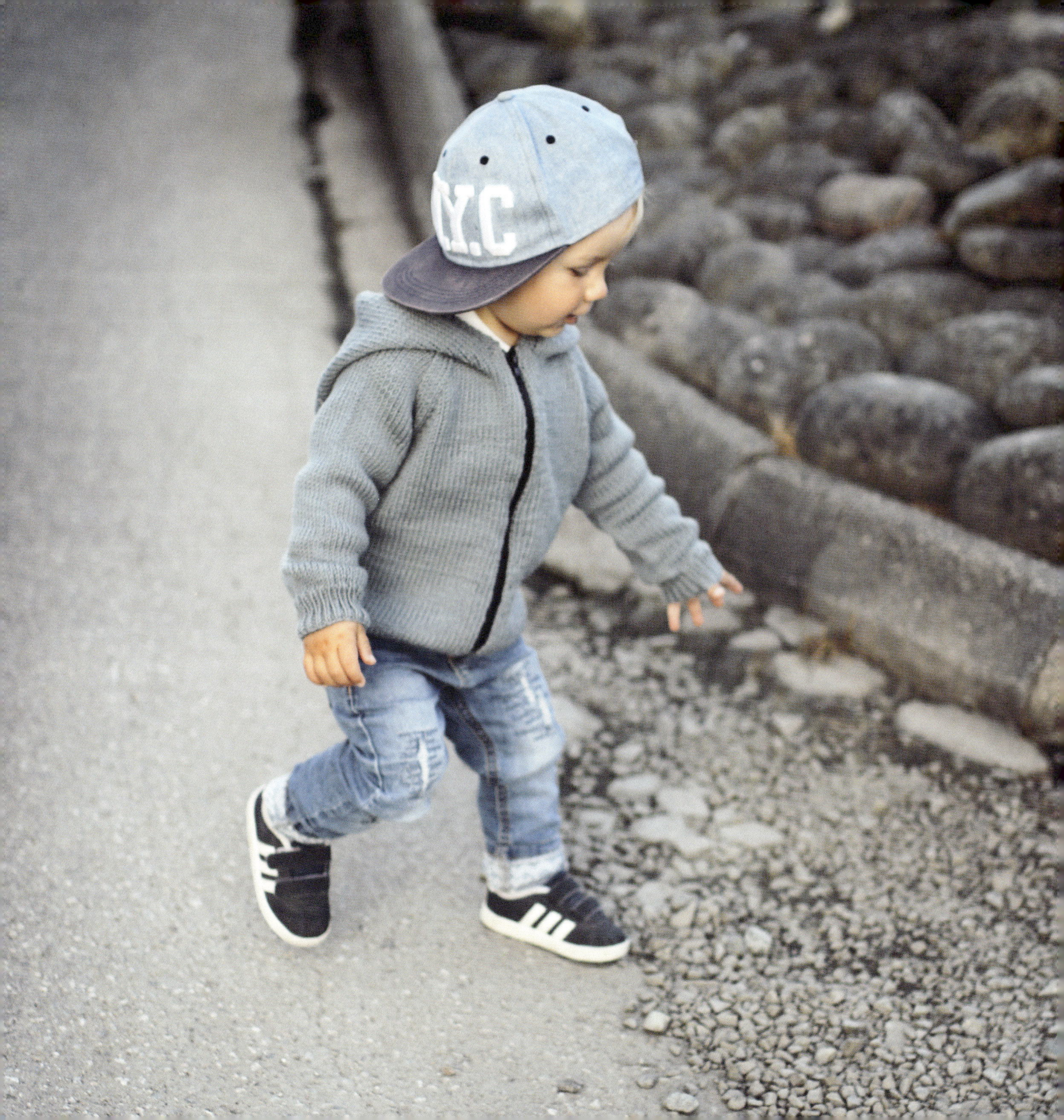

Kopftuch Blaubeere

Dieses Kopftuch wird mit dünnem Garn gestrickt und ist perfekt für den Kinderwagen. Es wärmt die Ohren und ist im Nacken luftdurchlässig.

GRÖSSE Mon (3-6) 6-12, Ja (1-2) 3-5
GARN Klompelompe Tynn Merinoull, Farbe 7251 (175m / 50g)
GARNMENGE 50 g für alle Größen
NADELN Rundstricknadeln NS 2,5 und 3, jeweils 40 cm oder 60 cm
MASCHENPROBE 27 re M mit NS 3 = 10 cm

(85) 89 (93) 97 M mit NS 2,5 anschlagen.
10 Reihen glatt re stricken. In der nächsten Reihe (Hinreihe) wie folgt eine Umschlagkante stricken: *2 M re zus, 1 U *. *-* wiederholen, bis noch 1 M übrigbleibt, 1 M re.
11 Reihen glatt re stricken.

Zur NS 3 wechseln und 8 Reihen glatt re stricken.
Nächste Reihe: (1) 3 (5) 2 M re, 2 M re zus, 1 U, *8 M re, 2 M re zus, 1 U*. *-* wiederholen, bis (2) 4 (6) 3 M übrigbleiben, (2) 4 (6) 3 M re stricken.
9 Reihen glatt re stricken.
Nächste Reihe: (6) 8 (10) 7 M re, 2 M re zus, 1 U, *8 M re, 2 M re zus, 1 U*. *-* wiederholen, bis (7) 9 (11) 8 M übrigbleiben, (7) 9 (11) 8 M re stricken.

Dieses Lochmuster wird alle 10 Reihen gestrickt – über die gesamte Arbeit hinweg. Die Löcher sind abwechselnd in denselben Abständen zu stricken wie die ersten beiden Male. (5) 9 (11) 13 Reihen glatt re und dann das Lochmuster stricken.

Ab sofort auf den jeweils äußeren 5 M auf beiden Seiten Perlmuster stricken (1 M re, 1 M li, in der nächsten Reihe entgegengesetzt). Dabei wie folgt abnehmen: 5 M Perlmuster, 2 M re zus, glatt re (ggf mit Löchern), bis 7 M übrigbleiben, 1 M lose abh, 1 M re, die lose M überh, 5 M Perlmuster. Die Abnahmen in jeder Hinreihe wiederholen.

Wenn zwischen den Perlmuster nur noch 3 M übrig sind, dann stricken Sie die nächste Hinreihe wie folgt:
5 M Perlmuster, 1 M lose abh, 2 M re zus, die lose M überh, 5 M Perlmuster.

Nächste Reihe: 5 M Perlmuster, 1 M li, 5 M Perlmuster.

Nächste Reihe: 4 M Perlmuster, 1 M lose abh, 2 M re zus, die lose M überh, 4 M Perlmuster.
Nächste Reihe: 9 M Perlmuster.

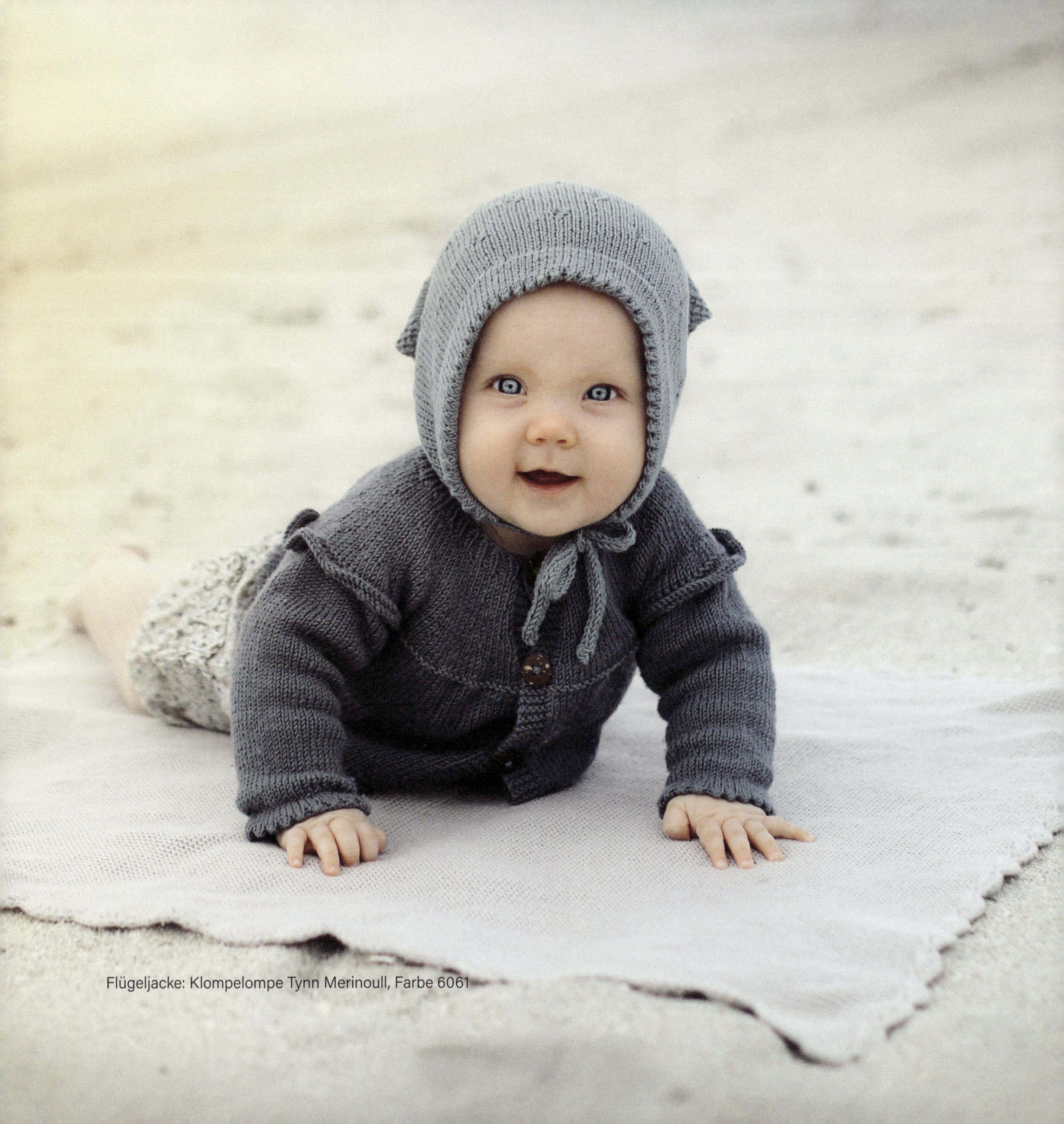

Flügeljacke: Klompelompe Tynn Merinoull, Farbe 6061

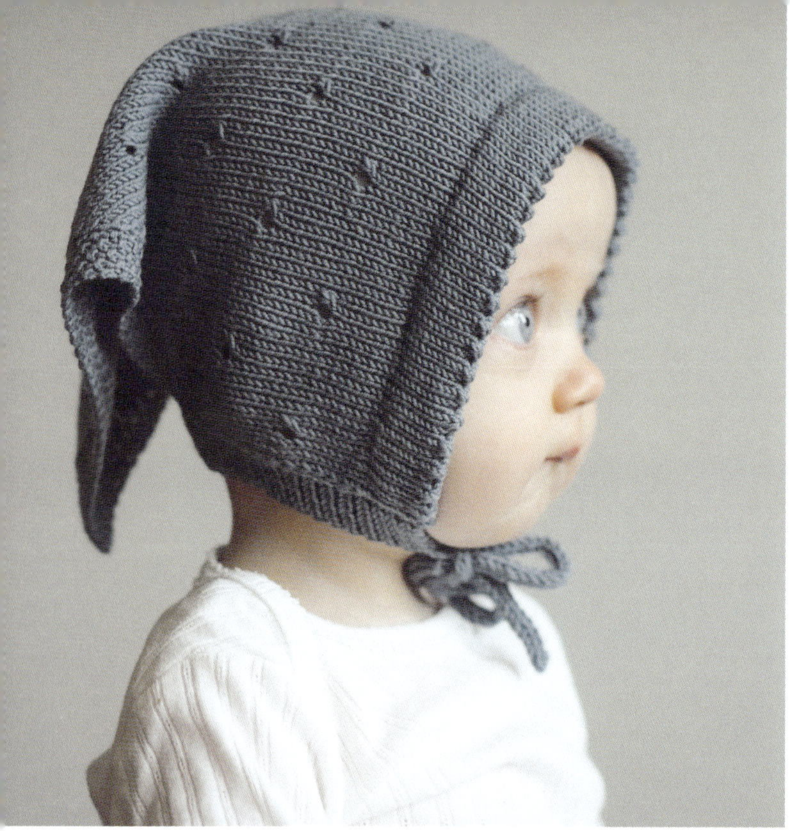

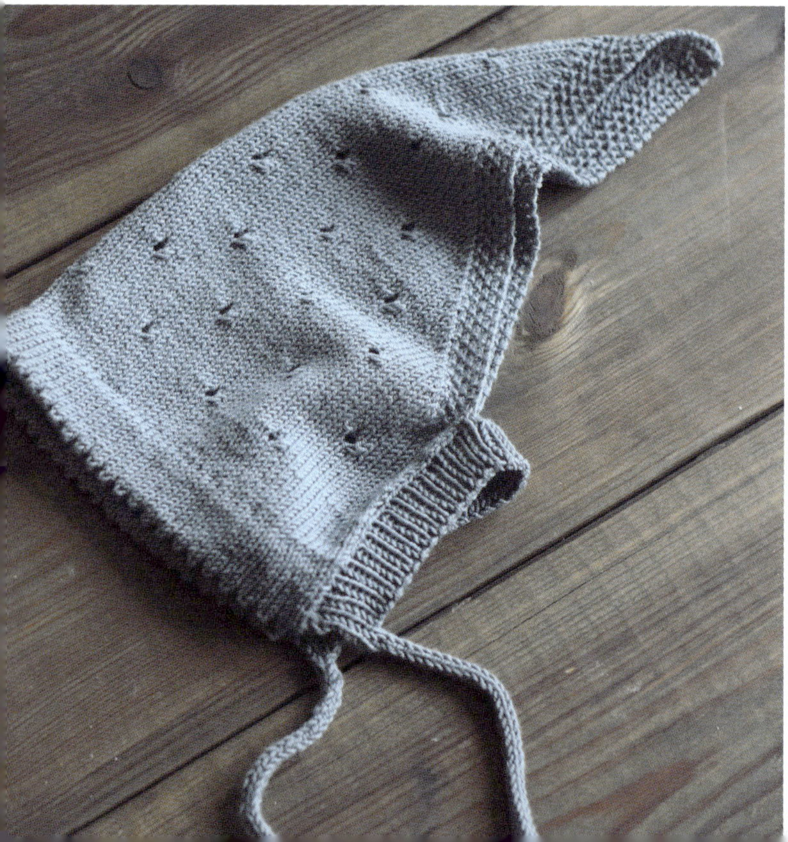

Nächste Reihe: 3 M Perlmuster, 1 M li lose abh, 2 M re zus, die lose M überh, 3 M Perlmuster.

Nächste Reihe: 7 M Perlmuster.

Nächste Reihe: 2 M Perlmuster, 1 M lose abh, 2 M re zus, die lose M überh, 2 M Perlmuster.

Nächste Reihe: 5 M Perlmuster.

Nächste Reihe: 1 M Perlmuster, 1 li lose abh, 2 M li zus, die lose M überh, 1 M Perlmuster.

Nächste Reihe: 1 M li lose abheben, 2 M li zus, die lose M überh. Den Faden abschneiden, anziehen und vernähen. Das Kopftuch dampfen, dann an der Umschlagkante nach innen einklappen und festnähen. (Um die Maschen für das Rippenmuster im nächsten Schritt besser aufnehmen zu können, die schmalen Kanten nicht festnähen.)

RIPPENMUSTER AM HALS MIT NS 2,5:
(29) 33 (35) 37 M an der einen Seite aufnehmen, (15) 15 (15) 17 M aufschlingen und weitere (29) 33 (35) 37 M aufnehmen = (73) 81 (85) 91 M auf der Nadel.

8 Reihen Rippenmuster stricken. In der letzten Reihe alle Maschen abketten, mit Ausnahme der 4 ersten und der 4 letzten Maschen auf der Nadel. Diese Maschen zu einer Schnur (iCord) mit einer Länge von ca. 18 cm stricken. Alle Fäden vernähen.

ICORD: alle M re stricken, die Maschen ans andere Ende der Nadel ziehen, ohne diese zu wenden, und die Maschen wieder re stricken. Bis zum Erreichen der gewünschten Länge wiederholen. Siehe auch das entsprechende Video auf www.klompelompe.no (Video "Icord", norwegisch).

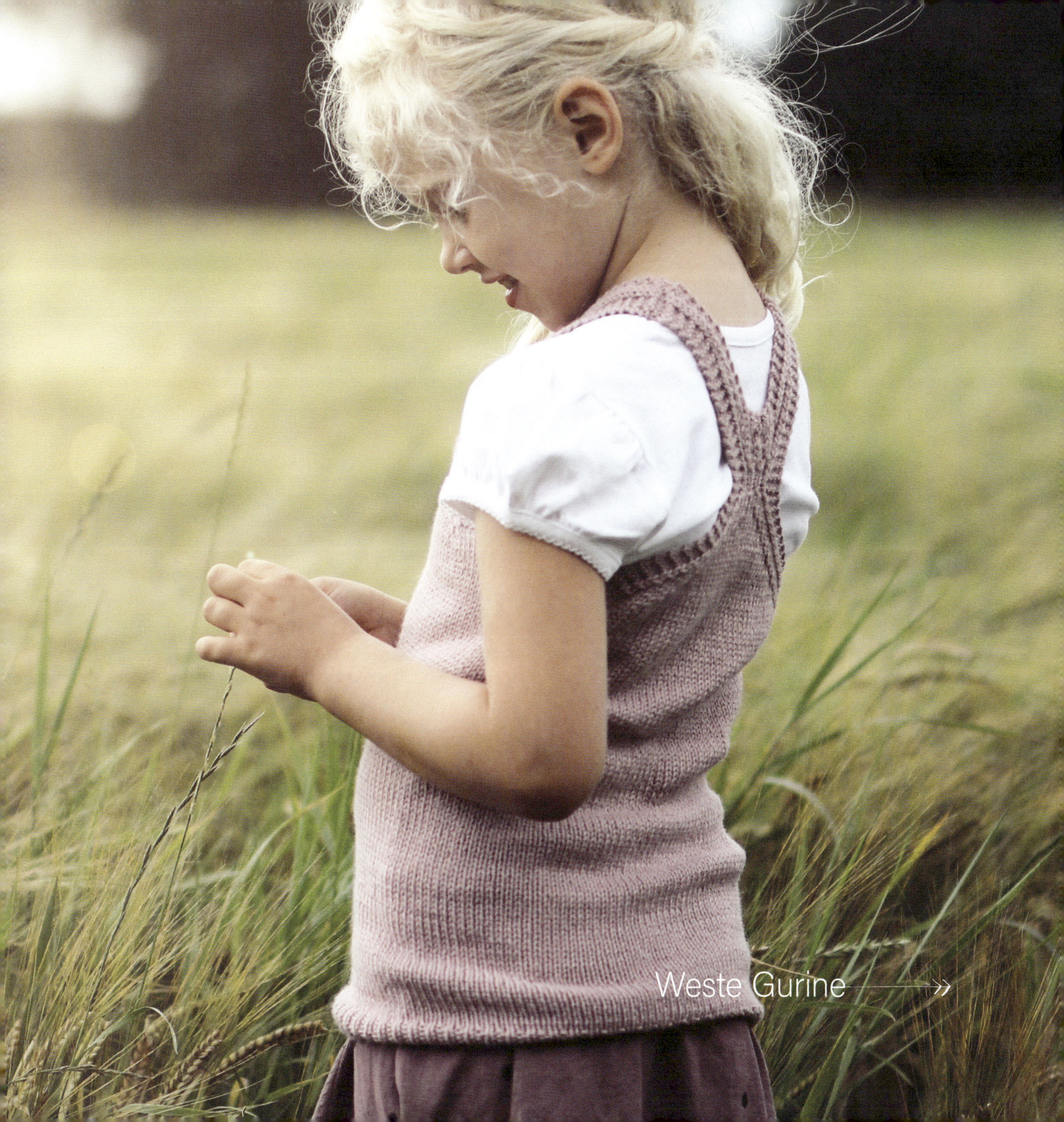
Weste Gurine

Pullunder Gurine

Eine toller Pullunder mit spannenden Highlights am Rückenteil.
Gut für kühlere Sommertage.

GRÖSSE Mon (3-6) 6-9, Ja (1) 2 (4) 6 (8) 10
GARN Klompelompe Spøt, Farbe 4321 (135m / 50 g)
GARNMENGE (50) 100 (100) 100 (100) 150 (150) 150 g
NADELN Rundstricknadeln NS 3 und 3,5, jeweils 40 cm oder 60 cm, evtl. Nadelspiel NS 3,5
MASCHENPROBE 22 re M mit NS 3,5 = 10 cm
MASSE
Brustumfang: ca. (42) 45,5 (49) 54,5 (58) 62 (65,5) 69 cm
Länge: ca. (23) 27 (29) 34 (39) 42 (49) 52 cm

Die Arbeit wird von unten und in Runden gestrickt.

(92) 100 (108) 120 (128) 136 (144) 152 M mit NS 3 anschlagen. (8) 8 (8) 8 (10) 10 (10) 10 Rd Rippenmuster stricken.
Zu NS 3,5 wechseln.
Glatt re stricken, bis die Arbeit (15) 18 (20) 23 (25) 27 (32) 35 cm misst.
5 M abketten und die nächsten (36) 40 (44) 50 (54) 58 (62) 66 M in Reihen stricken – dies wird das Rückenteil.
Die übrigen M auf einer Hilfsnadel stilllegen.

RÜCKENTEIL WIE FOLGT STRICKEN

Hinreihe: 4 M re, 1 M lose abh, 1 M re, die lose M überh, 2 M re, 1 M lose abh, 1 M re, die lose M überh, re bis noch 10 M übrig sind, 2 M re zus, 2 M re, 2 M re zus, 4 M re.

Rückreihe: 4 M re, li, bis noch 4 M übrig sind, 4 M re.
Diese beiden Reihen wiederholen, bis Sie (16) 16 (16) 18 (18) 18 (18) 18 M auf der Nadel haben.
In der letzten Rückreihe gleichmäßig verteilt (0) 0 (0) 2 (2) 2 (2) 2 M abnehmen = 16 M auf der Nadel.

In der nächsten Hinreihe wie folgt stricken: 4 M re, 1 lose abh, 1 M re, die lose M überh, 1 M lose abh, 1 M re, die lose M überh, 2 M re zus, 2 M re zus, 4 M re.

Nächste Reihe: 4 re, 4 li, 4 re
Nächste Reihe: alle M re
Nächste Reihe: 4 re, 4 li, 4 re
Nächste Reihe: 5 re, 1 U, 1 re, 1 U, 1 re, 1 U, 5 re
Nächste Reihe: 4 re, 7 li, 4 re
Nächste Reihe: 5 re, 1 U, 1 re, 1 U, 3 re, 1 U, 1 re, 1 U, 5 re
Nächste Reihe: 4 re, 11 li, 4 re
Nächste Reihe: 5 re, 1 U, 3 re, 1 U, 3 re, 1 U, 3 re, 1 U, 5 re
Nächste Reihe: 4 re, 15 li, 4 re
Nächste Reihe: 5 re, 1 U, 13 re, 1 U, 5 re
Nächste Reihe: 4 re, 17 li, 4 re
Nächste Reihe: 5 re, 1 U, 4 re, 7 M Rippenmuster (1 M li, 1 M re), 4 re, 1 U, 5 re

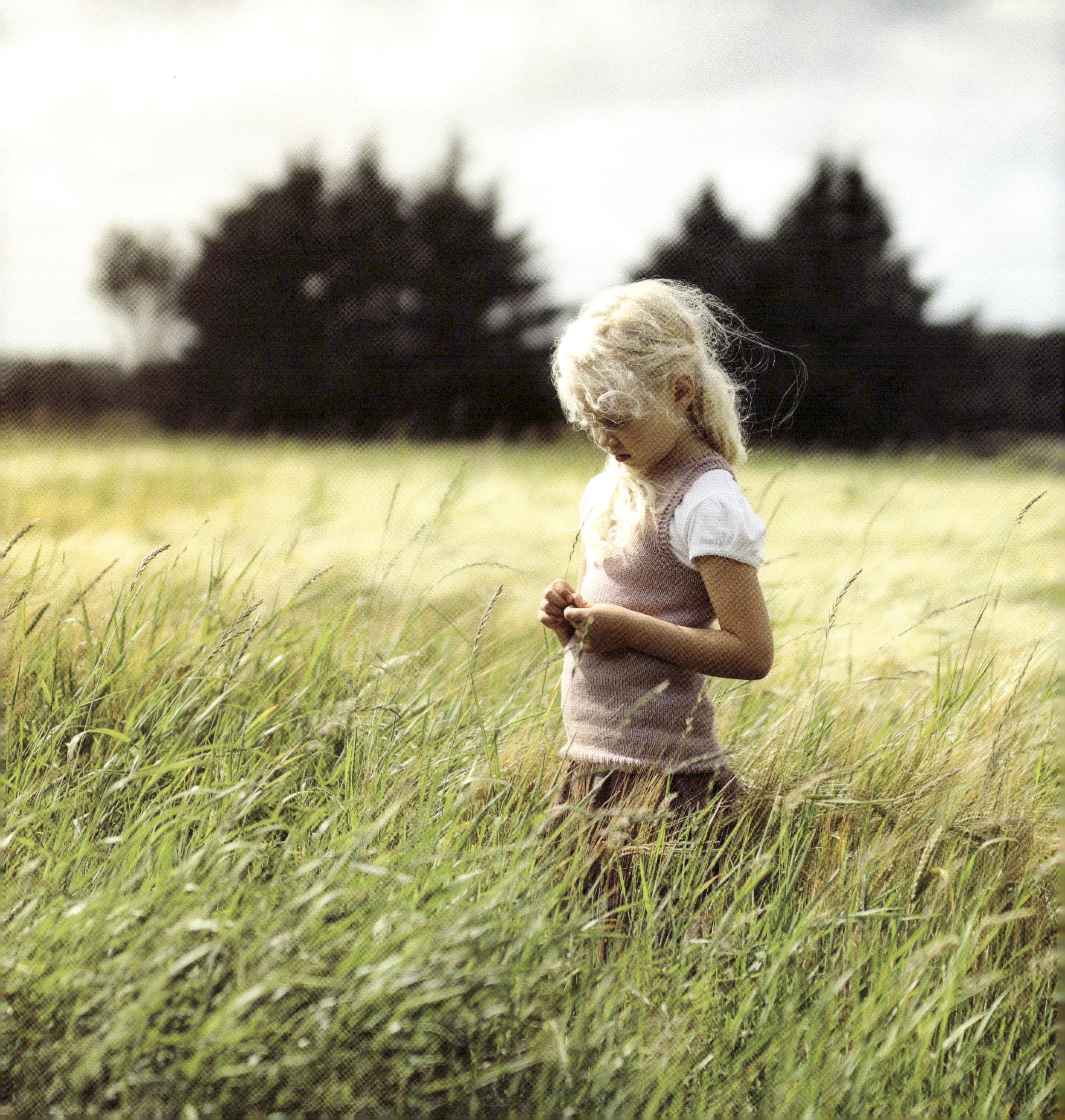

Nächste Reihe: 4 re, 6 li, 7 M Rippenmuster (1 M re, 1 M li), 6 li, 4 re
Nächste Reihe: 5 re, 1 U, 5 re, 7 M Rippenmuster, das Sie gleichzeitig abketten, 5 re, 1 U, 5 re. Jetzt haben Sie zwei Träger, die jeweils. einzeln gestrickt werden.

LINKER TRÄGER

Nächste (Rück)Reihe: 4 re, 4 li, 3 re
Nächste Reihe: 3 M re, 1 M lose abh, 1 M re, die lose M überh, 1 M re, 1 U, 5 M re
Diese beiden Reihen einmal wiederholen.

Nächste (Rück)Reihe: 4 re, 4 li, 3 re
Nächste Reihe: 3 M re, 1 M lose abh, 1 M re, die lose M überh, 6 M re
Nächste Reihe: 4 re, 3 li, 3 re
Nächste Reihe: 3 M re, 1 M lose abh, 1 M re, die lose M überh, 5 M re
Nächste Reihe: 4 re, 2 li, 3 re (für die kleinsten zwei Größen dabei abketten)

Nächste Reihe: alle M re
Nächste Reihe: 4 re, 2 li, 3 re
Diese beiden Reihen (0) 0 (1) 2 (3) 4 (5) 6 Mal wiederholen und in der letzten Reihe abketten.

RECHTER TRÄGER

Nächste (Rück)Reihe: 3 re, 4 li, 4 re
Nächste Reihe: 5 re, 1 U, 1 re, 2 re zus, 3 re
Diese beiden Reihen einmal wiederholen.
Nächste Reihe: 3 re, 4 li, 4 re
Nächste Reihe: 6 re, 2 re zus, 3 re
Nächste Reihe: 3 re, 3 li, 4 re
Nächste Reihe: 5 re, 2 re zus, 3 re
Nächste Reihe: 3 re, 2 li, 4 re (für die kleinsten zwei Größen dabei abketten)

Nächste Reihe: alle M re
Nächste Reihe: 3 re, 2 li, 4 re
Diese beiden Reihen (0) 0 (1) 2 (3) 4 (5) 6 Mal wiederholen und in der letzten Reihe abketten.

VORDERTEIL (RECHTE SEITE)

9 M abketten, 4 M re, 1 M lose abh, 1 M re, die lose M überh, 1 M lose abh, 1 M re, die lose M überh, re stricken, bis 12 M übrigbleiben, 2 M re zus, 2 M re zus, 4 M re, 4 M abketten, den Faden abschneiden.
Nächste (Rück)Reihe: 4 M re, links stricken, bis 4 M übrigbleiben, 4 M re
Nächste Reihe: 4 M re, 1 M lose abh, 1 M re, die lose M überh, 1 M lose abh, 1 M re, die lose M überh, re stricken, bis 8 M übrigbleiben, 2 M re zus, 2 M re zus, 4 M re
Nächste (Rück)Reihe: 4 M re, li stricken, bis 4 M übrigbleiben, 4 M re
Die beiden letzten Reihen noch einmal wiederholen.

Nächste Reihe: 4 M re, 1 M lose abh, 1 M re, die lose M überh, re, bis 6 M übrigbleiben, 2 M re zus, 4 M re
Nächste Reihe: 4 M re, li, bis 4 M übrigbleiben, 4 M re
Nächste Reihe: alle M re
Nächste Reihe: 4 M re, li, bis 4 M übrigbleiben, 4 M re = (24) 28 (32) 38 (42) 46 (50) 54 M auf der Nadel.
Die letzten beiden Reihen (0) 0 (1) 2 (4) 4 (6) 6 Mal wiederholen.

Jetzt wird das Vorderteil für die Knopfleiste geteilt:
Nächste Reihe: (14) 16 (18) 21 (23) 25 (27) 29 M re, wenden
Nächste Reihe: 4 M re, (6) 8 (10) 13 (15) 17 (19) 21 M li, 4 M re
Diese beiden Reihen wiederholen, bis Sie (4) 4 (4) 5 (6) 6 (7) 7 kraus re Rippen für die Knopfleiste haben.
In der nächsten Hinreihe Knopflöcher wie folgt arbeiten: re stricken, bis 3 M übrigbleiben, 1 M abketten, 2 M re. In der nächsten Reihe 1 M dort zunehmen, wo Sie abgekettet haben. Noch 3 Reihen wie vor dem Knopfloch stricken.
Nächste (Rück)Reihe: 4 M abketten (Knopflochleiste), 3 M re, (3) 5 (7) 10 (12) 14 (16) 18 M li, 4 M re

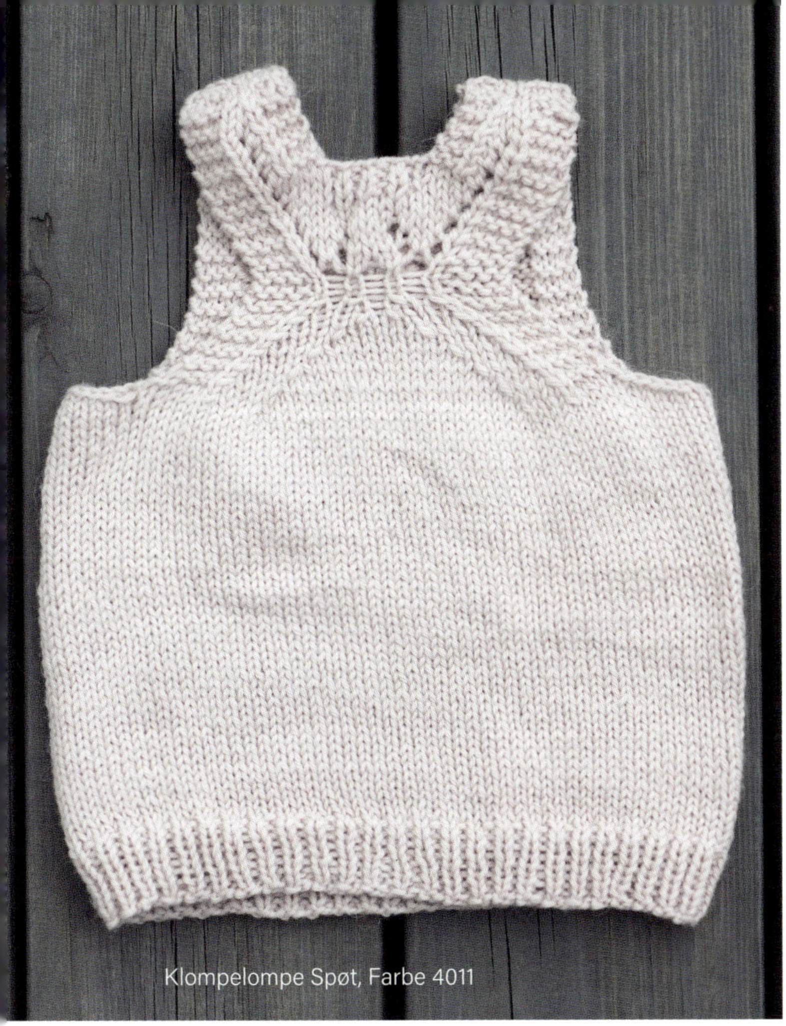

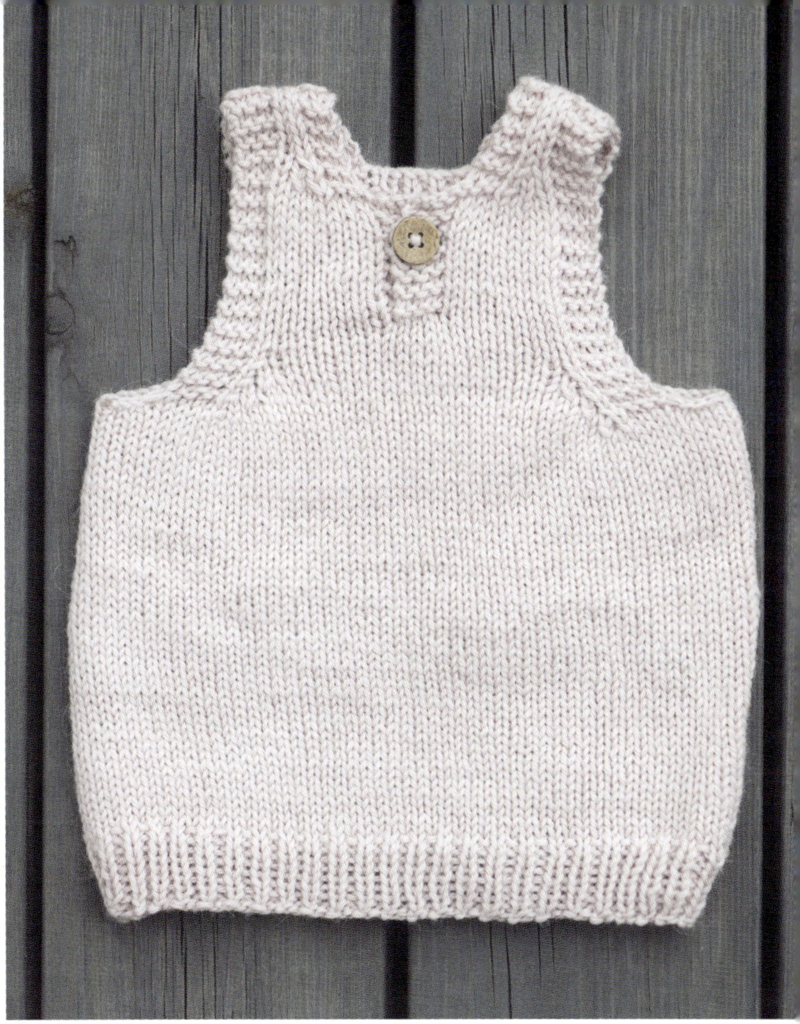

Der folgende Abschnitt wird in der kleinsten Größe NICHT gestrickt!
Nächste Reihe: re stricken, bis 7 M übrigbleiben, 2 M re zus, 2 M re zus, 3 M re
Nächste Reihe: 3 M re, li stricken, bis 4 M übrigbleiben, 4 M re
Diese beiden Reihen (-) 0 (1) 2 (3) 4 (5) 6 Mal wdh.

Alle Größen:
Nächste Reihe: (5) 5 (5) 6 (6) 6 (6) 6 M re, 2 M re zus, 3 M re

Größen Ja 2 (4) 6 (8) 10:
Nächste Reihe: 3 M re, 3 M li, 4 M re
Nächste Reihe: 5 M re, 2 M re zus, 3 M re
Alle Größen:
Im Weiteren die folgenden beiden Reihen (4) 4 (5) 5 (6) 6 (7) 8 Mal stricken:
1. Reihe: 3 re, 2 li, 4 re
2. Reihe: alle M re
In der letzten Reihe abketten.

Rechtes Vorderteil:
4 M aufschlingen, restliche M re stricken = (14) 16 (18) 21

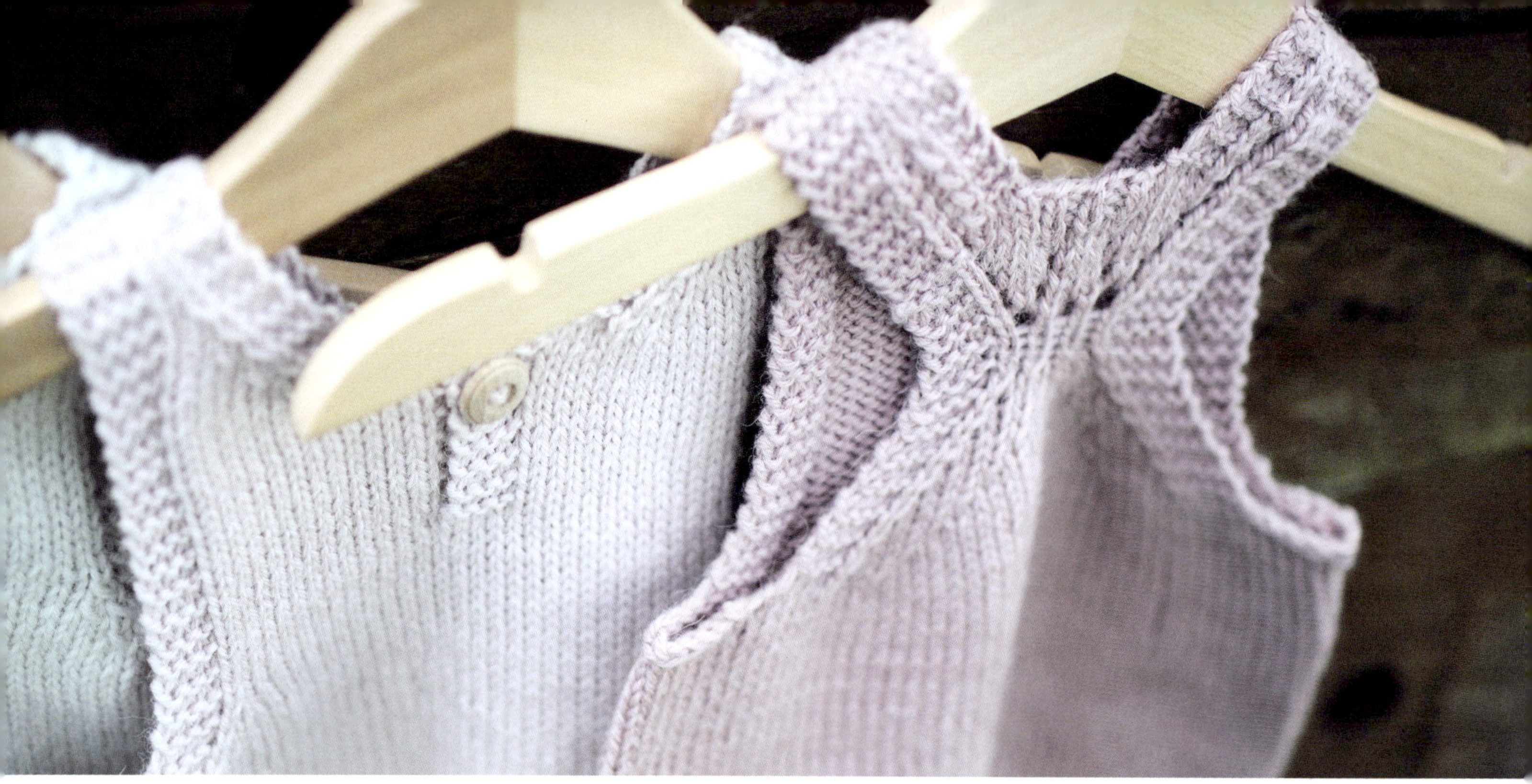

(23) 25 (27) 29 M auf der Nadel.
Nächste Reihe: 4 re, (6) 8 (10) 13 (15) 17 (19) 21 li, 4 re
Nächste Reihe: alle M re
Diese beiden Reihen wiederholen, bis Sie (6) 6 (6) 7 (8) 8 (9) 9 Rippen für die Knopfleiste haben.
Nächste (Rück)Reihe: 4 re, (3) 5 (7) 10 (12) 14 (16) 18 li, 3 re, 4 M abketten (Knopflochleiste).

Der folgende Abschnitt wird in der kleinsten Größe NICHT gestrickt!
Nächste Reihe: 3 M re, 1 M lose abh, 1 M re, die lose M überh, 1 M lose abh, 1 M re, die lose M überh, re M
Nächste Reihe: 4 M re, li stricken, bis 3 M übrigbleiben, 3 M re
Diese beiden Reihen noch (-) 0 (1) 2 (3) 4 (5) 6 Mal wdh.

Alle Größen:
Nächste Reihe: 3 M re, 1 lose abh, 1 M re, die lose M überh, re M für den Rest der Reihe
Größen Ja 2 (4) 6 (8) 10:
Nächste Reihe: 4 re, 3 li, 3 re
Nächste Reihe: 3 M re, 1 M lose abh, 1 re, die lose M überh, re M für den Rest der Reihe

Alle Größen:
Im Weiteren die folgenden beiden Reihen (4) 4 (5) 5 (6) 6 (7) 8 Mal stricken.
1. Reihe: 4 re, 2 li, 3 re
2. Reihe: alle M re
In der letzten Reihe abketten.

Schultern mit Maschenstich (S. 22) zusammen- und Knopf annähen. Feucht spannen und trocknen lassen.

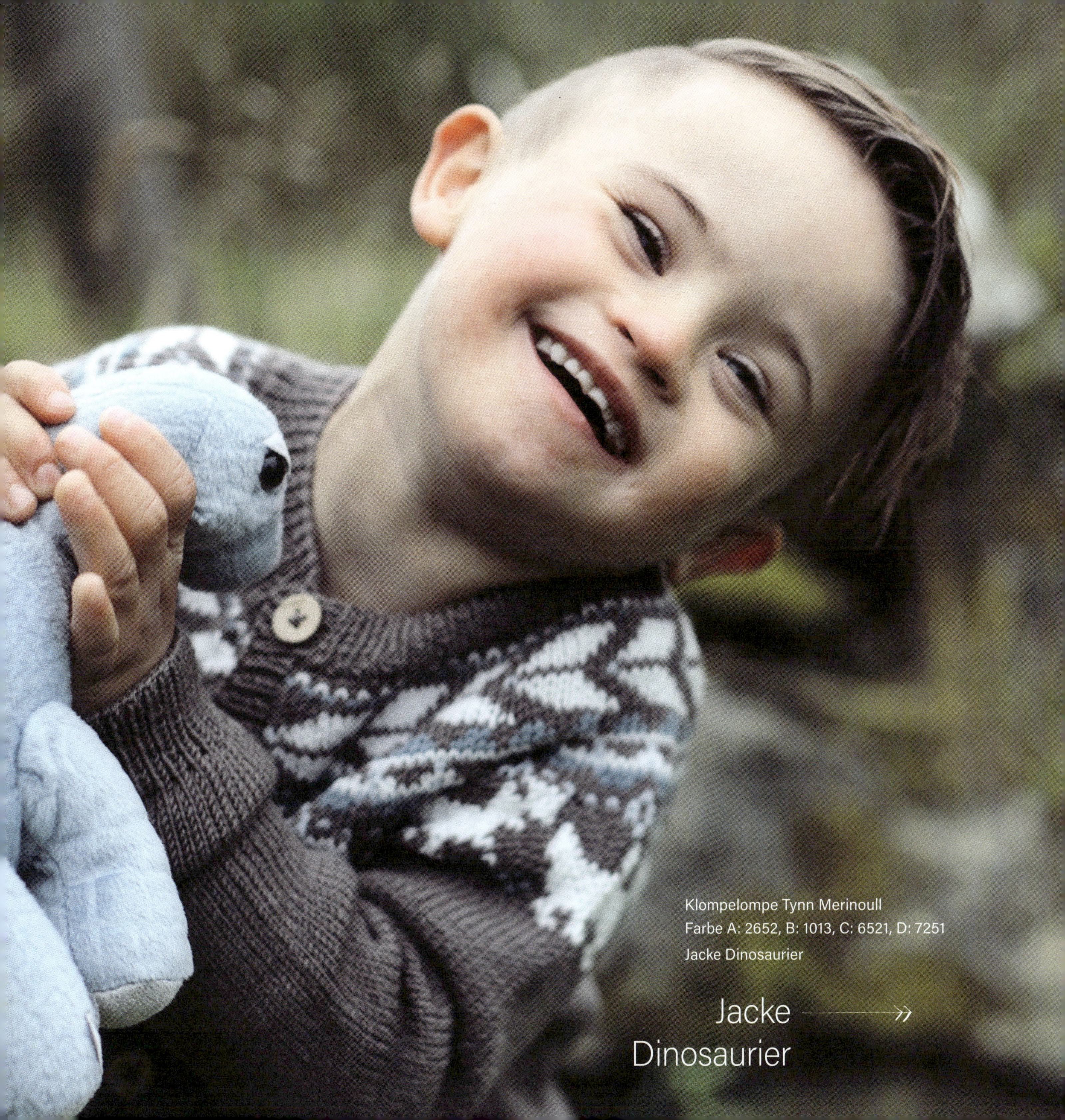

Klompelompe Tynn Merinoull
Farbe A: 2652, B: 1013, C: 6521, D: 7251
Jacke Dinosaurier

Jacke Dinosaurier

Jacke Dinosaurier

Für manche Kinder zählt nur eine Art von Spielzeug – für Ludvig sind es Dinosaurier. In seinen Büchern muss es immer um Dinos gehen, selbst das Kuscheltier im Bett wurde durch Dino-Figuren ersetzt. Dann ist es noch besser, wenn das Lieblingstier auch auf der Jacke zu finden ist.

GRÖSSE Ja (1) 2 (4) 6 (8) 10
GARN Klompelompe Tynn Merinoull, Farbe A 6521, Farbe B 1013, Farbe C 2652, Farbe D 7251 (175m / 50 g)
GARNMENGE
Farbe A: (150) 150 (200) 200 (250) 300 g
Farbe B: 50 g alle Größen
Farbe C: 50 g alle Größen
Farbe D: 50 g alle Größen
NADELN Rundstricknadeln NS 2,5 und 3, jeweils 40 cm und 60 cm, Nadelspiele NS 2,5 und 3
MASCHENPROBE 27 re M mit NS 3 = 10 cm
MASSE Brustumfang: ca. (55) 57 (63) 71 (75) 77,5 cm
Länge: ca. (33) 38 (42) 46,5 (49,5) 52 cm

Die Arbeit von oben nach unten stricken, zu Beginn in Reihen.

(91) 95 (101) 101 (109) 109 M mit NS 2,5 in Grundfarbe (Farbe A) anschlagen, dann (3) 3 (3) 3,5 (3,5) 3,5 cm Rippenmuster stricken (1 M re, 1 M li).
Zu NS 3 wechseln. Weiter wird in Runden gestrickt. 1 Rd re stricken und dabei 7 Steek-Maschen aufschlingen.

ANMERKUNG
Die Steek-Maschen sind nicht Bestandteil der Maschenanzahl im Musterdiagramm weiter unten.

1 Rd re stricken und gleichmäßig verteilt (46) 50 (44) 52 (52) 52 M zunehmen = (137) 145 (145) 153 (161) 161 M auf der Nadel. Mit dem Musterdiagramm beginnen.
Wenn Sie mit dem Musterdiagramm fertig sind, sollten Sie (239) 253 (253) 305 (321) 321 M auf der Nadel haben.

(0) 4 (3) 5 (8) 8 Rd in Grundfarbe glatt re stricken. Dann 1 Rd re stricken und (8) 6 (26) 0 (0) 12 M gleichmäßig verteilt zunehmen = (247) 259 (279) 305 (321) 333 M auf der Nadel. In der Größe 4 Jahre 4 Rd glatt re stricken. In den beiden größten Größen 4 (6) Rd glatt re stricken.

Maschen für die Ärmel wie folgt auf Hilfsnadeln stilllegen: (33) 34 (38) 43 (46) 47 M re stricken, die nächsten (56) 60 (62) 64 (66) 69 M auf eine Hilfsnadel setzen (Ärmelmaschen), 7 M unter den Armen aufschlingen, (69) 71 (79) 91 (97) 101 M re stricken, die nächsten (56) 60 (62) 64 (66) 69 M auf eine Hilfsnadel setzen (Ärmelmaschen), 7 M unter den Armen aufschlingen, (33) 34 (38) 43 (46) 47 M re stricken.

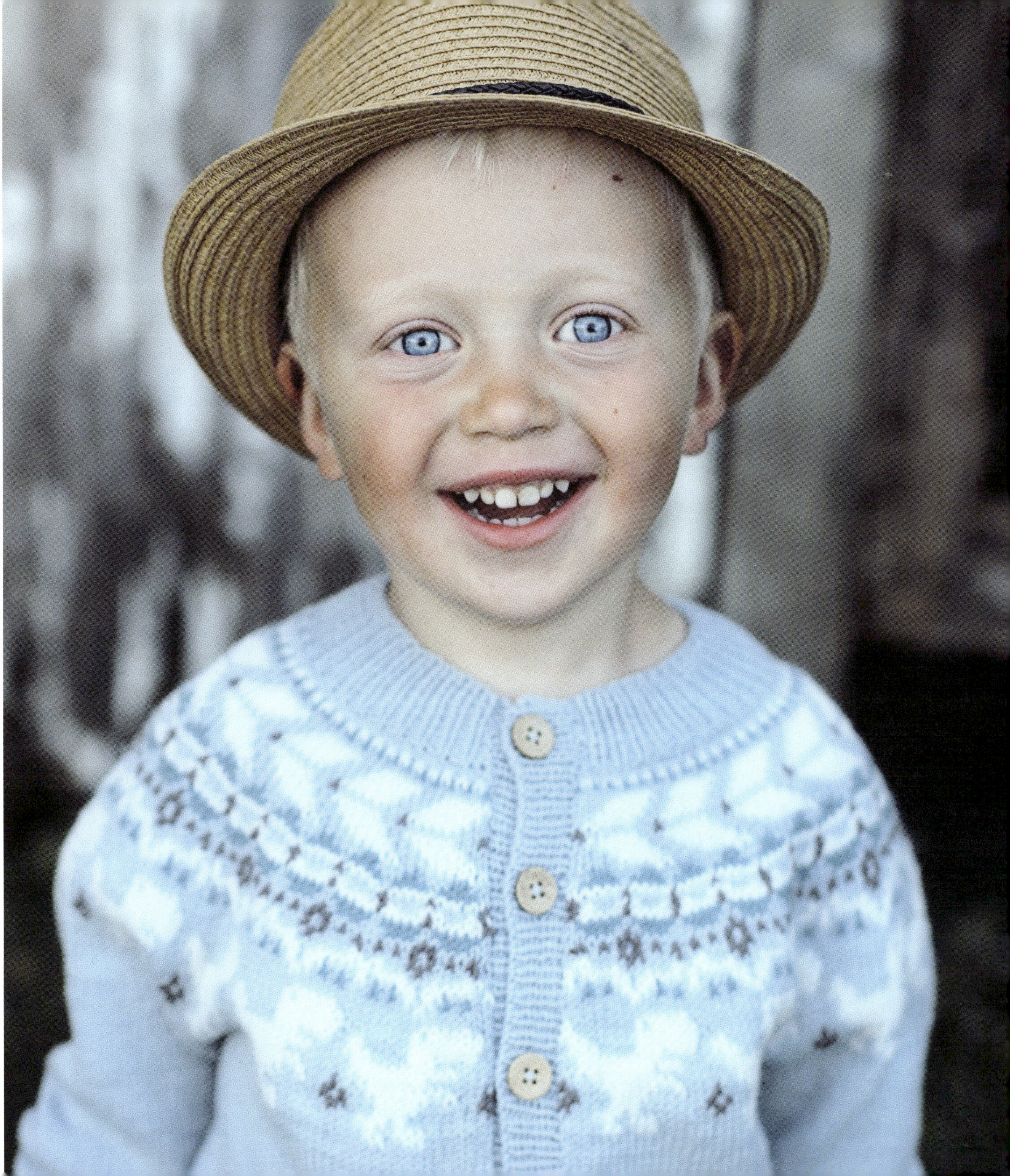

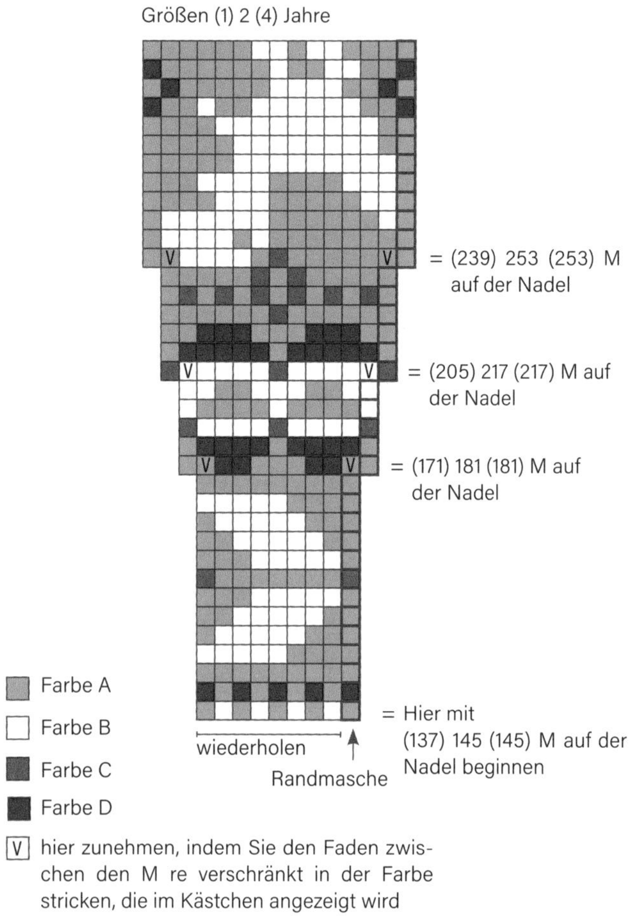

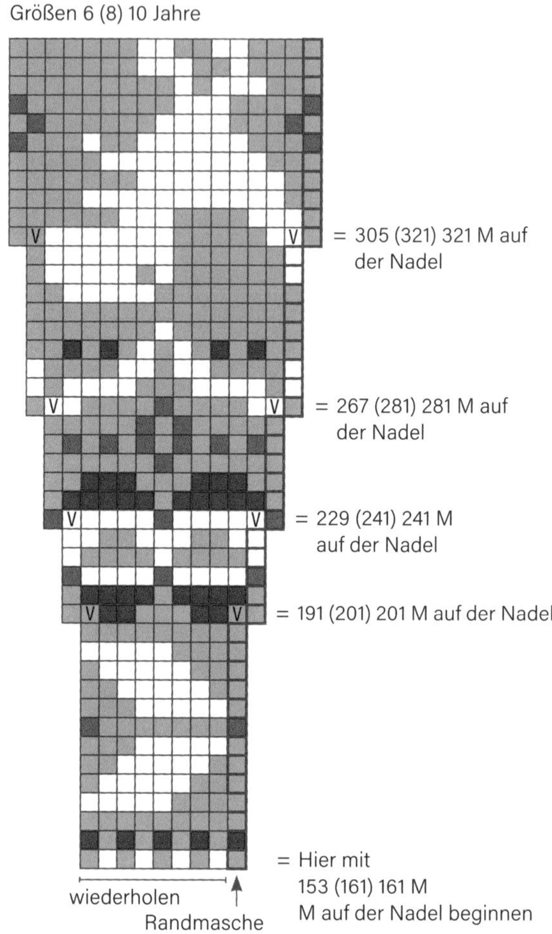

VORDER- UND RÜCKENTEIL

Sie haben jetzt (149) 153 (169) 191 (203) 209 M auf der Nadel. Glatt re in der Grundfarbe stricken, bis die Arbeit (30) 35 (39) 43 (46) 48 cm lang ist.
1 Rd re stricken und gleichzeitig die Steek-Maschen abnehmen.
Zu NS 2,5 wechseln. (3) 3 (3) 3,5 (3,5) 4 cm Rippenmuster stricken (1 M re, 1 M li) arbeiten. Beim Stricken der letzten Reihe abketten.

ÄRMEL

4 M auf die Nadel aufschlingen, die (56) 60 (62) 64 (66) 69 M von der Hilfsnadel stricken, 3 M aufschlingen. Die Ärmel werden auf Nadelspielen rund gestrickt. Die erste Masche (Markiermasche, MM) wird über den gesamten Ärmel hinweg li gestrickt.

Wenn der Ärmel 2 cm misst, wie folgt abnehmen:
1 M li (MM) stricken, 2 M re zus, bis 2 M vor der MM stricken, 1 M lose abheben, 1 M re, die lose M überheben.

Diese Abnahmen alle (2) 2 (2) 2,5 (2,5) 3 cm wiederholen, bis Sie (45) 49 (49) 51 (51) 56 M auf der Nadel haben. Stricken, bis der Ärmel (19) 22 (25) 27 (31) 34 cm lang ist.

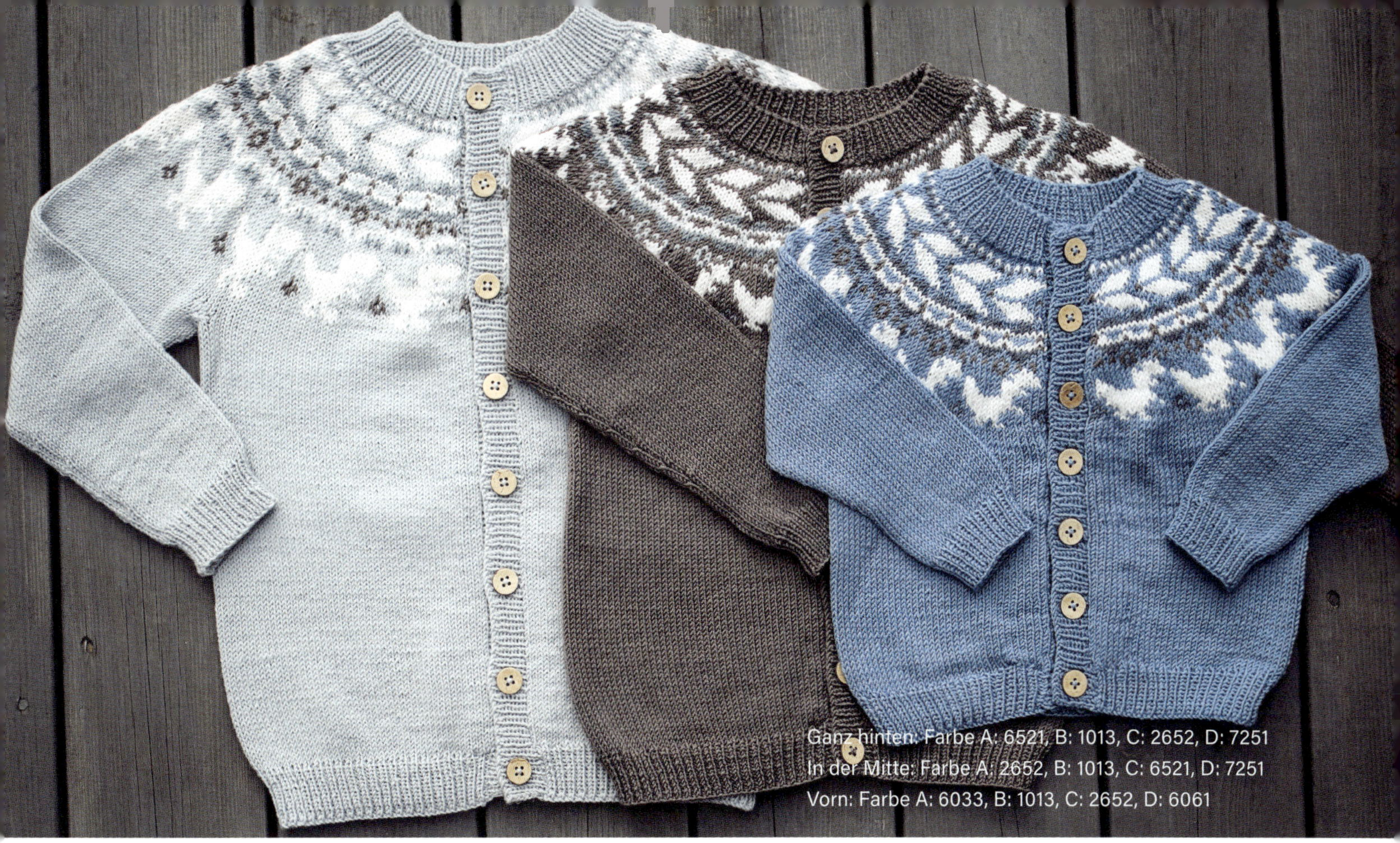

1 Rd re stricken und (1) 1 (1) 1 (1) 0 M abnehmen. Zu NS 2,5 wechseln und (3) 3 (3) 3,5 (3,5) 4 cm im Rippenmuster stricken (1 M re, 1 M li) stricken. Abketten.

ZUSAMMENNÄHEN

2 feste Maschinennähte auf beiden Seiten der Mitte der Steek-Maschen nähen. Aufschneiden. Auf beiden Seiten mit NS 2,5 Maschen für die Knopfleisten aufnehmen, ca. 1 M in jeder Masche, aber jede 4. M überspringen. 8 Reihen im Rippenmuster stricken (1 M re, 1 M li). Abketten (nicht zu straff). Knopflöcher werden für die Mädchenversion auf der rechten und für die Jungenversion auf der linken Seite gearbeitet.

Für die Knopflöcher in der 3. Reihe 2 M abketten, die in der nächsten Reihe wieder aufgeschlungen werden. Gleichmäßig verteilt (7) 8 (8) 8 (9) 9 Knopflöcher arbeiten. Die Schnittkante hinter den Knopfleisten nach innen falten und mit kleinen Stichen festnähen. Fällt es Ihnen schwer, eine gute Kante hinzubekommen, können Sie auch Belege stricken, die über die Schnittkante genäht werden. Dafür wie bei der Knopfleiste Maschen aufnehmen, glatt re stricken, bis der Beleg die Schnittkante bedeckt. Abketten und mit einem Faden in der Grundfarbe festnähen.
Alle Fäden vernähen, Knöpfe annähen, dann Kleidungsstück feucht spannen und trocknen lassen.

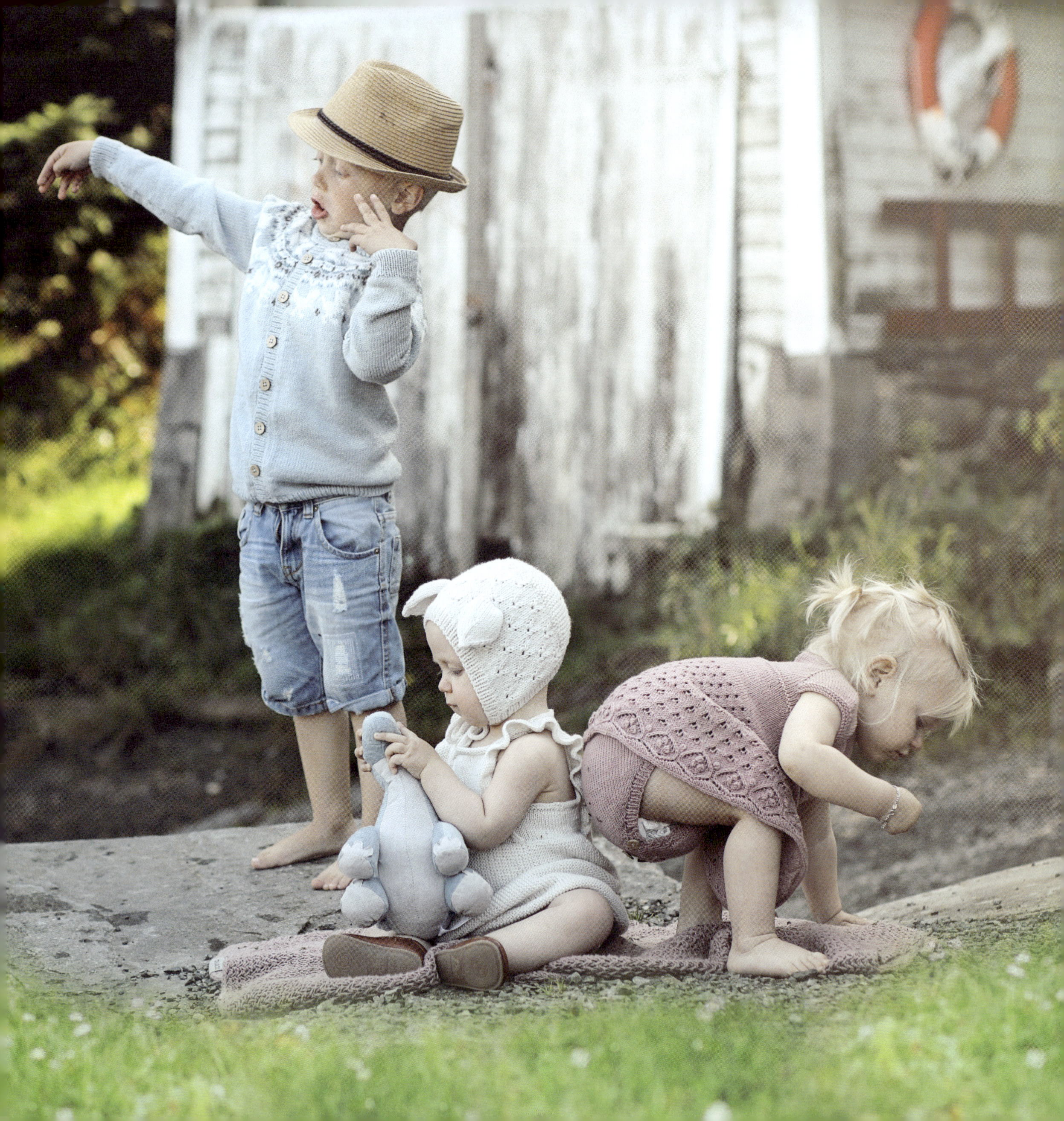

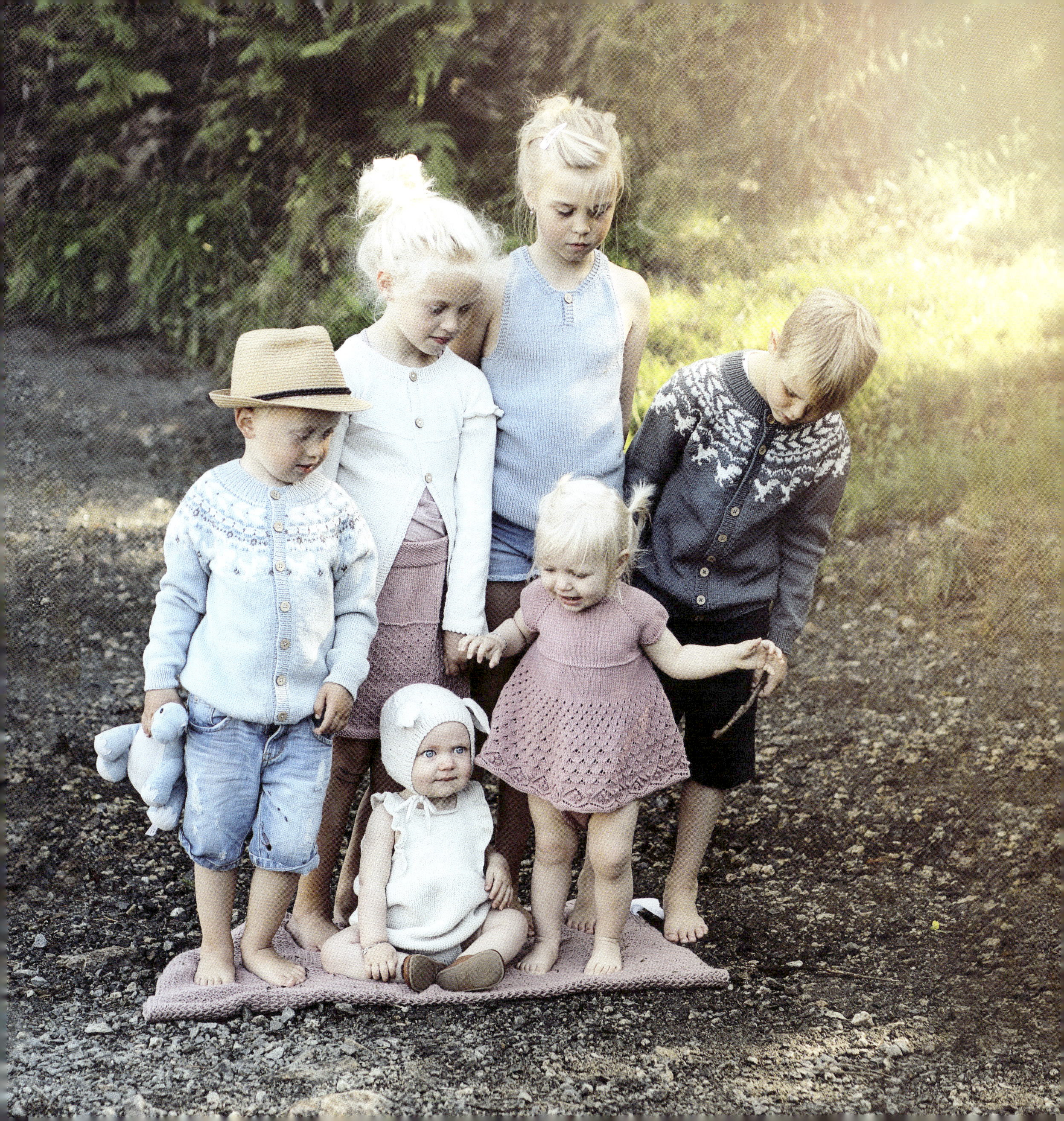

Mütze Dinosaurier

Eine coole Mütze aus dünner Wolle, die zu allen Mädchen und Jungen passt, die Dinosaurier lieben.

GRÖSSE Mon 6-12, Ja (1-2) 3-6 (8-12)
GARN Klompelompe Tynn Merinoull, Farbe A: 6061, Farbe B: 1013 (175m / 50 g)
GARNMENGE 50 g jeder Farbe für alle Größen
NADELN Rundstricknadeln NS 3, 40 cm, Nadelspiel NS 3
MASCHENPROBE 27 re M mit NS 3 = 10 cm

92 (100) 108 (116) M in Farbe A mit NS 2,5 anschlagen. 3 cm Rippenmuster (1 M re, 1 M li) stricken.
Zu NS 3 wechseln. 1 Rd re stricken und dabei gleichmäßig verteilt 12 M zunehmen = 104 (112) 120 (128) M auf der Nadel.

MM wie folgt setzen: 26 (30) 34 (38) M re, MM, 16 M re, MM, re über den Rest der Rd hinweg.

WEITER WIE FOLGT STRICKEN
1. Rd: *1 M re mit Farbe A, 1 M re mit Farbe B*. *-* über die gesamte Rd wiederholen – mit Ausnahme der 16 M zwischen den MM, die nach Musterdiagramm gestrickt werden.
2. Rd: *1 M re mit Farbe B, 1 M re mit Farbe A*. *-* über die gesamte Rd wiederholen – mit Ausnahme der 16 M zwischen den MM, die nach Musterdiagramm gestrickt werden.
Diese beiden Rd wiederholen, bis das Musterdiagramm fertig gestrickt ist.

Weiter werden alle Maschen in Farbe A gestrickt.
Glatt re weiter stricken, bis die Arbeit ca. 11 (13) 16 (18) cm lang ist.

Wie folgt abnehmen: *6 M re, 2 M re zus* stricken. *-* über die gesamte Rd wiederholen = 91 (98) 105 (112) M auf der Nadel. 3 Rd re stricken.

Nächste Rd: *5 M re, 2 M re zus* stricken. *-* über die gesamte Rd wiederholen = 78 (84) 90 (96) M auf der Nadel. 2 Rd re stricken.

Nächste Rd: *4 M re, 2 M re zus* stricken. *-* über die gesamte Rd wiederholen = 65 (70) 75 (80) M auf der Nadel. 2 Rd re stricken.

Nächste Rd:*3 M re, 2 M re zus* stricken. *-* über die gesamte Rd wiederholen = 52 (56) 60 (64) M auf der Nadel.

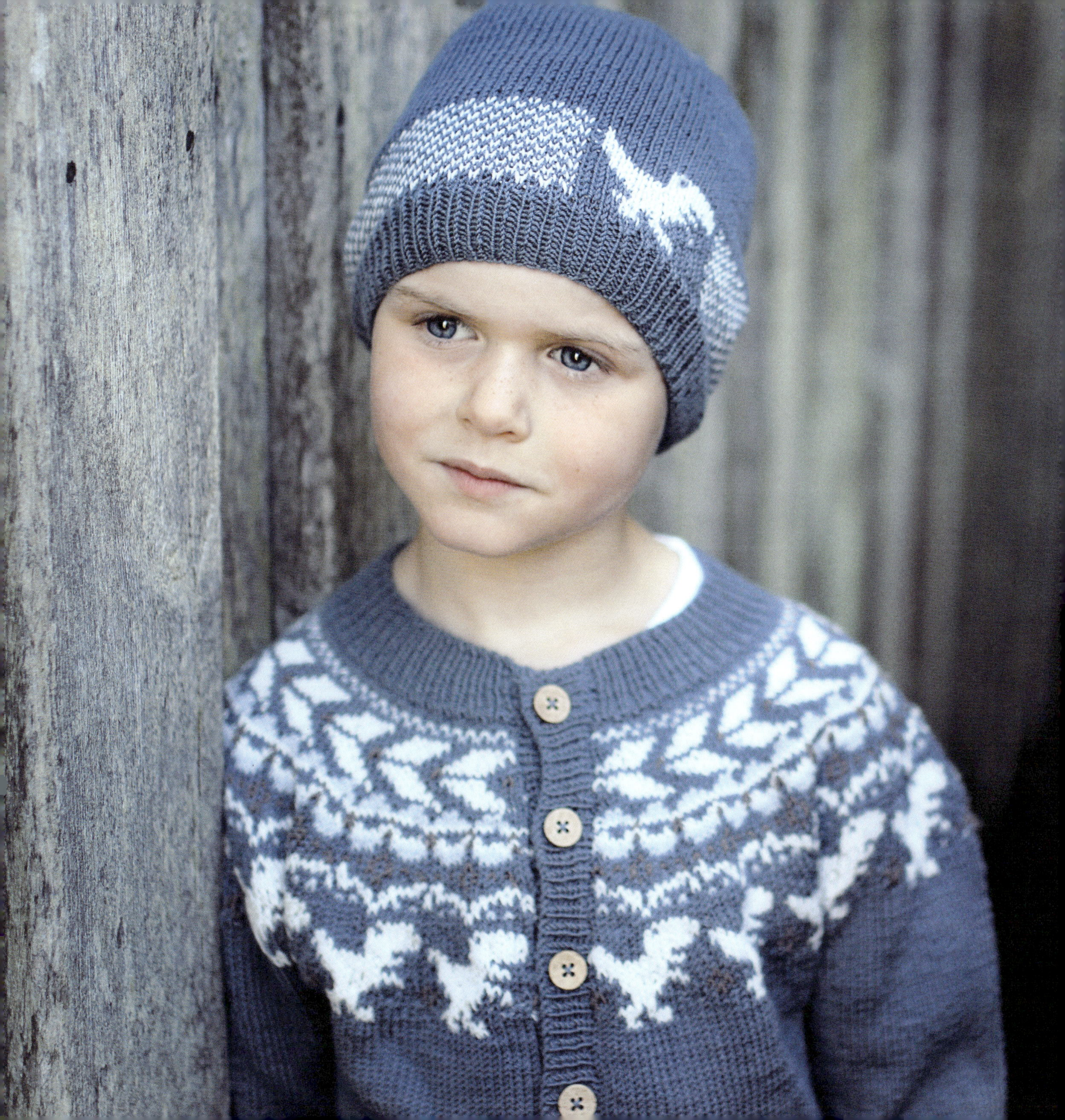

2 Rd re stricken.

Nächste Rd: *6 M re, 2 M re zus* stricken. *-* über die gesamte Rd wiederholen, aber mit 4 (0) 4 (0) M re abschließen = 46 (49) 53 (56) M auf der Nadel. 2 Rd re stricken.

Nächste Rd: *5 M re, 2 M re zus* stricken. *-* über die gesamte Rd wiederholen, mit 4 (0) 4 (0) M re abschließen = 40 (42) 46 (48) M auf der Nadel. 1 Rd re stricken.

Nächste Rd: *4 M re, 2 M re zus* stricken. *-* über die gesamte Rd wiederholen, mit 4 (0) 4 (0) M re abschließen = 34 (35) 39 (40) M auf der Nadel. 1 Rd re stricken.

Nächste Rd: *3 M re, 2 M re zus* stricken. *-* über die gesamte Rd wiederholen, mit 4 (0) 4 (0) M re abschließen = 28 (28) 32 (32) M auf der Nadel. 1 Rd re stricken.

Nächste Rd: *2 M re, 2 M re zus* stricken, *-* über die gesamte Rd wiederholen = 21 (21) 24 (24) M auf der Nadel. 1 Rd re stricken. Dann über die gesamte Rd *2 M re zus* stricken, mit 1 (1) 0 (0) M re abschließen.
Den Faden durch die Maschen führen und zusammenziehen.
Alle Fäden vernähen, dann die Mütze feucht spannen und trocknen lassen.

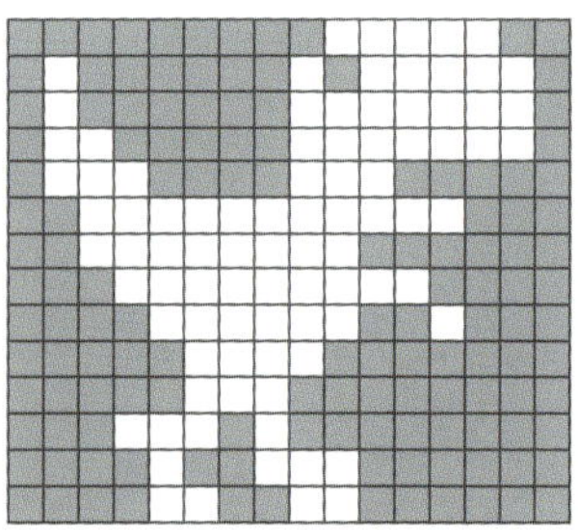

Farbe A

Farbe B

← Hier beginnen

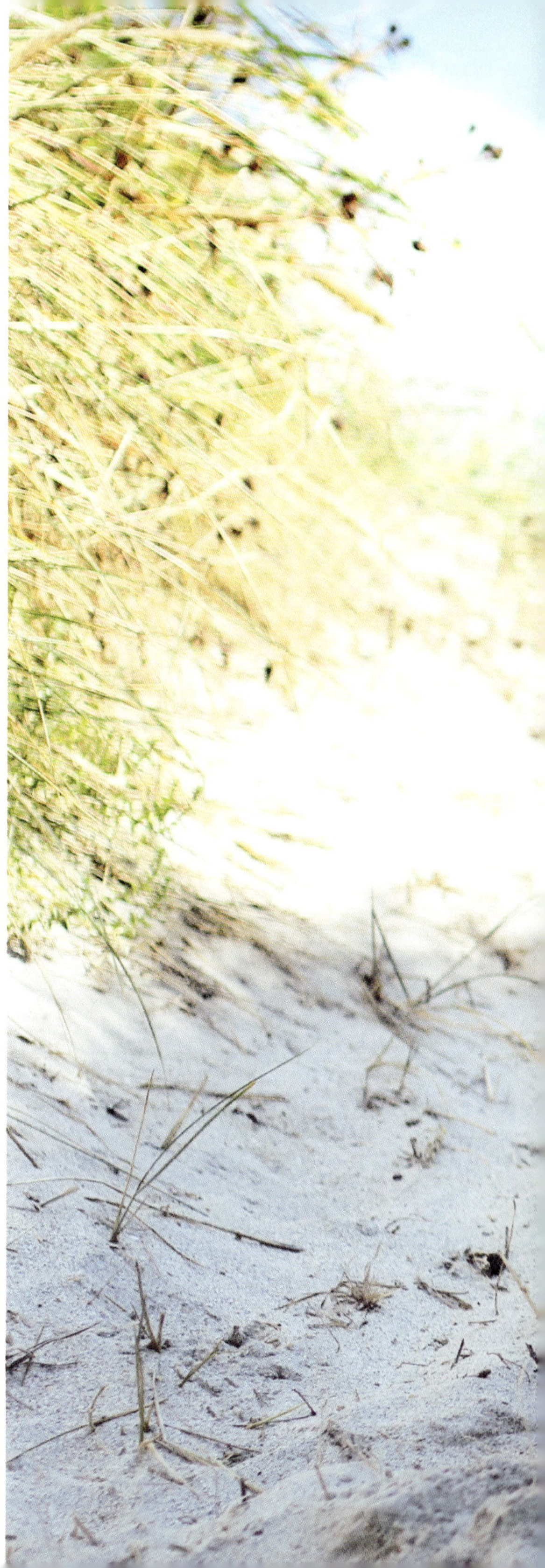

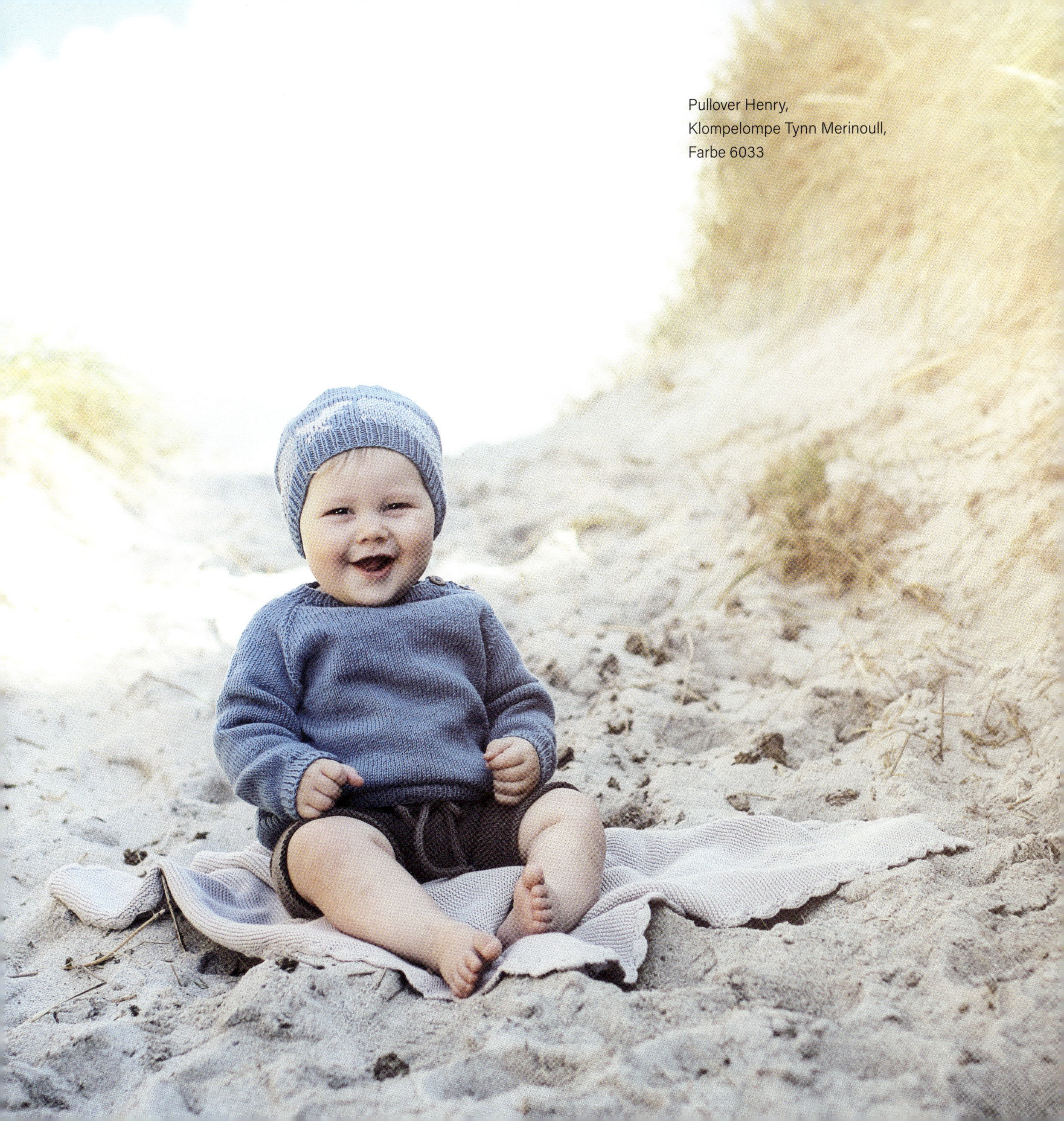

Pullover Henry,
Klompelompe Tynn Merinoull,
Farbe 6033

Stirnband Dinosaurier

„Aber Mama, das ist doch ein T-Rex!"

GRÖSSE Mon 6-12, Ja (1-2) 3-6 (8-12)
GARN Klompelompe Tynn Merinoull, Farbe A: 6571, Farbe B: 3081 (175m / 50g)
GARNMENGE 50 g jeder Farbe für alle Größen
NADELN Rundstricknadeln NS 2,5 und 3, jeweils 40 cm, Nadelspiel NS 3
MASCHENPROBE 27 re M mit NS 3 = 10 cm

92 (100) 108 (116) M in Farbe A mit NS 2,5 anschlagen.
3 cm im Rippenmuster (1 M re, 1 M li) stricken.
Zu NS 3 wechseln. 1 Rd re stricken und dabei gleichmäßig verteilt 12 M zunehmen = 104 (112) 120 (128) M auf der Nadel.
MM wie folgt setzen: 26 (30) 34 (38) M re, MM, 16 M re, MM, re über den Rest der Rd hinweg.
1 (2) 4 (4) Rd re stricken.

Wie folgt weiter stricken:
1. Rd: *1 M re mit Farbe A, 1 M re mit Farbe B*. *-* über die gesamte Rd wiederholen – mit Ausnahme der 16 M zwischen den MM, die nach Musterdiagramm gestrickt werden.

2. Rd: *1 M re mit Farbe B, 1 M re mit Farbe A*. *-* über die gesamte Rd wiederholen – mit Ausnahme der 16 M zwischen den MM, die nach Musterdiagramm gestrickt werden.
Diese beiden Rd wiederholen, bis das Musterdiagramm fertig gestrickt ist.

Weiter werden alle M in Farbe A gestrickt. (1) 2 (4) 4 Rd re stricken.
1 Rd re stricken und dabei gleichmäßig verteilt 12 M abnehmen = 92 (100) 108 (116) M auf der Nadel.
Zu NS 2,5 wechseln und 3 cm Rippenmuster stricken (1 M re, 1 M li).
In der letzten Rd lose abketten. Alle Fäden vernähen. Das Stirnband feucht spannen und trocknen lassen.

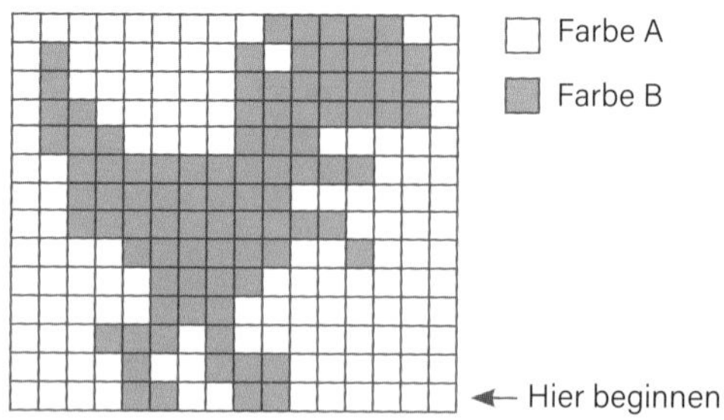

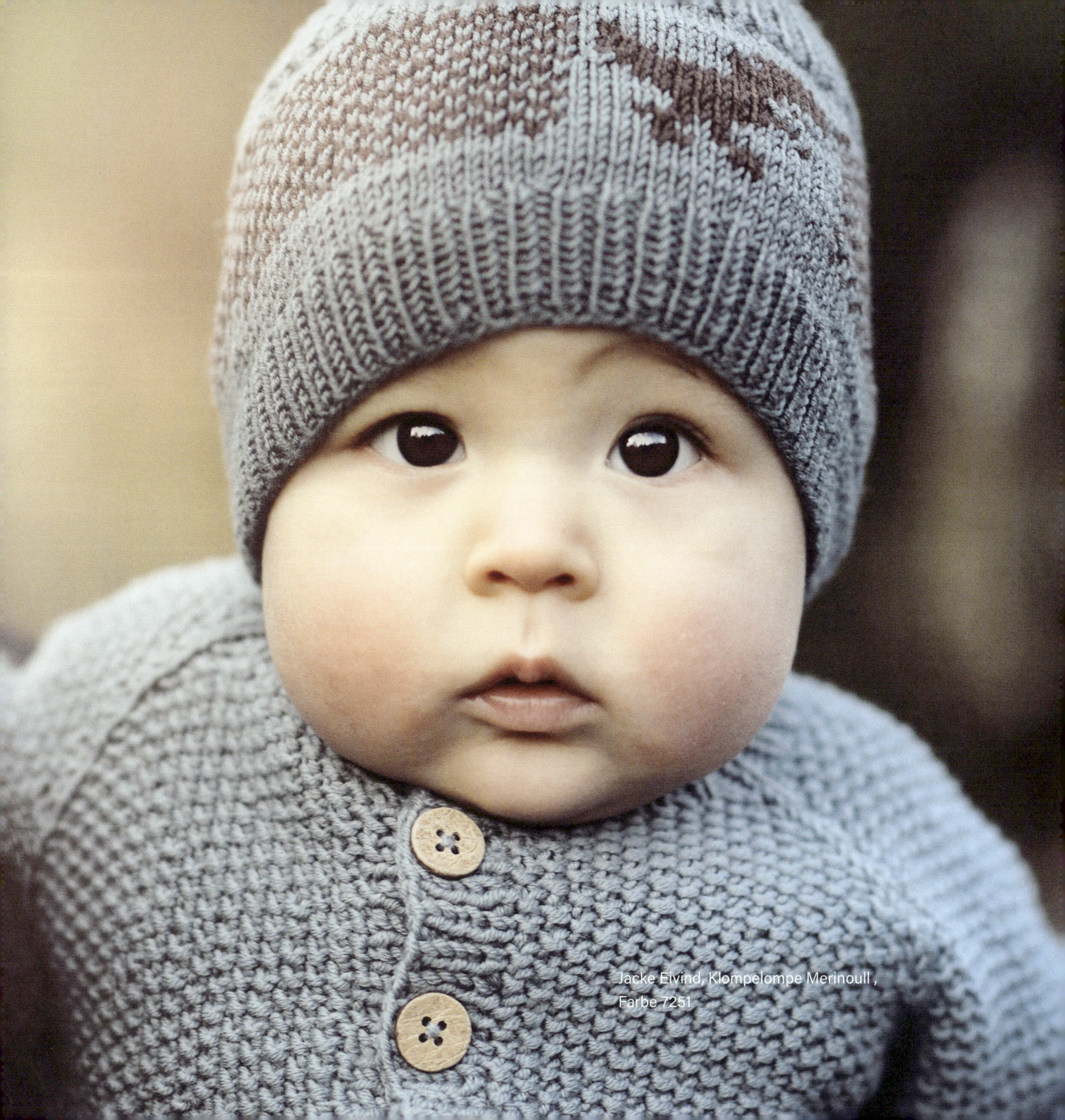

Jacke Eivind, Klompelompe Merinoull, Farbe 7251

Strampler mit Taschen

Geben Sie diesem coolen Strampler ein besonderes Highlight, indem Sie die Taschen aus Stoff fertigen oder in Kontrastfarbe stricken.

GRÜSSE Mon 0-2 (3), Ja 6 (1) 2 (4)
GARN Sandnes Garn Duo, Farbe 2650 (124m / 50g)
GARNMENGE 150 (150) 150 (150) 200 (250) g
+ evtl. Kontrastfarbe 50 g
NADELN Rundstricknadeln NS 3, 40 cm und 80 cm, Rundstricknadel NS 3,5, 40 cm oder 60 cm, evtl. Nadelspiel NS 3
MASCHENPROBE 22 re M mit NS 3,5 = 10 cm
MASSE *Brustumfang:* ca. 32 (37) 41 (46) 50 (54) cm
Länge: ca. 34 (36) 40 (43) 48 (54) cm

Die Arbeit beginnt mit der Rückseite des Latzes (dieser muss doppelt gearbeitet werden) und wird auf Rundstricknadeln in Reihen gestrickt.

LATZ
28 (32) 36 (40) 42 (44) M mit NS 3 anschlagen. 5 (6) 6 (7) 8 (9) cm glatt re stricken. Die nächste Rückreihe re stricken (Umschlagkante). Weitere 5 (6) 6 (7) 8 (9) cm glatt re stricken. Die Maschen auf einer Hilfsnadel stilllegen, die Arbeit falten und die Seiten zusammennähen.

DOPPELTRÄGER
Rechter Träger: 6 M oben am Latz rechts außen an der Umschlagkante aufnehmen und 6 M zusätzlich aufschlingen = 12 M. Mit dem Nadelspiel oder Magic Loop rund stricken.

ACHTUNG
Wir empfehlen, die Technik des Magic Loop zu verwenden, wenn Sie diese beherrschen. Sie können sich ein Video zu dieser Technik auf www.klompelompe.no anschauen (Video "Magic Loop", auf Norwegisch).

6 (6) 7 (7) 8 (8) Rd glatt re stricken. In der nächsten Rd in Richtung Hals wie folgt zunehmen:
1 M re, 1 M verschränkt aus dem Querfaden zunehmen, weiter re stricken, bis 1 M übrigbleibt, 1 M zunehmen, 1 M re.
Weiter glatt re stricken und die Zunahme in jeder 4. Reihe wiederholen, bis Sie 20 (24) 28 (32) 34 (36) M auf der Nadel haben. 5 (6) 6 (7) 8 (9) cm glatt re ohne Zunahmen stricken.
Die ersten 10 (12) 14 (16) 17 (18) M auf eine Nadel setzen, die nächsten 10 (12) 14 (16) 17 (18) M auf eine andere Nadel. Eine Hilfsnadel verwenden und die Maschen von den beiden Nadeln zusammen stricken, indem Sie 1 M von der vorderen Nadel und 1 M von der hinteren Nadel

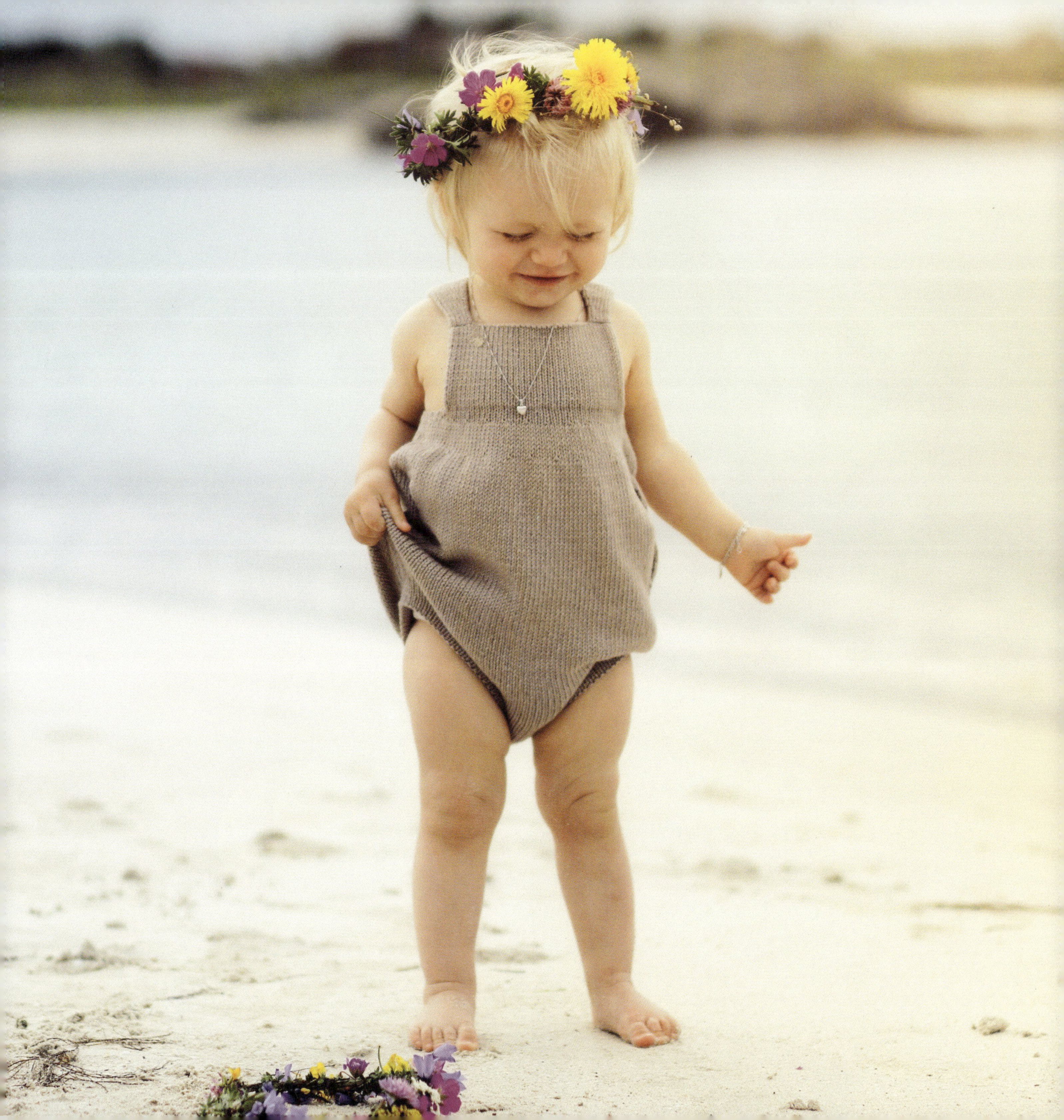

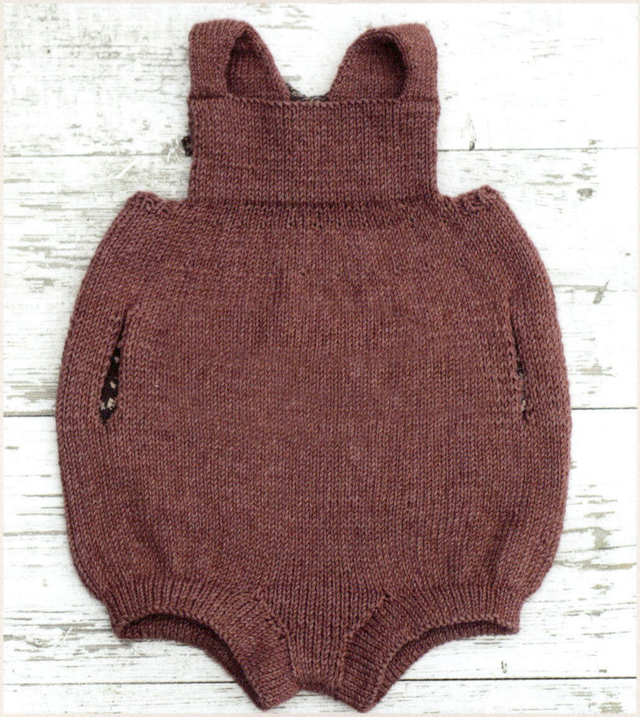

Farbe 4344

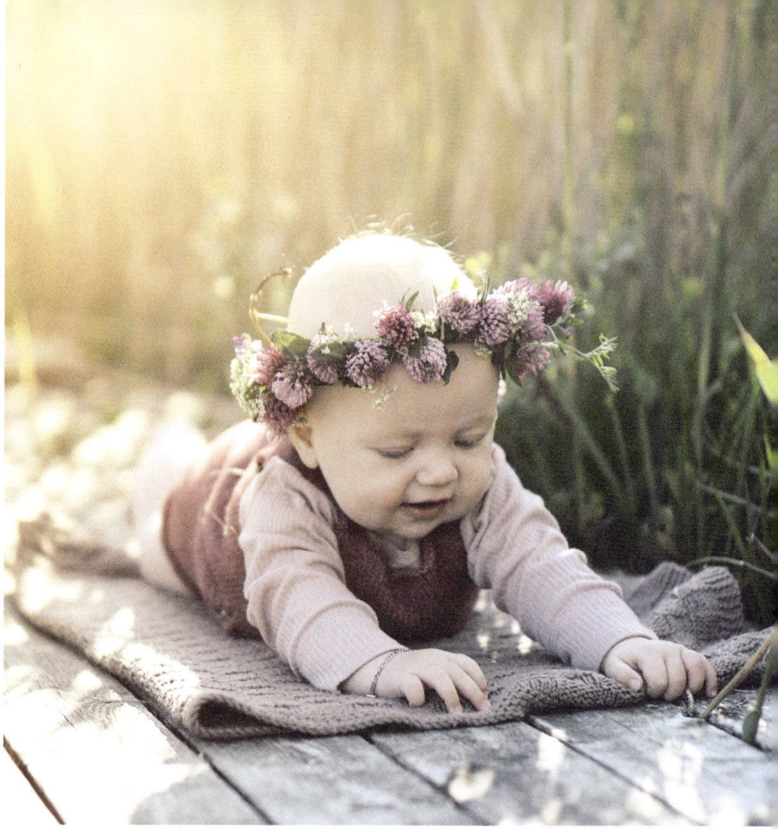

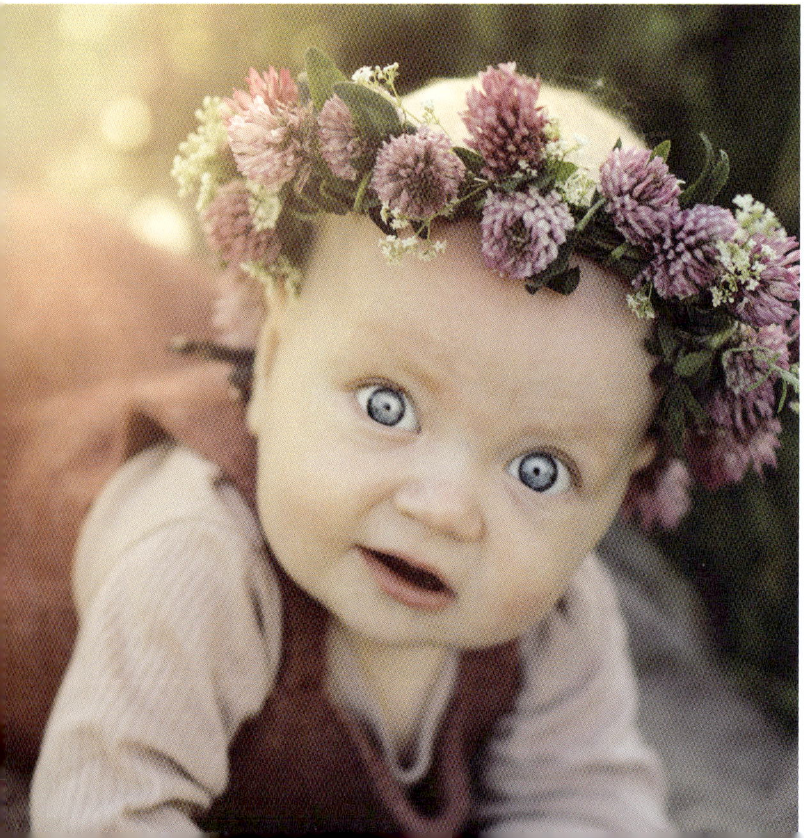

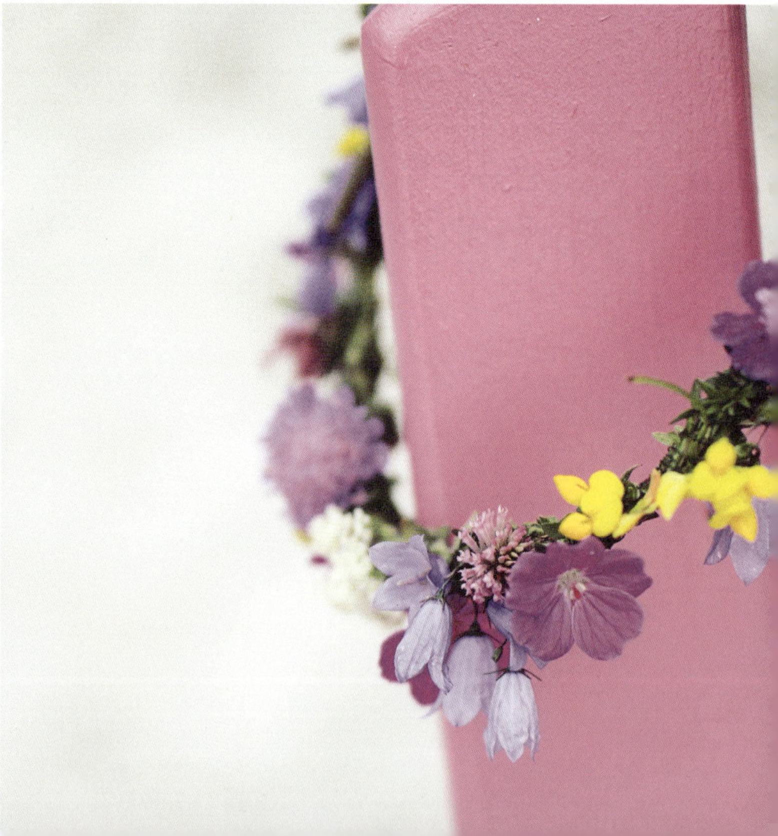

re zus stricken = 10 (12) 14 (16) 17 (18) M auf der Nadel. Die Maschen auf einer Hilfsnadel stilllegen.

Linker Träger: 6 M auf der Nadel aufschlingen und 6 M links außen an der Umschlagkante des Latzes aufnehmen.
Wie den rechten Träger stricken. Wenn Sie 5 (6) 6 (7) 8 (9) cm glatt re gestrickt haben, 10 (12) 14 (16) 17 (18) M re stricken, bevor die Maschen von der vorderen und der hinteren Nadel re zusammen gestrickt werden.

Zu NS 3,5 wechseln und die Teile wie folgt zusammen stricken:
Mit der Hinreihe beginnen und die Maschen des rechten Trägers re stricken, 11 (13) 13 (15) 17 (19) M aufschlingen, die Maschen vom Latz re stricken, 11 (13) 13 (15) 17 (19) M aufschlingen, die Maschen des linken Trägers re stricken. Von jetzt ab glatt re in Rdn stricken = 70 (82) 90 (102) 110 (118) M auf der Nadel.

3 Rd stricken. Dabei alle M re stricken, mit Ausnahme der 11 (13) 13 (15) 17 (19) M unter den Armen, diese werden im Rippenmuster (1 M re, 1 M li) gestrickt.
1 Rd re stricken und dabei gleichmäßig verteilt 28 M zunehmen = 98 (110) 118 (130) 138 (146) M auf der Nadel.
8 Rd re stricken.
1 Rd re stricken und dabei gleichmäßig verteilt 28 M zunehmen = 126 (138) 146 (158) 166 (174) M auf der Nadel.

Das Rückenteil mit verkürzten Reihen länger stricken:
wenden, 10 M re stricken, wenden, 20 M li, wenden, 25 M re, wenden, 30 M li, wenden, 35 M re, wenden, 40 M li, wenden, 20 M re (Sie sind jetzt am Anfang der Rd). Nach jedem Wenden arbeiten Sie einen Umschlag (U). Beim nächsten Mal, wenn Sie den U erreichen, den U und die nächste M re zus stricken.

Im Weiteren wird die gesamte Arbeit von der Schulter aus abwärts gemessen.

Glatt re stricken, bis die die Arbeit 16 (17) 18 (20) 24 (28) cm lang ist. Dann wie folgt Öffnungen für die Taschen stricken:
40 (43) 44 (48) 50 (52) M re stricken, wenden, 80 (86) 88 (96) 100 (104) M li, wenden.
Diese 80 (86) 88 (96) 100 (104) M (Rückenteil) in Reihen stricken und die verbleibenden 46 (52) 58 (62) 66 (70) M (Vorderteil) auf einer Hilfsnadel stilllegen. Ca. 8 (8) 8 (9) 9 (10) cm weiter stricken – bis die letzte Reihe eine Rückreihe ist. Nun 40 (43) 44 (48) 50 (52) M re stricken (Sie sind jetzt hinten in der Mitte).
Die Maschen auf einer Hilfsnadel stilllegen.
Die 46 (52) 58 (62) 66 (70) M auf der Hilfsnadel ebenso stricken, aber dort von Beginn an alle M re stricken. Mit einer Rückreihe abschließen.

Weiter alle Maschen rund glatt re stricken, bis die gesamte Arbeit 30 (32) 34 (38) 42 (48) cm misst.

Den Faden abschneiden und die letzten 10 (10) 10 (14) 16 (18) M auf die linke Nadel übertragen. Die nächsten 20 (20) 20 (28) 32 (36) M (Rückenteil) wie folgt in Reihen stricken (die verbleibenden M auf eine Hilfsnadel setzen):
2 Reihen glatt re stricken. In der nächsten Reihe abnehmen: 2 M re zus, re stricken, bis 2 M übrigbleiben, 1 M lose abheben, 1 M re, die lose M darüber heben. Alle M in der Rückreihe li stricken.
Auf diese Weise weiter abnehmen, bis Sie 8 (8) 8 (12) 14 (18) M auf der Nadel haben. Dann 6 Reihen glatt re stricken, in der letzten Reihe abketten.
Je 45 (51) 55 (53) 53 (53) M auf beiden Seiten der Hilfsnadel auf je eine Hilfsnadel setzen und die 16 (16) 16 (24) 28 (32) M für das Vorderteil separat stricken.
Wie beim Rückenteil abnehmen, bis Sie 8 (8) 8 (12) 14 (18) M auf der Nadel haben, dann 10 Rd glatt re stricken. Abketten.
Das Vorderteil und das Rückenteil mit M-Stichen zusammennähen (siehe S. 22).

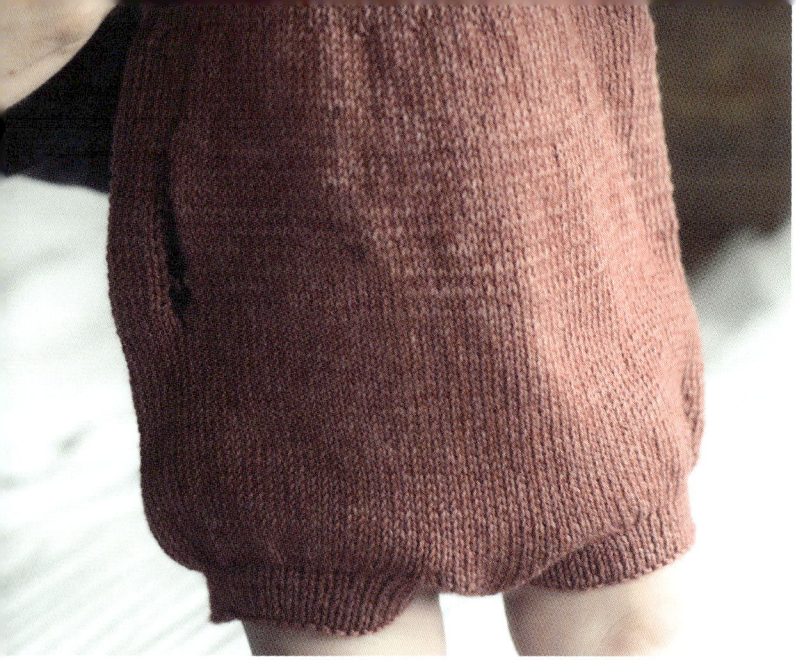

Nächste Rd: 1 M re, 1 M lose abh, 1 M re, die lose M überh, bis 1 M vor dem MM re stricken, 1 M zun, 2 M re, 1 M zun, bis 3 M vor dem MM re stricken, 2 M re zus, 1 M re.
Weiter glatt re stricken, die Ab- und Zunahmen alle 3 Rd wdh – insgesamt 5 (5) 5 (6) 7 (8) Mal.
2 Rd re stricken.

Wie folgt abnehmen: *1 M lose abh, 1 M re, die lose M überh, 1 M lose abh, 1 M re, die lose M überh, bis 4 M vor dem MM stricken, 2 M re zus, 2 M re zus*, *-* über die gesamte Rd wdh. Die Abnehmrd wdh, dann in der nächsten Rd mit re M abketten. Die Tasche unten zusammennähen und mit Farbe A an ein paar Stellen am Strampler befestigen.
Alle Fäden vernähen. Den Latz innen festnähen.

RAND FÜR DIE BEINÖFFNUNEN:
Zu NS 3 wechseln. 16 (16) 16 (18) 18 (20) M vom Rundenbeginn aufnehmen (im Schritt), die Maschen auf der Hilfsnadel re stricken, und zum Schluss weitere 16 (16) 16 (18) 18 (20) M aufnehmen = 77 (83) 87 (89) 89 (93) M auf der Nadel.
Die nächste Rd wird wie folgt gestrickt:
17 (17) 17 (19) 19 (21) M re, *2 M re zus* stricken. *-* 22 (25) 27 (26) 26 (26) Mal wiederholen, dann 16 (16) 16 (18) 18 (20) M re stricken.
7 Rd re stricken. (Wenn Sie ganz unten am Bein eine Kontrastfarbe haben möchten, wird die 7. Rd in Farbe B gestrickt, und Sie verwenden ab dann Farbe B).
1 Rd li, 8 Rd re stricken. In der letzten Rd abketten.
Sie haben die Wahl zwischen gestrickten oder genähten Taschen.

GESTRICKTE TASCHEN
Auf der linken Seite der Öffnung beginnen.
18 (18) 18 (20) 20 (22) M auf beiden Seiten mit NS 3 aufnehmen = 36 (36) 36 (40) 40 (44) M auf der Nadel.
Auf beiden Seiten jeweils einen MM setzen, mit 18 (18) 18 (20) 20 (22) M zwischen den MM. 3 Rd re stricken.

KNOTEN IM NACKEN:
Einen Faden in eine Seite des Rückenausschnittes fädeln. Die zwei Enden des Fadens zur Schnur drehen. Am Ende verknoten. Schritte auf der anderen Seite wiederholen. Alternativ ein Stoffband annähen.

Den Strampler vorsichtig dampfen oder feucht spannen und trocknen lassen

GENÄHTE TASCHEN
Die Schablone rechts verwenden und die Umrisse der Tasche auf Stoff zeichnen (2x A und 2x B, = 2 Taschen, die schräg nach unten gehen). 1 cm Nahtzugabe hinzufügen und Stoff zuschneiden. Je ein Teil A und B rechts auf rechts zusammenlegen und zusammennähen. Nahtzugabe mit Zickzackstich versäubern. Mit Nahtzugabe per Hand von innen an die Taschenöffnungen nähen. Die Taschen sollen schräg nach unten verlaufen.

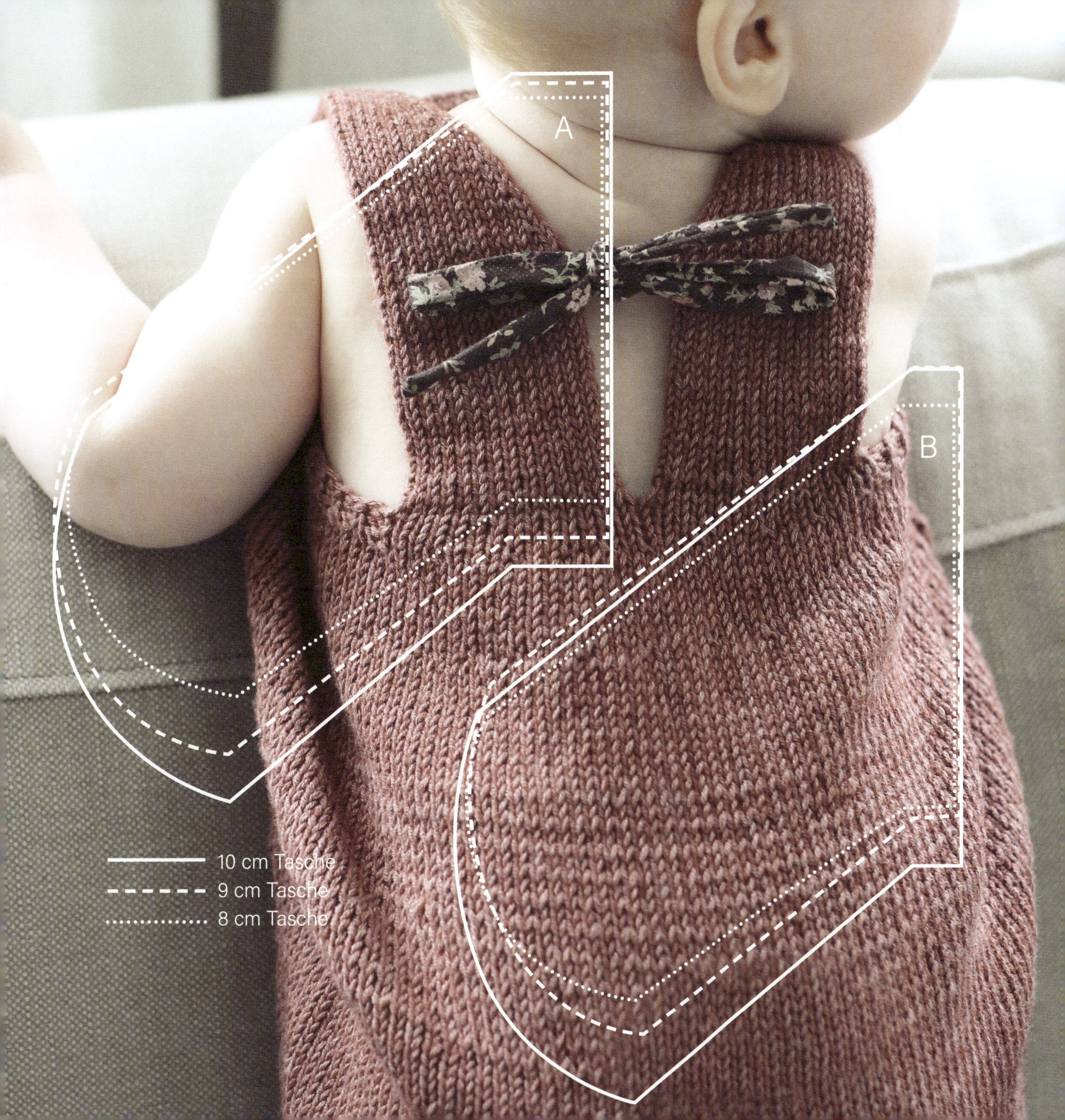
A
B
10 cm Tasche
9 cm Tasche
8 cm Tasche

Lochstrick-Leggings

Leggings mit einfachem Lochmuster und einem Maschenanschlag, der eine hübsche Spitzenkante ergibt.

GRÖSSE Mon 0-2 (3-6) 6-12, Ja (2) 4 (6) 8-10
GARN Klompelompe Tynn Merinoull,
Farbe 4331 oder 4344 (175m / 50g)
GARNMENGE 50 (100) 100 (150) 150 (200) 200 g
NADELN Rundstricknadeln NS 2,5 und 3, jeweils 40 cm, Nadelspiel NS 3, optional: Rundstricknadel (80 cm) in gleicher Stärke für Magic Loop
MASCHENPROBE 27 re M mit NS 3 = 10 cm
MASSE *Bundweite:* ca. 31 (38,5) 43 (52) 56 (68) 72,5 cm
Beinlänge: ca. 17,5 (21,5) 26 (31,5) 37 (45,5) 51 cm

Anschlagen von Maschen mit Knoten:
Für diesen Anschlag brauchen Sie ein sehr langes Fadenende, ca. die vierfache Länge der Anschlagskante.
4 M anschlagen. Die 3. M über die 4. M heben, die 2. M über die 4. M heben und schließlich die 1. M über die 4. M heben = 1 M auf der Nadel und 1 Knoten.

15 (18) 18 (21) 21 (24) 24 Knoten mit NS 3 anschlagen.
1 Rd re stricken und dabei gleichmäßig verteilt 15 (18) 18 (21) 21 (24) 24 M zunehmen (dafür im vorderen und hinteren M-Glied je 1 M re stricken) = 30 (36) 36 (42) 42 (48) 48 M auf der Nadel. Einen MM am Beginn der Rd setzen.
2 Rd re stricken.

MUSTER
2 M re, 2 M re zus, 1 U, *4 M re, 2 M re zus, 1 U*.
- wdh, bis noch 2 M übrig sind, 2 M re.
4 Rd re.
5 M re, 2 M re zus, 1 U, *4 M re, 2 M re zus, 1 U*.
- wdh, bis noch 5 M übrig sind, 5 M re.
4 Rd re.

Das Muster laufend wiederholen, aber nach 5 cm wie folgt zunehmen:
1 M re, 1 M rechts verschränkt aus dem Querfaden zun, stricken, bis 1 M übrigbleibt, 1 M zun, 1 M re. Wenn Sie bei einer Rd mit Lochmuster sind, können Sie evtl. vor dem ersten Loch 2 M re zus weglassen = 2 M zugenommen = 32 (38) 38 (44) 44 (50) 50 M auf der Nadel.
Die Zunahmen alle 2,5 cm wdh, insgesamt 3 (4) 4 (5) 6 (7) 8 Mal = 38 (46) 46 (54) 56 (64) 66 M auf der Nadel.
Ab jetzt die Zunahme alle 1,5 cm wdh, insgesamt 3 (4) 7 (9) 11 (15) 17 Mal = 44 (54) 60 (72) 78 (94) 100 M auf der Nadel.

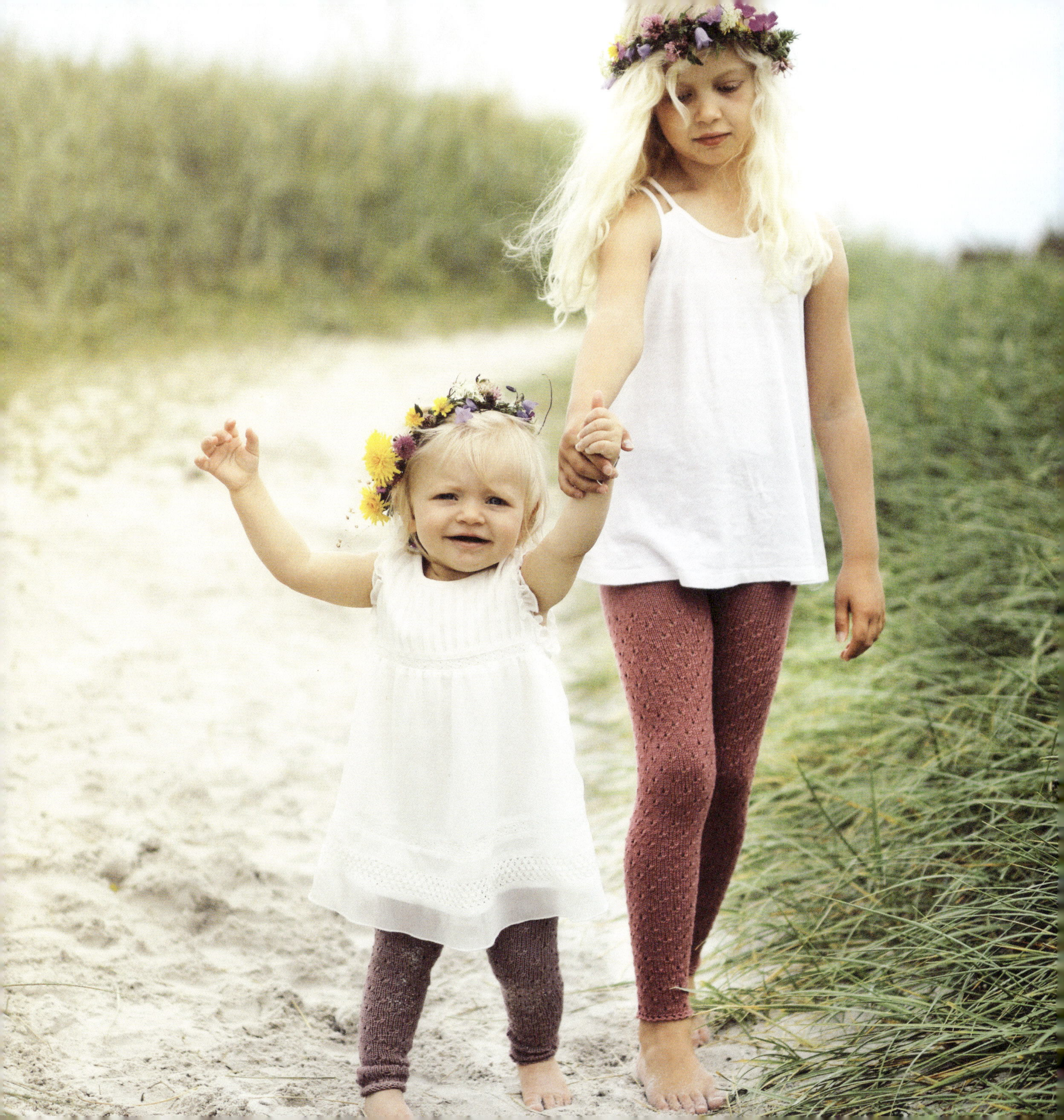

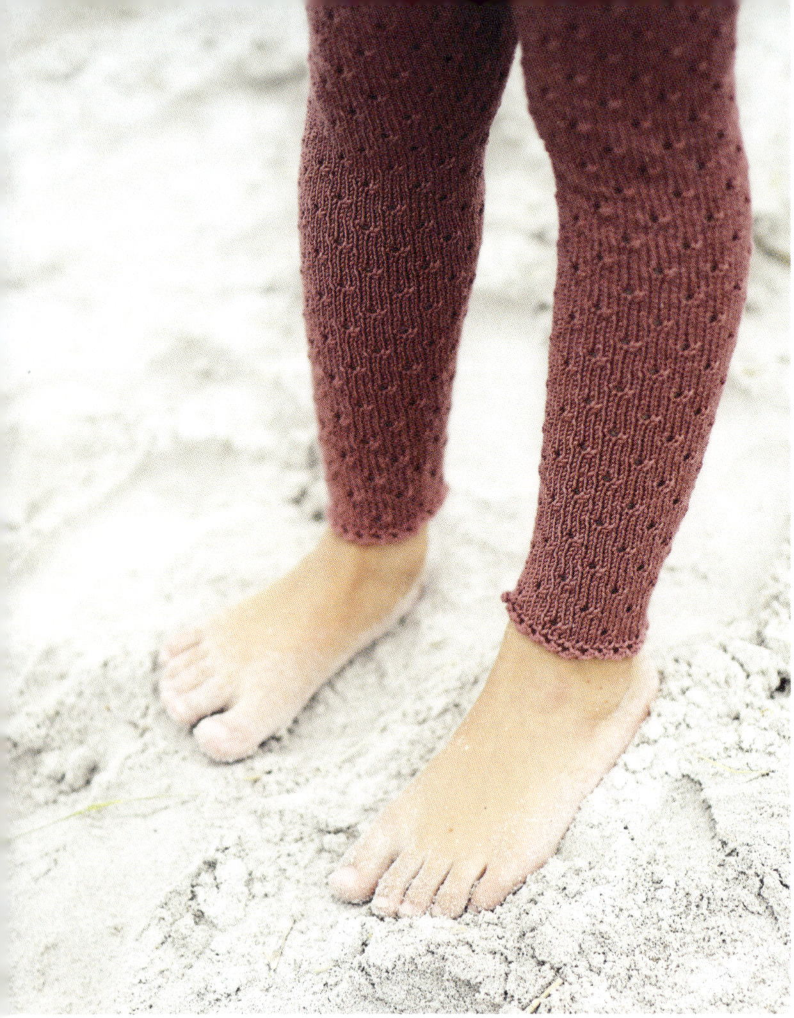

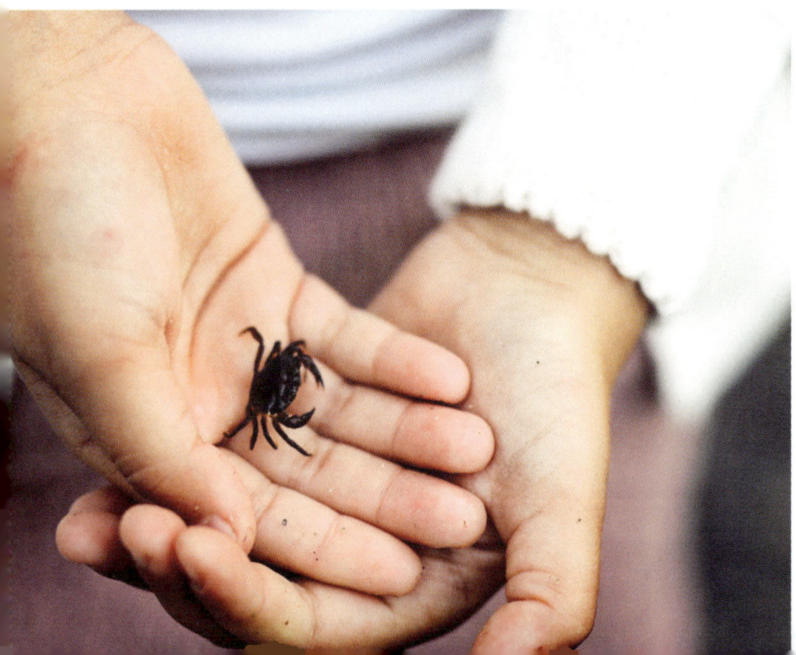

Weiterstricken, bis die Arbeit 17,5 (21,5) 26 (31,5) 37 (45,5) 51 cm lang ist. Die Maschen auf einer Hilfsnadel stilllegen und das zweite Bein stricken.

Zusammenfügen:
8 M anschlagen, ein Bein einstricken, 8 M anschlagen, nächstes Bein einstricken. Die Rd beginnt in der Mitte der ersten 8 M = hinten in der Mitte.

Auf jeder Seiten der 8 M vorn und hinten einen MM setzen. Rund stricken. 1 M vor und nach den MM wie folgt abnehmen:
Bis zum MM stricken, 1 M lose abheben, 1 M re, die lose M darüber heben, bis 2 M vor dem nächsten MM stricken, 2 M re zus. Über die Rd hinweg wdh = 4 M abgen. Diese Abnahmen alle 2 Runden wdh, insgesamt 5 Mal.

Weiter stricken, bis die Arbeit hinten in der Mitte (gemessen ab dem Punkt, an dem Sie die M zwischen den Beinen angeschlagen haben) 15 (16) 16 (16) 17 (17) 18 cm lang ist.

Das Rückenteil mit verkürzten Reihen wie folgt länger stricken: (Nach jedem Wenden arbeiten Sie einen Umschlag (U). Beim nächsten Mal, wenn Sie den U erreichen, den U und die nächste M re zus stricken.)
20 M re, wenden, 40 M li, wenden, 35 M re, wenden, 30 M li, wenden, 25 M re, wenden, 20 M li, wenden, weiter bis zum Beginn der Rd re stricken.

Zu NS 2,5 wechseln. 5 Rd re stricken, danach 1 Rd li, 5 Rd re. In der letzten Rd abketten.
Den Rand oben umschlagen und festnähen, aber einen Hosengummi einziehen, bevor Sie komplett zusammengenäht haben. Den Schritt zusammennähen.
Alle Fäden vernähen. Die Leggings vorsichtig dampfen oder feucht spannen und trocknen lassen.

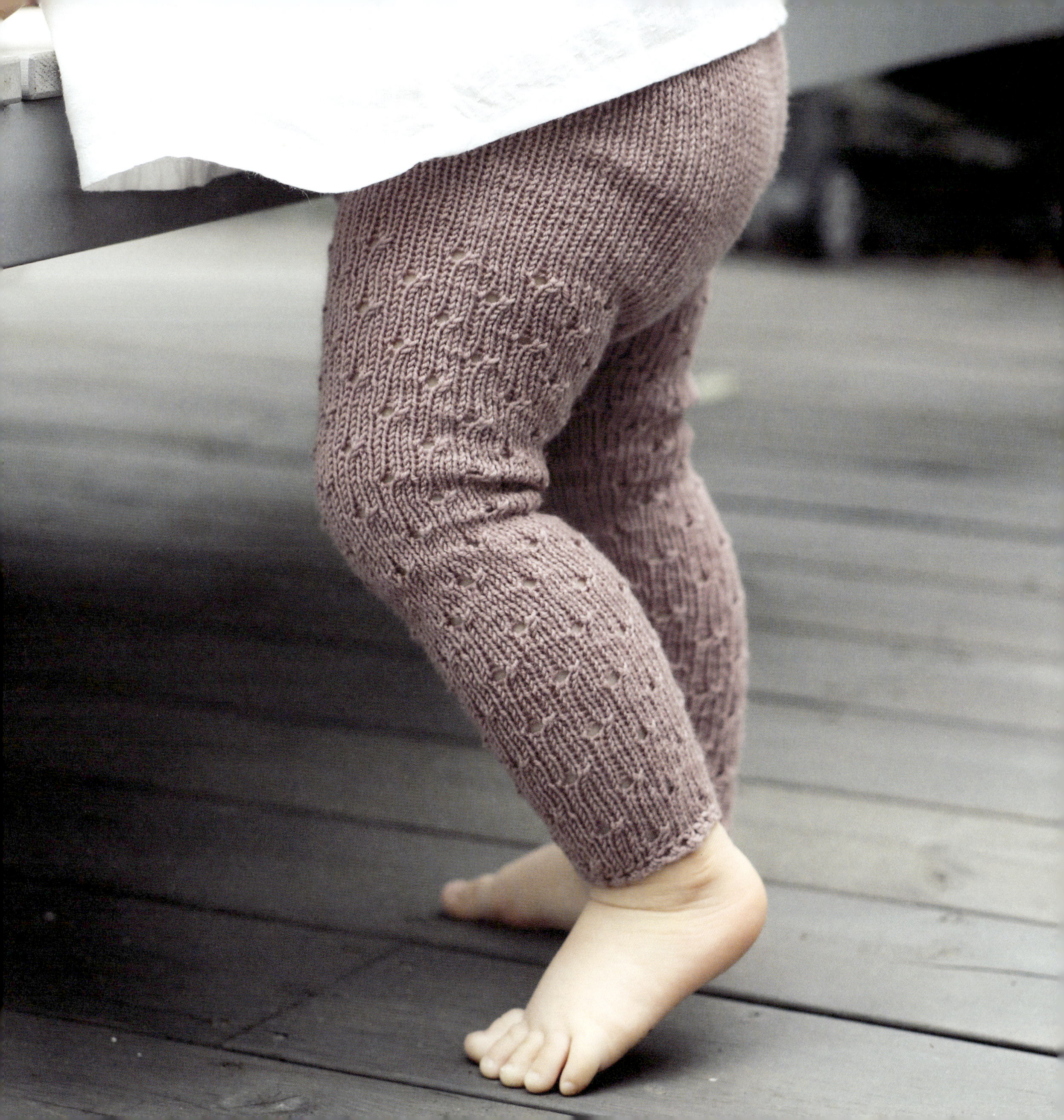

Mütze Kleiner Hase

Die süßeste Haube des Sommers mit zarter Struktur und herrlichen Ohren! Sie ist schnell gestrickt und ein perfektes Geschenk zur Geburt.

GRÖSSE Mon 0 (1–3) 3–6 (6–12) 18–24
GARN Klompelompe Merinoull , Farbe 4032 (105m / 50g)
GARNMENGE 50 (100) 100 (100) 100 g
NADELN Rundstricknadeln NS 3 und 3,5, jeweils 40 cm, Nadelspiele NS 3 und 3,5, optional: Rundstricknadel (80 cm) in gleicher Stärke für Magic Loop
MASCHENPROBE 22 re M mit NS 3,5 = 10 cm

73 (73) 81 (81) 89 M mit NS 3 anschlagen.
6 Reihen Rippenmuster (1 M re, 1 M li) stricken.

Zu NS 3,5 wechseln.
Nächste Hinreihe: re stricken und in der Mitte 1 M abn.
1 Reihe li stricken.

Erläuterung für 1 Lre (1 M lang rechts): Dort, wo Sie zwei Reihen zuvor 2 M re zus und 2 M re verschränkt gestrickt haben, 1 M re in der Mitte zwischen den Maschen stricken, die auf der rechten Nadel zu einer langen Masche gezogen wird. Die nächste Lre in demselben Loch stricken. Ein Video zu der Technik finden Sie auf www.klompelompe.no (Video LR (lang rett) auf norwegisch).

BEGINN STRUKTURMUSTER
1. Reihe (Hinreihe): 2 M re, *2 M re zus, 2 M verschränkt re zus, 4 M re*. *-* wdh, bis 6 M übrigbleiben, 2 M re zus, 2 M verschränkt re zus, 2 M re.
2. Reihe: alle M li stricken.
3. Reihe: 2 M re, *1 Lre, 2 M re, 1 Lre, 4 M re*. *-* wdh, bis 4 M übrigbleiben, 1 Lre, 2 M re, 1 Lre, 2 M re.
4. Reihe: alle M li stricken.
5. Reihe: alle M re stricken.
6. Reihe: alle M li stricken.
7. Reihe: 6 M re, *2 M re zus, 2 M verschränkt re zus, 4 M re*. *-* wdh, bis 2 M übrigbleiben, 2 M re.
8. Reihe: alle M li stricken.
9. Reihe: 6 M re, *1 Lre, 2 M re, 1 Lre, 4 M re*. *-* wdh, bis 2 M übrigbleiben, 2 M re.
10. Reihe: alle M li stricken.
11. Reihe: alle M re stricken.
12. Reihe: alle M li stricken.

Das Strukturmuster weiterstricken, bis die Arbeit ca. 8 (10) 12 (12) 14 cm lang ist und Sie die 6. oder 12. Reihe im Muster gestrickt haben.

Nun auf den mittleren 16 (16) 20 (20) 22 M kraus re stricken.

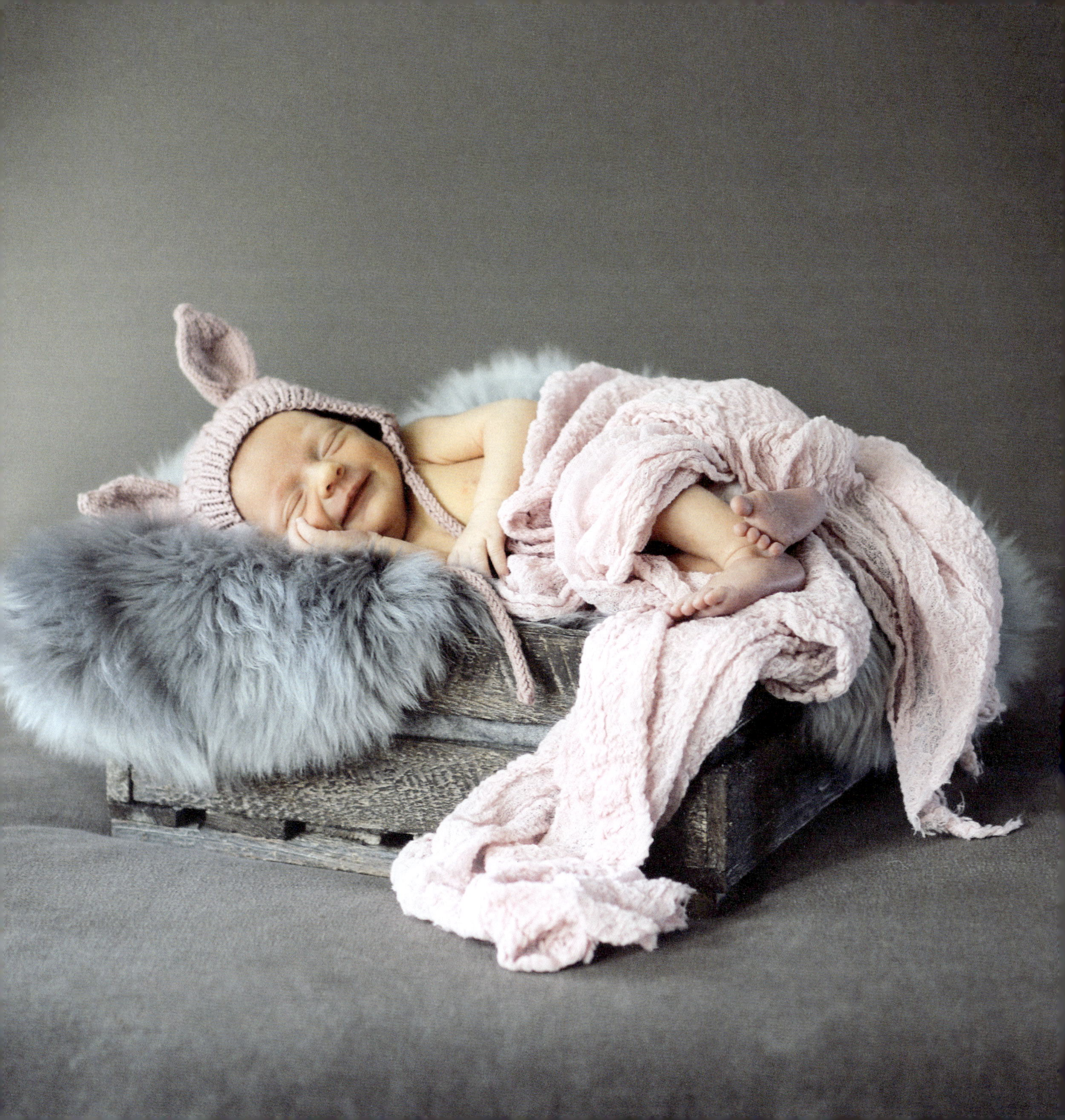

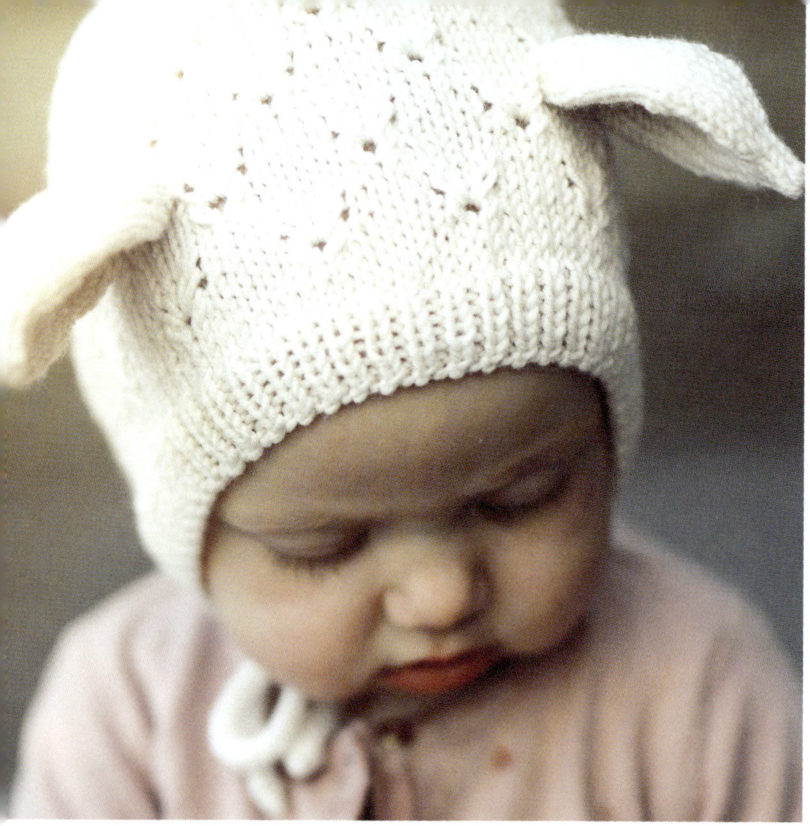

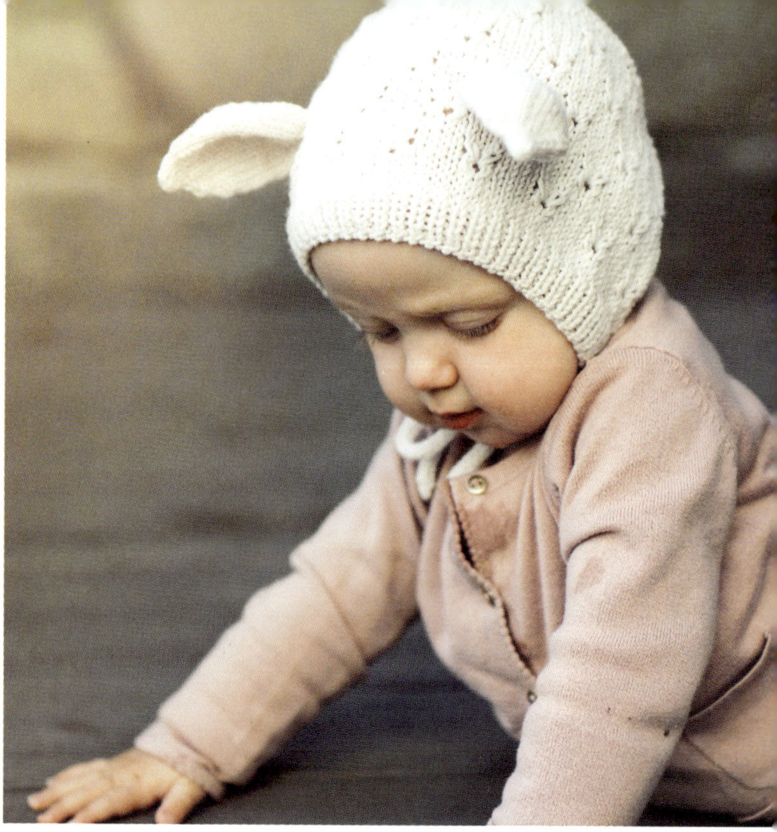

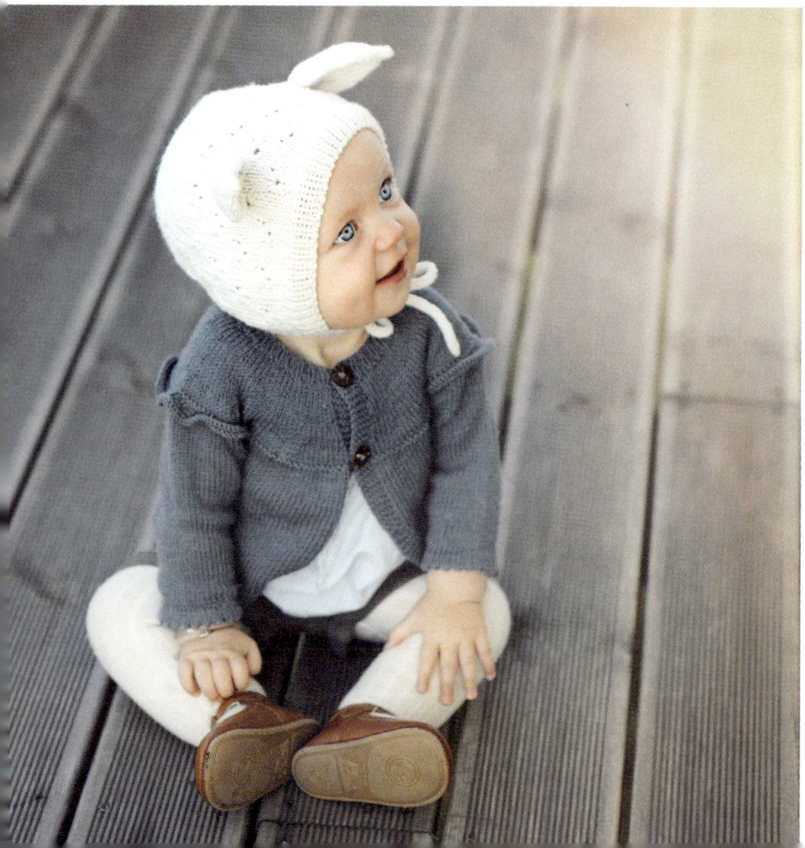

Farbe 1013

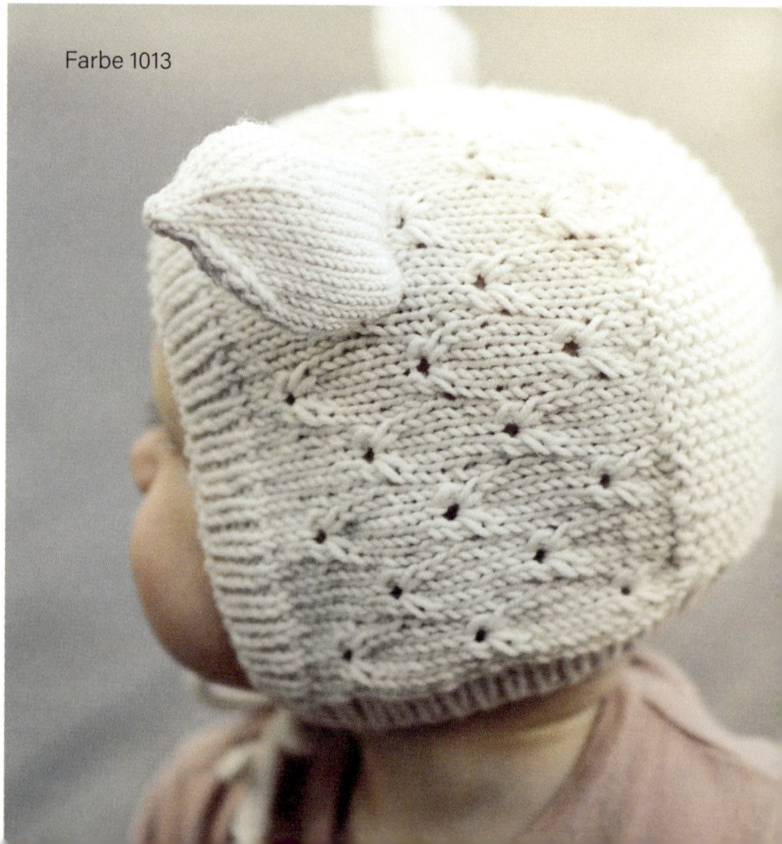

Die restlichen M können Sie entweder abketten oder auf Hilfsnadeln setzen. Später müssen diese Maschen an die Seite des kraus re gestrickten Stücks angenäht werden. Entscheiden Sie daher jetzt, ob Sie mit stillgelegten oder abgekettenen Maschen zusammennähen möchten.

KRAUS RE MUSTER FÜR DEN HINTERKOPF:

Die erste Reihe wird in der Rückreihe gearbeitet.
3 Reihen kraus re stricken (re M in der Hin- und li M inder Rückreihe).
In der nächsten Reihe (Hinreihe) wie folgt aus dem Querfaden re verschränkt zunehmen:
1 M re, 1 M zun, re stricken, bis 1 M übrigbleibt, 1 M zun, 1 M re. Die Zunahme alle 4 Reihen wiederholen – insgesamt 3 Mal.
Kraus re ohne Zunahme stricken, bis das Musterstück 4 cm kürzer ist als der Rest der Mütze (= die Seiten, mit denen das Musterfeld zusammengenäht werden soll).
In der nächsten Reihe (Hinreihe) wie folgt abnehmen: 2 M re zus, re stricken, bis 2 M übrigbleiben, 2 M re zus. Die Abnahme alle 4 Reihen wiederholen – insgesamt 3 Mal.
Kraus re stricken, bis das Musterfeld gleich lang ist wie der Rest der Mütze (genauso lang wie die Seiten, mit denen das Rillenmusterfeld zusammengenäht werden soll).
Die Maschen auf einer Hilfsnadel stilllegen. Die Seiten des kraus re gestrickten Teils mit dem Rest der Mütze zusammennähen.

BÜNDCHEN AM HALS:

NS 3 verwenden. Am unteren Rand Maschen aufnehmen, ca. 1 M in jeder M, aber jede 4. M überspringen.
Jetzt alle M von der Hilfsnadel (kraus re Muster) 2 M re zus stricken, zum Schluss Maschen auf der anderen Seite aufnehmen. Alle Maschen nund in Reihen im Rippenmuster stricken (1 M re, 1 M li). In der nächsten Reihe alle M abketten – mit Ausnahme der 3 ersten und der 3 letzten Maschen. Diese Maschen nun als ICord stricken (siehe Video auf www.klompelompe.no, Video "Icord"), bis die Schnur ca. 18 cm lang ist.

ICORD:

Alle M re stricken, die Maschen auf das andere Ende der Nadel schieben, ohne diese zu wenden, und die M wieder re stricken. Bis zur gewünschten Länge wiederholen.

OHREN:

Mit NS 3 auf einer Rundnadel oder mit Magic Loop rund stricken. 28 (28) 32 (32) 32 M anschlagen. Über 3 (3) 4 (4) 4 cm glatt re stricken.

In den drei größten Größen in der nächsten Runde wie folgt abnehmen: *6 M re, 2 M re zus*. *-* über die gesamte Rd hinweg wdh. 1 Rd re stricken.

Alle Größen:
5 M re, 2 M re zus. *-* über die gesamte Rd wdh.
1 Rd re stricken.
4 M re, 2 M re zus. *-* über die gesamte Rd wdh.
1 Rd re stricken.
3 M re, 2 M re zus. *-* über die gesamte Rd wdh.
2 M re zus. *-* über die gesamte Rd wdh.
3 Rd re stricken.
Den Faden durch die Maschen hindurchführen und zusammenziehen.

Das Ohr flach ausbreiten und die Seiten einschlagen, so dass sie mit ca. 1 cm überlappen. Am unteren Rand zusammen- und an der Mütze festnähen (mit ca. 7,5 (7,5) 8 (8) 9 cm Abstand zueinander und ca. 6,5 cm vom vorderen Bündchen entfernt).
Alle Fäden vernähen.

Bodykleid Tilda

Ein süßes Kleid mit einem praktischen Body-Unterteil für die kleinsten Mädchen.

GRÖSSE Mon 0-1 (3) 6 (9) 12 (18) 24
GARN Klompelompe Tynn Merinoull, Farbe 4032 (175m / 50g)
GARNMENGE 150 (150) 150 (200) 200 (200) 250 g
NADELN Rundstricknadeln NS 2,5 und 3, jeweils 40 cm und 60 cm, Nadelspiele NS 2,5 und 3, Häkelnadel NS 3
MASCHENPROBE 27 re M mit NS 3 = 10 cm
MASSE *Brustumfang:* ca. 41,5 (44,5) 46 (47,5) 50 (52) 55 cm
Länge bis Rockkante: ca. 26 (29) 31 (33) 36 (38) 39 cm

Die Arbeit beginnt von oben und wird anfangs in Reihen gestrickt.
64 (68) 68 (72) 76 (80) 84 M mit NS 2,5 anschlagen.
4 Reihen Perlmuster stricken (1 M re, 1 M li, in der nächsten Reihe entgegengesetzt).
Zur NS 3 wechseln. 1 Reihe re stricken und MM wie folgt setzen: 11 (12) 12 (13) 14 (15) 16 M re, MM, 10 M re (Ärmelmaschen), MM, 22 (24) 24 (26) 28 (30) 32 M re, MM, 10 M re (Ärmelmaschen), MM, 11 (12) 12 (13) 14 (15) 16 M re.
1 Reihe li stricken.

Weiter glatt re stricken und in jeder Hinreihe bei jedem MM wie folgt zunehmen: Bis zur Masche vor dem MM stricken. Die darunterliegende M re stricken und dann die Masche in dieser Reihe re. Nach dem MM wdh = 8 M pro Reihe zugenommen

Nachdem Sie 9 (9) 9 (10) 10 (10) 10 Mal zugenommen haben, zur Runde schließen und weiter rund stricken. Ab jetzt alle 2 Runden zunehmen. Nachdem Sie insgesamt 13 (14) 15 (15) 16 (16) 17 Mal zugenommen haben, die nächste Rd re stricken, dabei die Ärmelmaschen auf Hilfsnadeln setzen und 8 M unter beiden Ärmel aufschlingen = 112 (120) 124 (128) 136 (140) 148 M auf der Nadel.

Nun 5 (5) 5 (6) 6 (8) 8 Rd re stricken. 1 Rd li stricken, dann 1 Rd re. Dann 1 Rd re stricken und dabei gleichmäßig verteilt 10 M zunehmen = 122 (130) 134 (138) 146 (150) 158 M auf der Nadel.

Das Rückenteil mit verkürzten Reihen länger arbeiten: (Nach jedem Wenden arbeiten Sie einen Umschlag (U). Beim nächsten Mal, wenn Sie den U erreichen, den U und die nächste M re zus stricken.)
In den Größen Mon 0-1 (3) 6 (9):
15 M re stricken, wenden, 30 M li, wenden, 40 M re, wenden, 50 M li, wenden, 25 M re. Dabei die Anweisung zu den U oben befolgen.
In den Größen Mon 12 (18) 24:
15 M re stricken, wenden, 30 M li, wenden, 40 M re, wenden, 50 M li, wenden, 60 M re, wenden, 70 M li, wenden, 35 M re Dabei die Anweisung zu den U oben befolgen. Sie sind jetzt am Anfang der Rd.

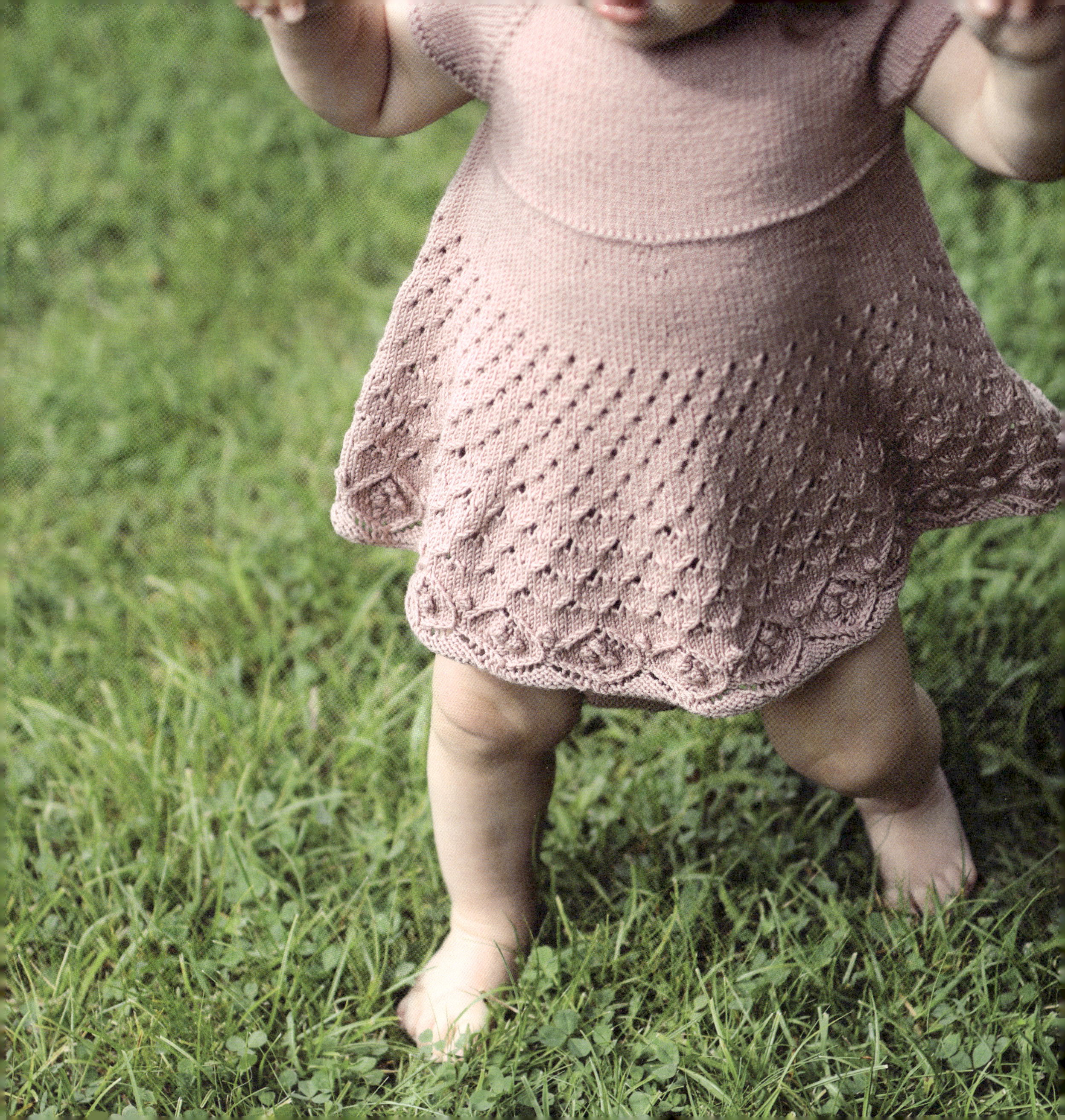

Glatt re stricken, bis die Arbeit vorne 26 (29) 31 (33) 36 (38) 39 cm lang ist.
Den Faden abschneiden. Die nächsten 27 (29) 30 (32) 34 (35) 37 M auf die rechte Nadel übertragen. Von hier aus weiterstricken.

19 (21) 21 (21) 21 (22) 24 M abketten, 30 (30) 32 (32) 36 (36) 36 M re stricken, 19 (21) 21 (21) 21 (22) 24 M abketten. Dann das Rückenteil in Reihen stricken = 54 (58) 60 (64) 68 (70) 74 M auf der Nadel.
Die erste Reihe ist dabei eine Hinreihe.
In jeder Hinreihe auf jeder Seite 1 M abnehmen, indem Sie die 2 ersten M zus und die 2 letzten M zus stricken. Die Abnahmen fortsetzen, bis Sie 22 (22) 24 (24) 26 (26) 26 M auf der Nadel haben. Die Maschen auf einer Hilfsnadel stilllegen, während Sie das Vorderteil stricken.

VORDERTEIL

Die 30 (30) 32 (32) 36 (36) 36 M mit Abnahmen in Reihen wie das Rückenteil stricken, bis Sie 22 (22) 24 (24) 26 (26) 26 M auf der Nadel haben. Ohne weitere Abnahmen stricken, bis das Vorderteil ca. 2 (2) 2 (2) 2 (3) 3 cm kürzer ist als das Rückenteil. Die Maschen auf einer Hilfsnadel stilllegen.
Nun das Rippenmuster für die beiden Beinbündchen stricken: Auf beiden Seiten jeweils mit NS 2,5 Maschen rund um die Beinöffnung aufnehmen: 1 M aus jeder M, aber jede 4. M überspringen. 6 Rd Rippenmuster stricken (1 M re, 1 M li), in der letzten Rd abketten.

KNOPFLEISTE MIT NS 2,5

Am Ende des Beinbündchens 4 M aufnehmen, die M auf einer Hilfsnadel re stricken und 4 M am Bündchen des anderen Beins aufnehmen. 6 Reihen Rippenmuster stricken. Am Vorderteil gleichmäßig verteilt 4 Knopflöcher arbeiten. Dafür in der 2. Reihe 2 M abketten und in der 3. Reihe wieder aufschlingen.

ÄRMEL

Die 36 (38) 40 (40) 42 (42) 44 Ärmel-M mit NS 3 in Reihen stricken. Mit einer Hinreihe beginnen, re stricken, bis noch 2 M übrigbleiben, wenden, die 1. M lose abheben, li stricken, bis noch 2 M übrigbleiben, wenden, die 1. M lose abheben, re stricken, bis noch 4 M übrigbleiben, wenden, die 1. M lose abheben, li stricken, bis noch 4 M übrigbleiben, wenden, die 1. M lose abheben. Den Rest der Reihe re stricken.
1 Rückreihe re stricken.
Nächste Reihe: 14 (14) 15 (15) 14 (14) 15 M re, *2 M re zus* stricken. *-* 4 (5) 5 (5) 7 (7) 7 Mal wdh, 14 (14) 15 (15) 14 (14) 15 M re stricken.
3 Reihen re stricken und in der letzten Reihe lose abketten. Die Ränder am Kleid festnähen.
Auf einer Seite der Öffnung im Nacken eine Knopfschlinge häkeln: 5 Luftmaschen häkeln und mit einer Kettmasche befestigen. Auf der anderen Seite einen Knopf annähen.
Die Fäden vernähen und unten am Rückenteil 4 Knöpfe annähen.

ROCKTEIL

Von der links gestrickten Rd, die Sie in der Mitte des Bodys gestrickt haben, 112 (120) 124 (128) 136 (140) 148 M von der Unterseite der Maschen mit NS 3 aufnehmen. Dann wenden und 1 Rd re stricken. Eine weitere Rd re stricken und dabei gleichmäßig verteilt 8 (8) 4 (8) 8 (12) 12 M zun = 120 (128) 128 (136) 144 (152) 160 M auf der Nadel.

0 (0) 3 (3) 3 (5) 8 Rd re stricken.
0 (0) 1 (1) 1 (1) 1 Rd re stricken und dabei gleichmäßig verteilt 16 M zunehmen = - (-) 144 (152) 160 (168) 176 M auf der Nadel.
0 (0) 2 (8) 10 (12) 14 Rd re stricken.
0 (0) 0 (1) 1 (1) 1 Rd re stricken und dabei gleichmäßig verteilt 16 M zunehmen = - (-) - (168) 176 (184) 192 M auf der Nadel.
0 (0) 0 (2) 4 (6) 10 Rd re stricken.

Mit dem Stricken des Musterdiagramms beginnen. In allen Größen außer der kleinsten wird Teil A zwei Mal gestrickt.

Nach Abschluss des Musters mit ICord abketten (siehe Video dazu auf www.klompelompe.no, Video "Icord"): Auf einer Hilfsnadel 3 M aufnehmen, diese auf die linke Nadel schieben. *2 M re stricken, 2 M re verschränkt zus. Die drei M, die auf der rechten Nadel stehen, wieder auf die linke Nadel schieben.* *-* ständig wdh, Enden zusammennähen.
Fäden vernähen. Das Kleid feucht spannen und trocknen lassen.

TIPP

Sie können den ersten Umschlag in dieser Rd bis zum Beginn der nächsten Rd weglassen, falls Ihnen der Übergang beim doppelten Umschlag schwerfällt.

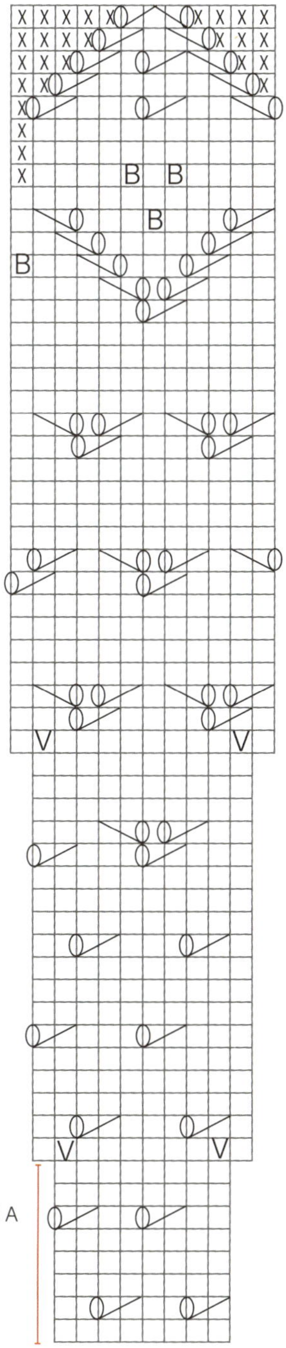

Teil A

B Blase = *1 re, 1 U, 1 re* in der nächsten M, wenden, 3 li, wenden, 3 re, wenden, 2 li zus, 1 li, wenden, 2 re zus

☐ re

X li

1 M lose abheben, 2 re zus, die lose M überheben

2 re zus

1 M lose abheben, 1 re, die lose M überheben

1 U zwischen 2 M

V aus dem Querfaden re verschränkt zun

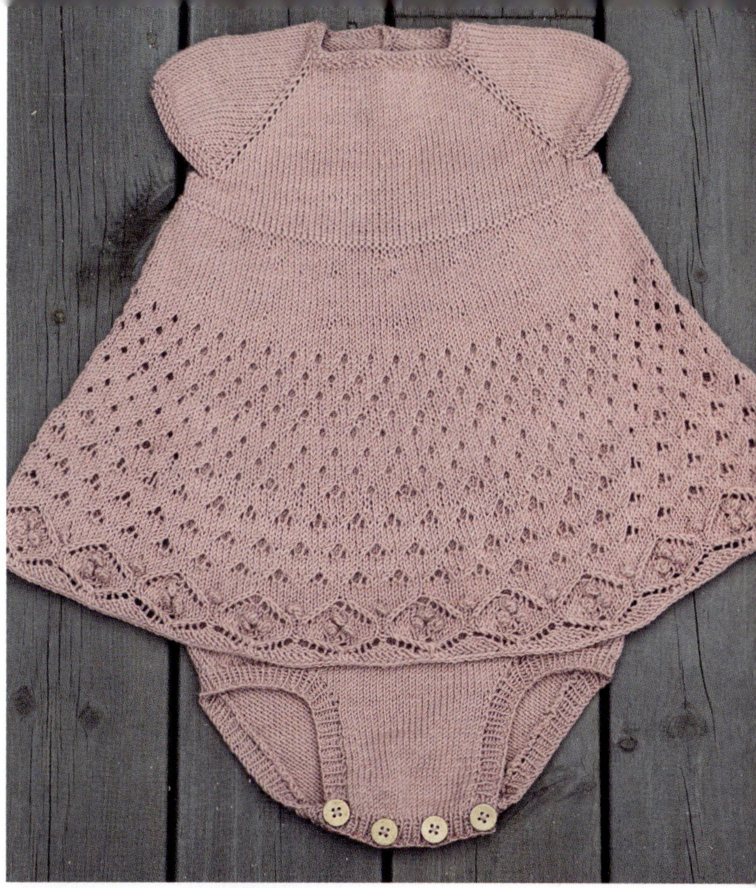

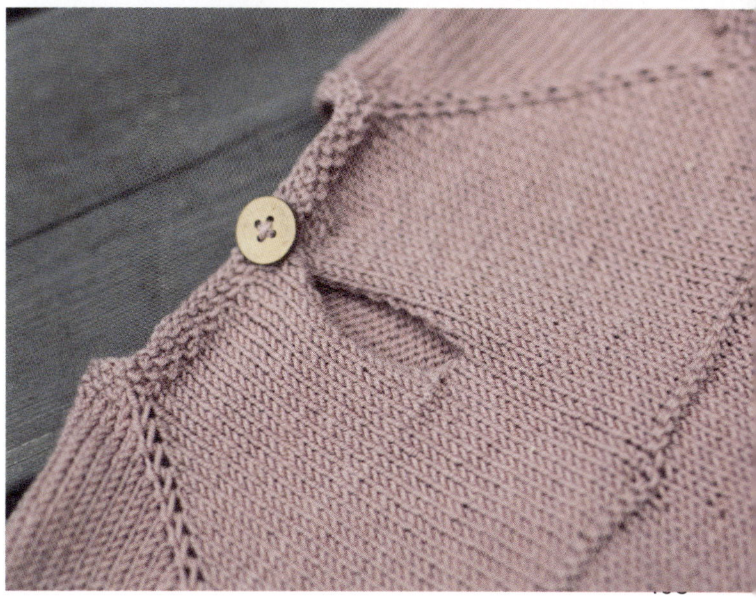

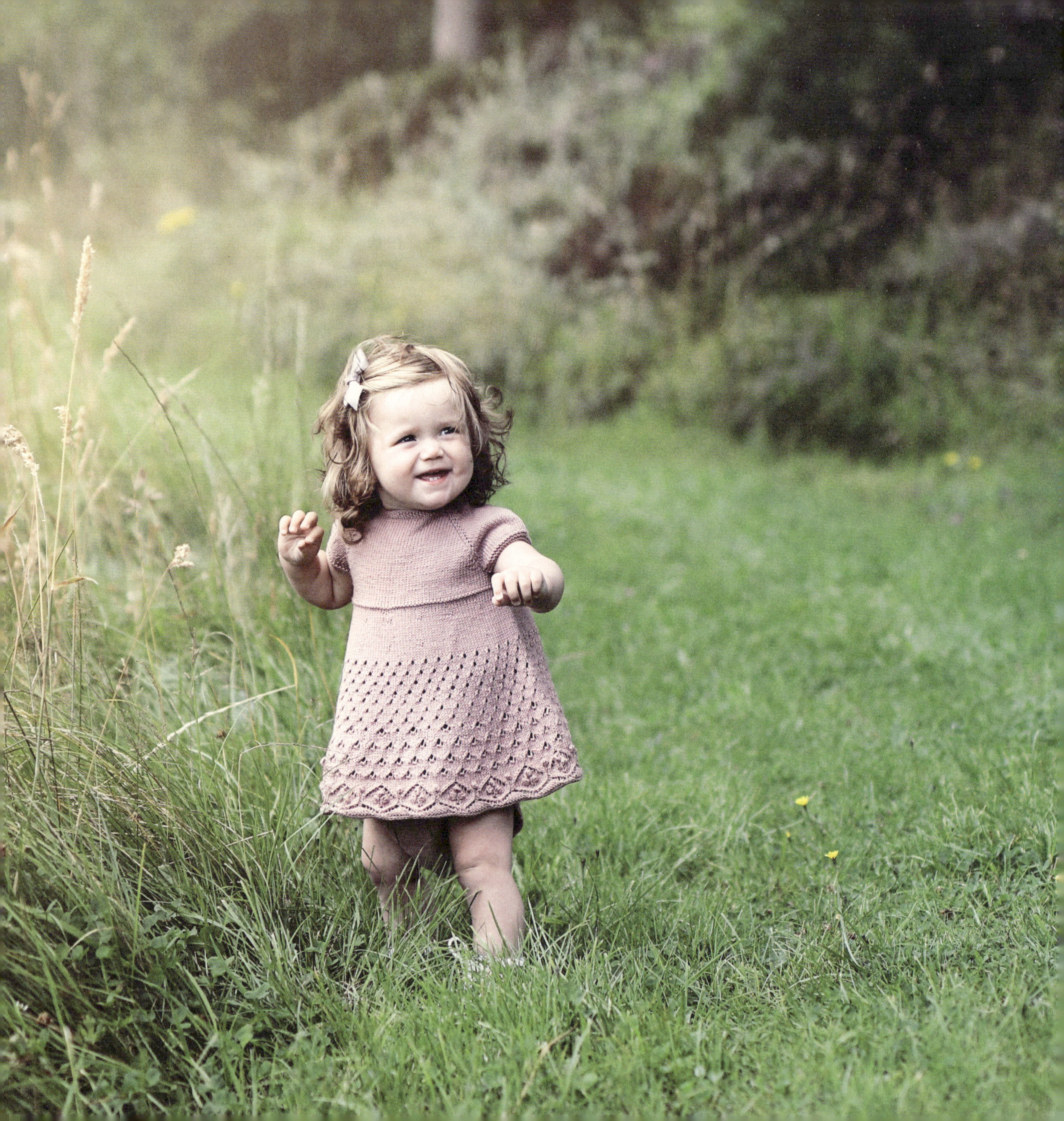

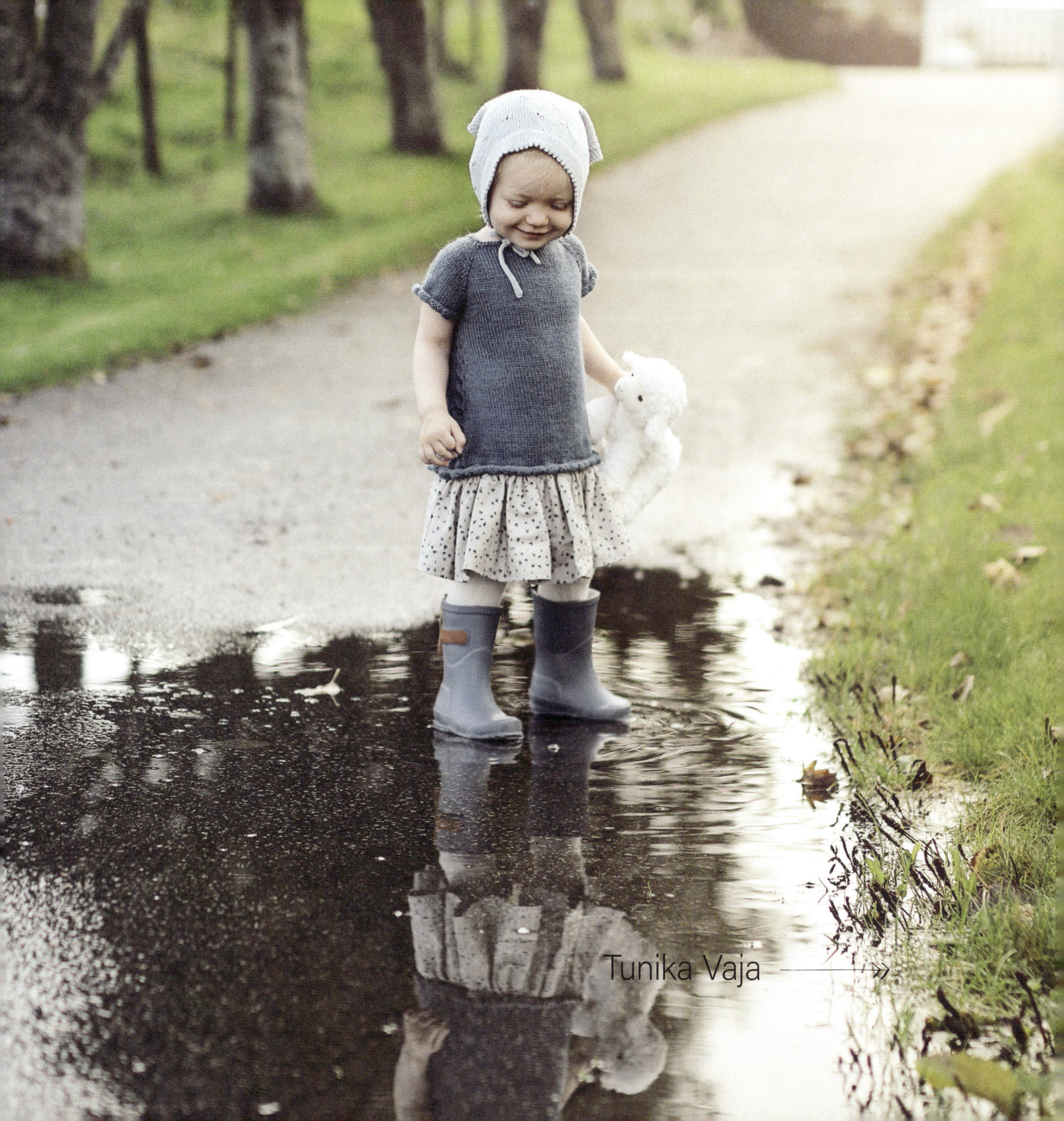

Tunika Vaja →

Tunika Vaja

Eine neue Variante mit einem genähten Stoffteil unten. Wenn Sie nicht gern nähen, können Sie diese Tunika auch als Top arbeiten – ohne den Stoffrock.

GRÖSSE Mon (0–2) 3 (6–9), Ja 1 (2) 4 (6)
GARN Klompelompe Spøt, Farbe 6871 (135m / 50 g)
GARNMENGE (100) 100 (100) 100 (150) 150 (200) g
NADELN Rundstricknadeln NS 3 und 3,5, jeweils 40 cm, Häkelnadel NS 3,5
MASCHENPROBE 22 re M mit NS 3,5 = 10 cm
MASSE *Brustumfang*: ca. (49) 51 (58) 61 (67) 72 (75,5) cm
Länge ohne Stoffteil: ca. (23) 26 (29) 32 (35) 38 (42) cm

Die Arbeit beginnt oben und wird auf Rundstricknadeln in Reihen gestrickt.
(66) 66 (74) 74 (78) 80 (80) M mit NS 3 anschlagen. 3 Reihen kraus re stricken. Die erste Reihe ist eine Rückreihe.
Zu NS 3,5 wechseln. Die nächste Reihe re stricken und MM wie folgt setzen:
(11) 11 (13) 13 (14) 14 (14) M re stricken, 1 M zun, 1 M re (MM), 1 M zun, 8 M re (Ärmelmaschen), 1 M zun, 1 re (MM), 1 M zun, (24) 24 (28) 28 (30) 32 (32) M re, 1 M zun, 1 M re (MM), 1 M zun, 8 M re (Ärmelmaschen), 1 M zun, 1 M re (MM), 1 M zun, (11) 11 (13) 13 (14) 14 (14) M re stricken.
Die Zunahmen rechts verschränkt aus dem Querfaden stricken.
Glatt re weiterstricken, in jeder Hinreihe weiter zunehmen.

Nachdem Sie (10) 10 (10) 11 (12) 12 (12) Mal zugenommen haben, 2 M am Ende der Reihe aufschlingen und zur Runde schließen. Ab jetzt rund stricken und in jeder 2. Rd zunehmen.
Nachdem Sie insgesamt (12) 13 (15) 17 (19) 21 (23) Mal zugenommen haben, haben Sie (164) 172 (196) 212 (232) 250 (266) M auf der Nadel.

In der nächsten Rd die 4 MM abnehmen, die (32) 34 (38) 42 (46) 50 (54) Ärmelmaschen auf Hilfsnadeln setzen und unter den Armen jeweils 6 M aufschlingen = (108) 112 (128) 136 (148) 158 (166) M auf der Nadel. Die Maschen vor und nach den 6 M unter den Armen li stricken, es sind MM = 4 MM.
Die 6 M unter den Armen werden re gestrickt, aber in jeder 8. Rd diese 6 M lose auf eine Hilfsnadel übertragen und den Faden 2 Mal lose um alle Maschen wickeln. Dann Maschen re stricken (das dadurch entstehende Muster ist auf den Fotos zu sehen).

3 cm glatt re stricken. In der nächsten Rd wie folgt zunehmen: bis 1 M vor der MM re stricken, 1 M zun, bis 1 M nach der nächsten MM stricken, 1 M zun. Dasselbe unter dem anderen Arm tun = 4 M über die Rd zugenommen.

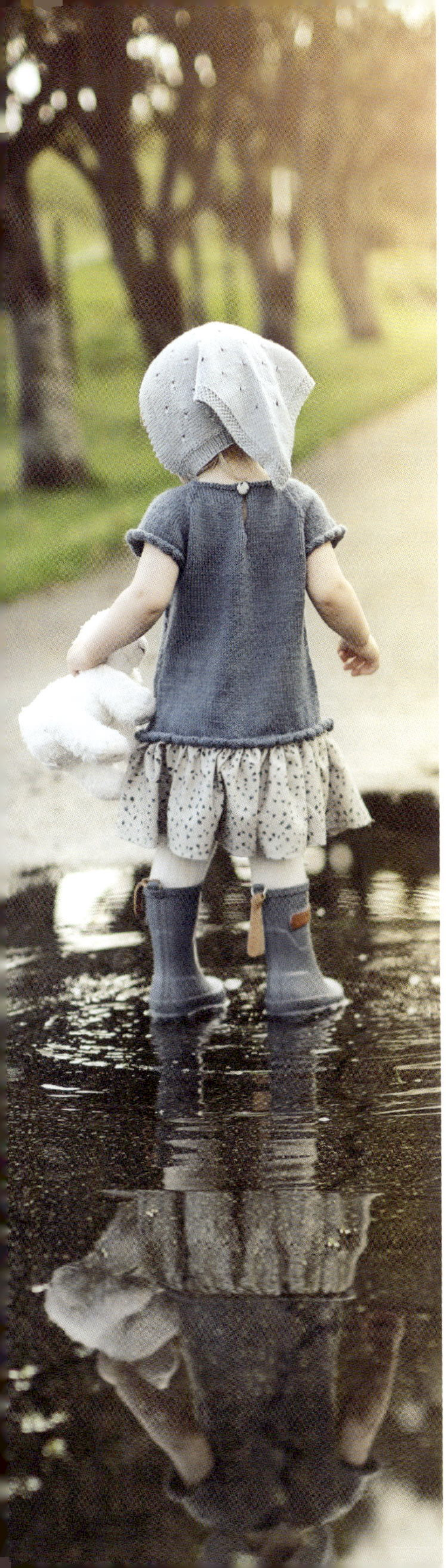

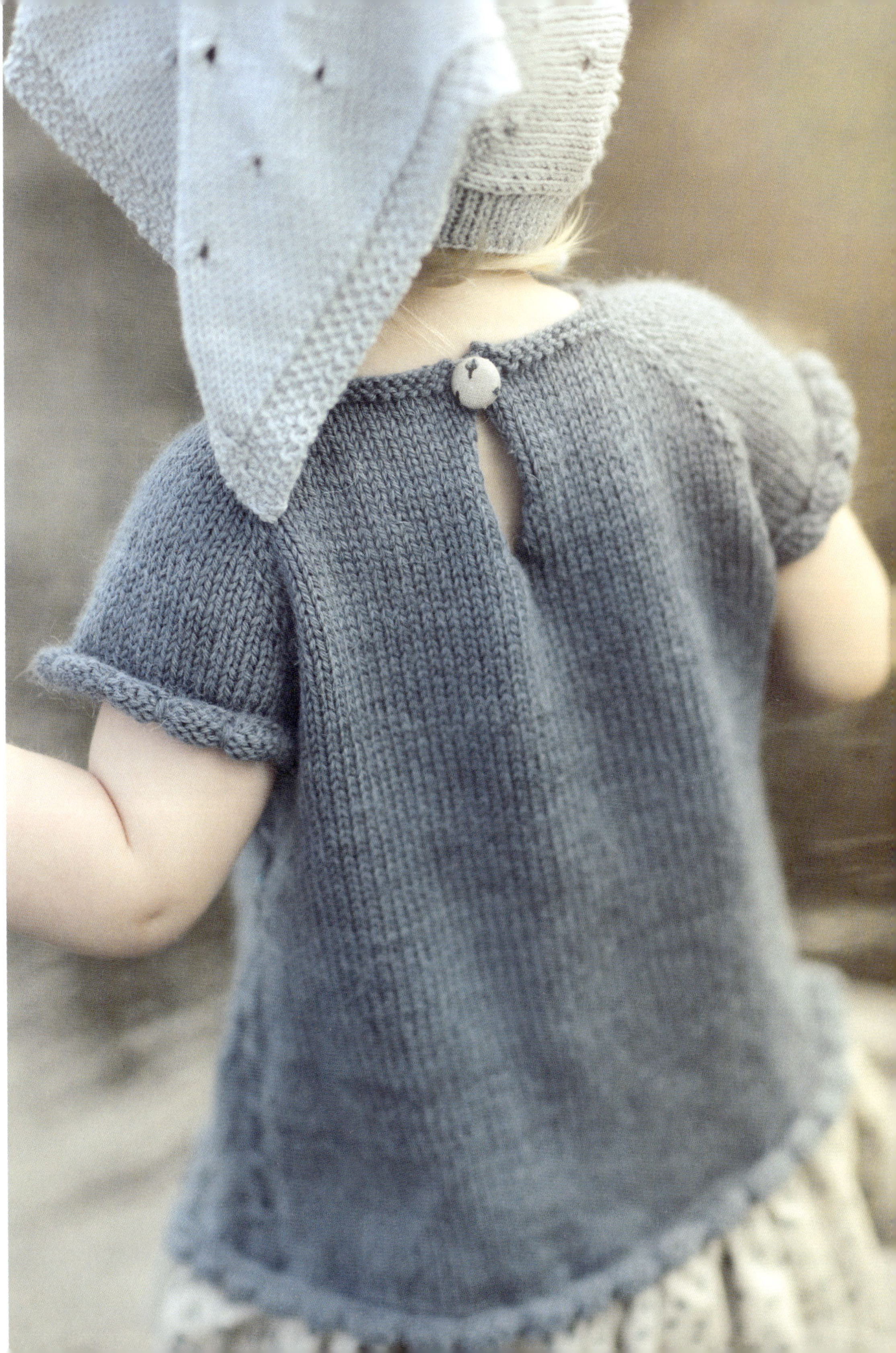

Die Zunahmen alle 2,5 cm wdh, insgesamt (4) 5 (6) 7 (7) 8 (8) Mal = (124) 132 (152) 164 (176) 190 (198) M auf der Nadel. Glatt re stricken, bis die Arbeit (22) 25 (29) 31 (33) 36 (40) cm misst. Zu NS 3 wechseln. 1 Rd li stricken, dann 8 Rd re, und in der letzten Rd abketten.

ÄRMEL

Mit NS 3 die (32) 34 (38) 42 (46) 50 (54) Ärmelmaschen in Reihen stricken. Die erste Reihe ist eine Hinreihe. 1 Reihe li in der Hinreihe stricken. 8 Reihen glatt re stricken und in der letzten Reihe abketten.

An den Rollrändern "Blasen" arbeiten (siehe Fotos): 4 Luftmaschen häkeln und durch den Rand an der Rückreihe mit einer festen Masche befestigen. Zwischen 2 „Blasen" sollten 4 M stehen.
Für den Verschluss am Rücken eine Knopfschlinge aus 5 Luftmaschen oben an der linken Halsöffnung häkeln, auf der rechten Seite einen Knopf annähen.

Alle Fäden vernähen. Das Kleidungsstück vorsichtig dampfen oder feucht spannen und trocknen lassen.

ROCK

Die Unterkante der Tunika messen. Ein Stück Stoff zuschneiden, das in der Länge (12) 14 (16) 17 (19) 20 (21) cm misst, in der Breite ca. das Dreifache des Tunikaumfangs. Alle Stoffränder mit Zickzackstich versäubern. Den Stoff rechts auf rechts legen und die kurzen Enden zusammennähen. An der unteren Kante 1 cm umbügeln und mit 0,7mm festnähen. Dann den oberen Teil kräuseln: 2 Hilfsnähte mit großen Stichen nebeneinander nähen, durch Ziehen der Oberfäden auf den Tunikaumfang einkräuseln. Nun den Rock mit passendem Garn an der Tunika unten annähen.

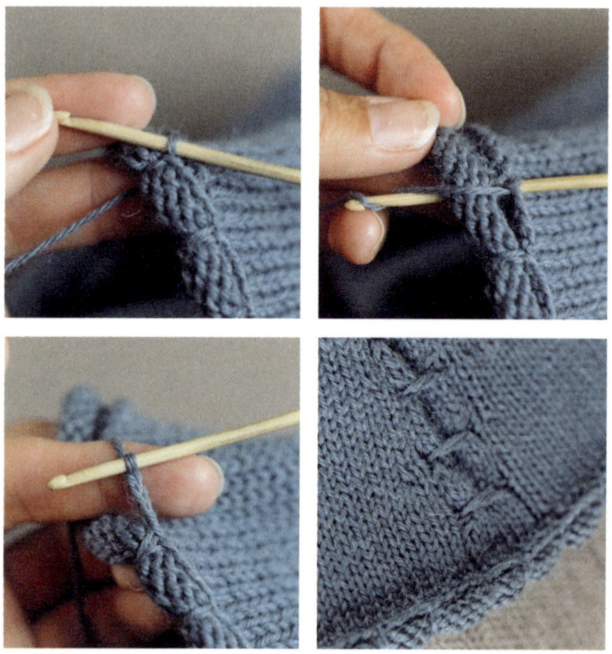

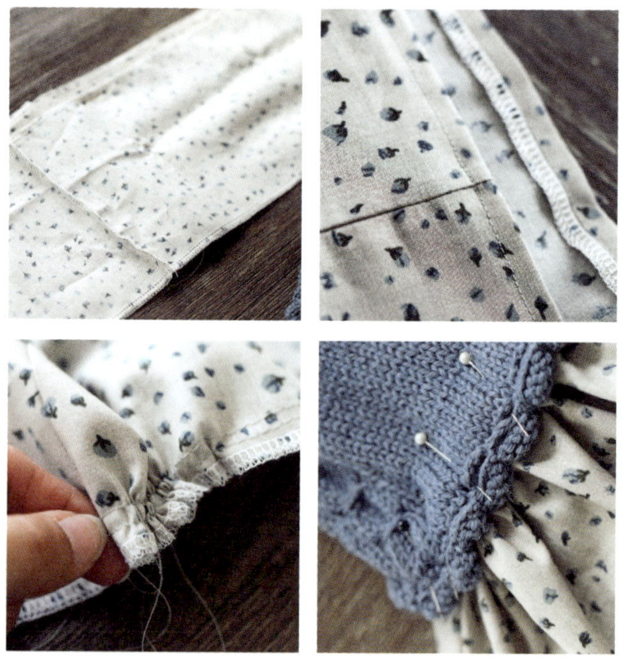

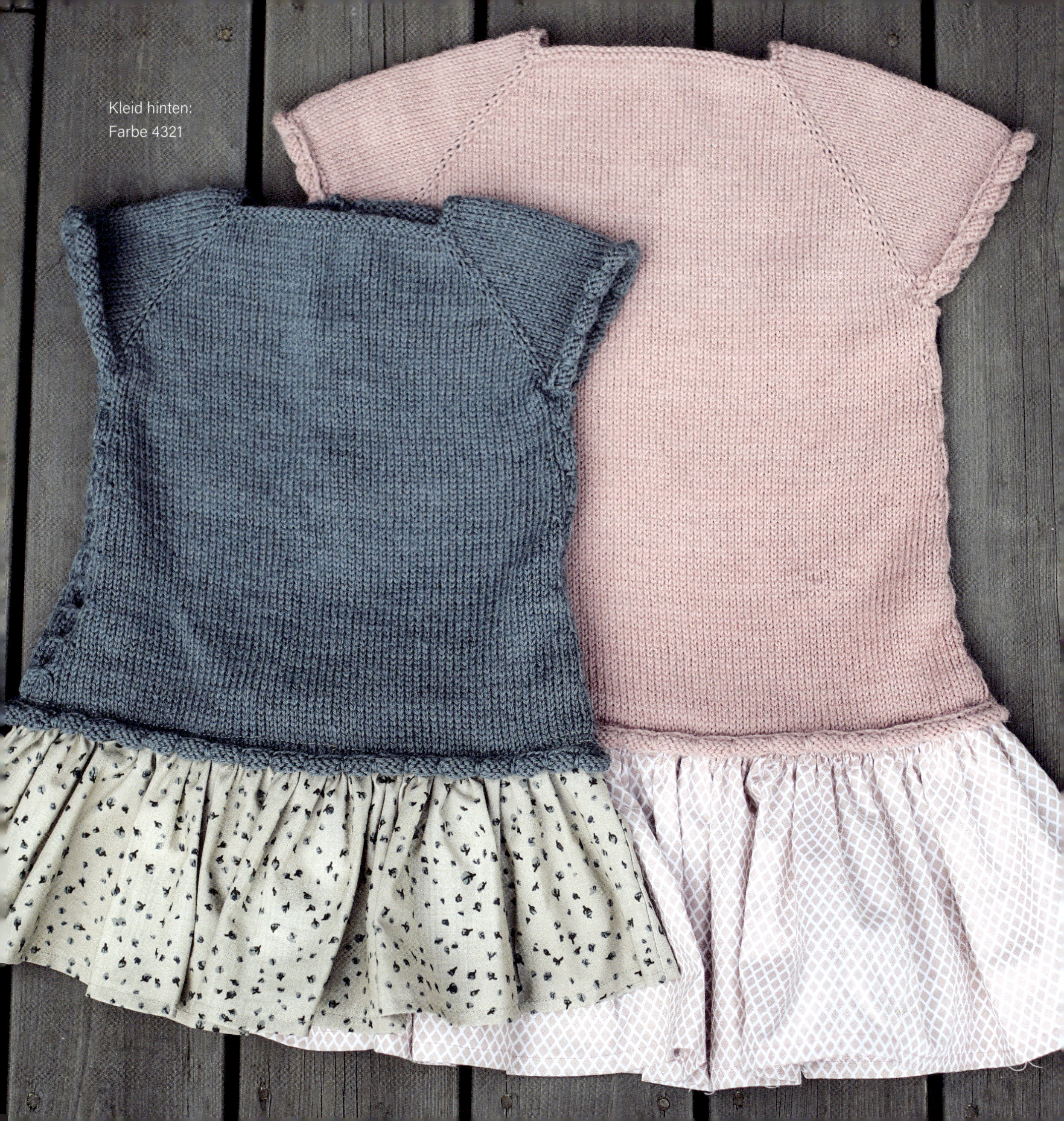

Kleid hinten:
Farbe 4321

Pullover Henry

Dieser Pullover ist Strickprojekt, das für jeden machbar ist. Besonderer Hingucker ist die Knopfleiste an der Schulter.

GRÖSSE Mon 6, Ja (1) 2 (4) 6 (8) 10
GARN Klompelompe Tynn Merinoull, Farbe 6571 (175m / 50g)
GARNMENGE 100 (150) 200 (200) 250 (250) 300 g
NADELN Rundstricknadeln NS 2,5 und 3, jeweils 40 cm und 60 cm, Nadelspiele NS 2,5 und 3
MASCHENPROBE 27 re M mit NS 3 = 10 cm
MASSE *Brustumfang:* ca. 58 (62) 68 (74) 75,5 (77) 80 cm
Länge: ca. 35 (39) 44 (47) 52 (55,5) 60 cm

Die Arbeit wird von unten nach oben gestrickt.
156 (168) 184 (200) 204 (208) 216 M mit NS 2,5 anschlagen. 3 (3) 3,5 (3,5) 4 (4) 4 cm im Rippenmuster stricken (1 M re, 1 M li) arbeiten.
Zu NS 3 wechseln und glatt re stricken, bis die Arbeit 20 (23) 26 (28) 32 (35) 38 cm misst.
Dann auf beiden Seiten für die Ärmel M wie folgt abketten: 7 M abketten, 71 (77) 85 (93) 95 (97) 101 M re stricken, 7 M abketten, 71 (77) 85 (93) 95 (97) 101 M re stricken.

ÄRMEL
46 (48) 50 (50) 56 (56) 60 M mit NS 2,5 anschlagen. 3 (3) 3,5 (3,5) 4 (4) 4 cm Rippenmuster stricken (1 M re, 1 M li). Zu NS 3 wechseln und glatt re weiterstricken. Die erste M wird dabei über den gesamten Ärmel hinweg li gestrickt = MM.
Wenn der Ärmel 4 cm misst, auf beiden Seiten der MM jeweils 1 M re verschränkt aus dem Querfaden zunehmen. Die Zunahme ca. alle 4 (4,5) 4,5 (3,5) 5 (4,5) 5 cm wiederholen, bis Sie 52 (56) 60 (64) 68 (70) 74 M auf der Nadel haben.
Weiterstricken, bis der Ärmel 15 (21) 25,5 (28,5) 31 (35) 38 cm misst. In der nächsten Rd die 4 ersten und die 3 letzten M auf der Nadel abketten.
Den zweiten Ärmel ebenso arbeiten. Die Ärmel an das Rumpfstück anstricken (die abgeketteten Maschen dabei nicht berücksichtigen) = 232 (252) 276 (300) 312 (320) 336 M auf der Nadel.
MM für Raglan an den Verbindungen zwischen Ärmel und Vorder- und Rückenteil setzen = 4 MM. Jetzt mit den Rd für den Raglan vor dem linken Arm beginnen.

Im weiteren Verlauf für den Raglan wie folgt an den MM abnehmen: 2 M re zus, bis 2 M vor der nächsten MM stricken, 1 M lose abh, 1 M re, die lose M darüber heben, 2 M re zus. Bis 2 M vor der nächsten MM stricken, 1 M lose abh, 1 M re, die lose M darüber heben = 8 M Abnahme in dieser Rd. Auf die gleiche Weise in jeder 2. Rd abnehmen.

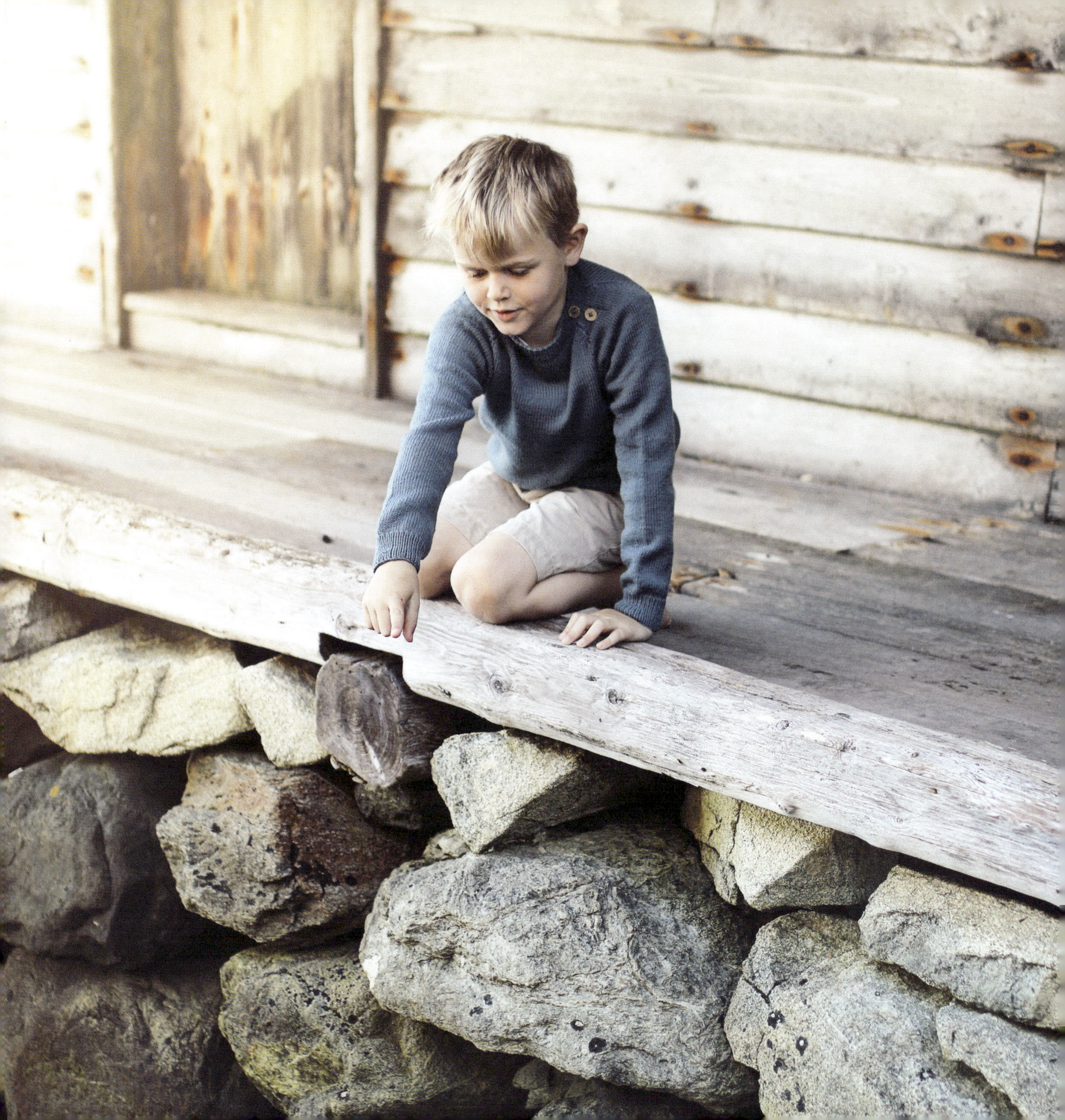

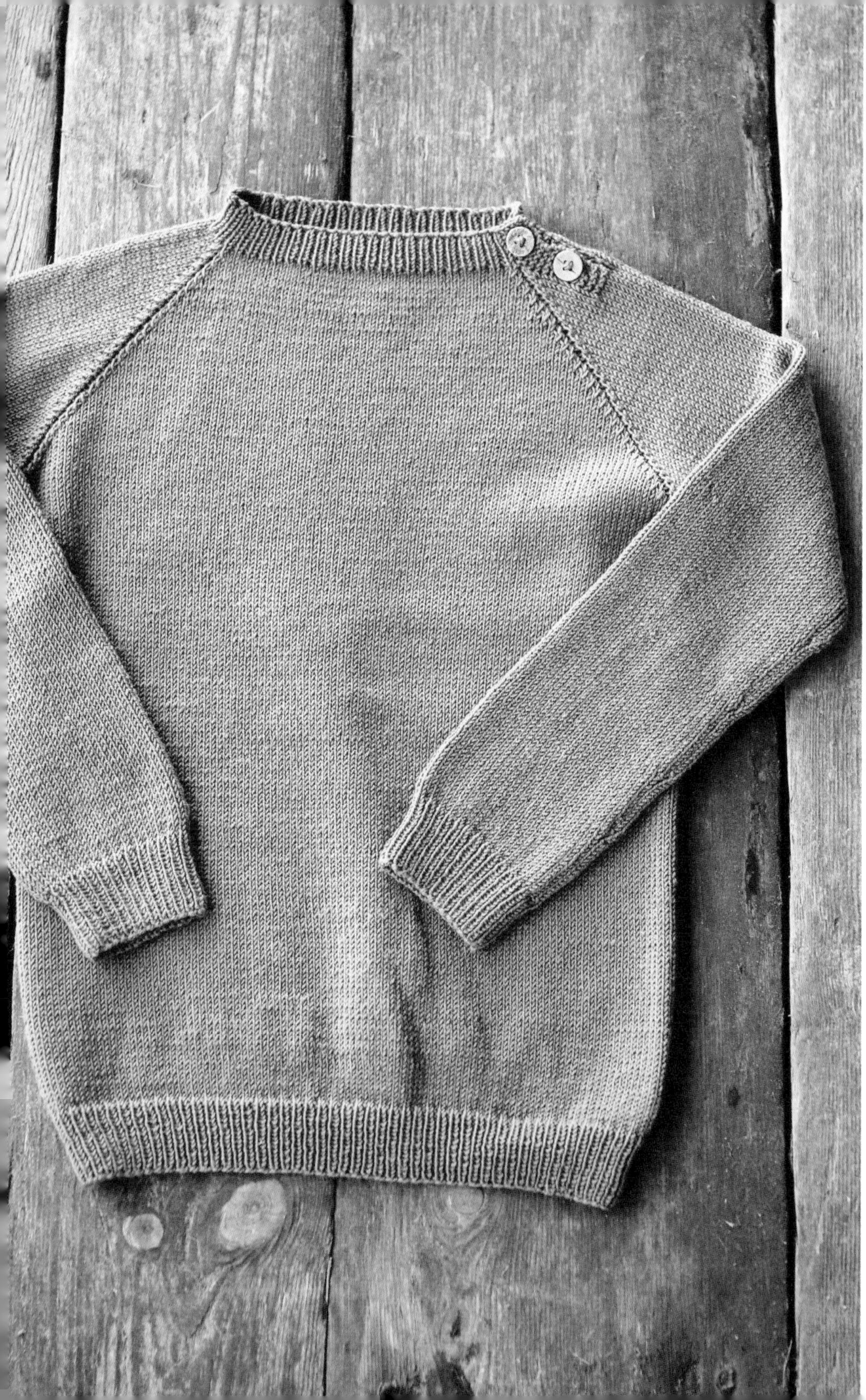

Wenn Sie 10 (12) 15 (17) 18 (19) 21 Mal abgenommen haben, wird die Halsöffnung gearbeitet.
Den Faden abschneiden und 12 (12) 10 (10) 12 (12) 12 M auf die rechte Nadel schieben. Die Öffnung wird seitlich gearbeitet, von jetzt an wird daher in Reihen gestrickt. Auf der rechten Nadel 5 neue M aufschlingen. Diese M werden in allen Reihen kraus re gestrickt. Auch die 5 letzten M auf der Nadel in jeder Reihe kraus re stricken, alle anderen Maschen glatt re stricken. Sie beginnen dabei mit der Rückreihe und nehmen für den Raglan auf jeder Hinreihe weiter ab.
Nach 7 Reihen in der nächsten Hinrunde wie folgt ein Knopfloch arbeiten: 2 M re stricken, 2 M abketten, die Reihe fertig stricken. In der Rückreihe die abgeketteten 2 M neu aufschlingen.
Weiterstricken, bis Sie 18 (20) 23 (25) 26 (27) 29 Mal abgenommen haben = 93 (97) 97 (105) 109 (109) 109 M auf der Nadel.

Für das Halsbündchen zu NS 2,5 wechseln. Die ersten und letzten 5 M jeweils kraus re stricken, die restlichen Maschen im Rippenmuster (1 M re, 1 M li).
Nach 2 Reihen ein weiteres Knopfloch arbeiten. Nach 8 weiteren Reihen die Arbeit abketten. Alle Fäden vernähen und 2 Knöpfe annähen. Das Kleidungsstück dampfen oder feucht spannen und trocknen lassen.

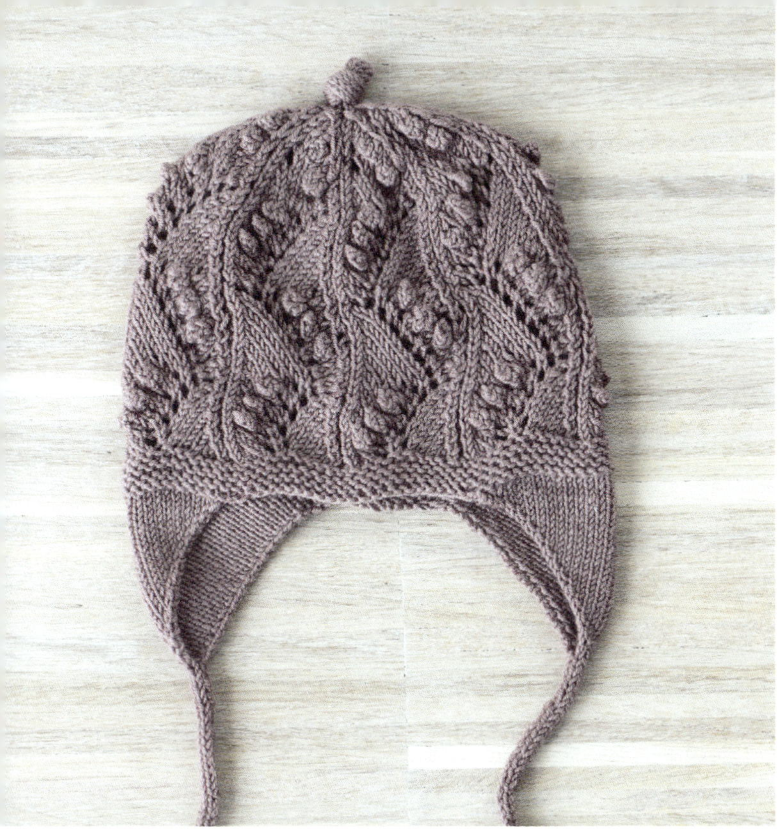

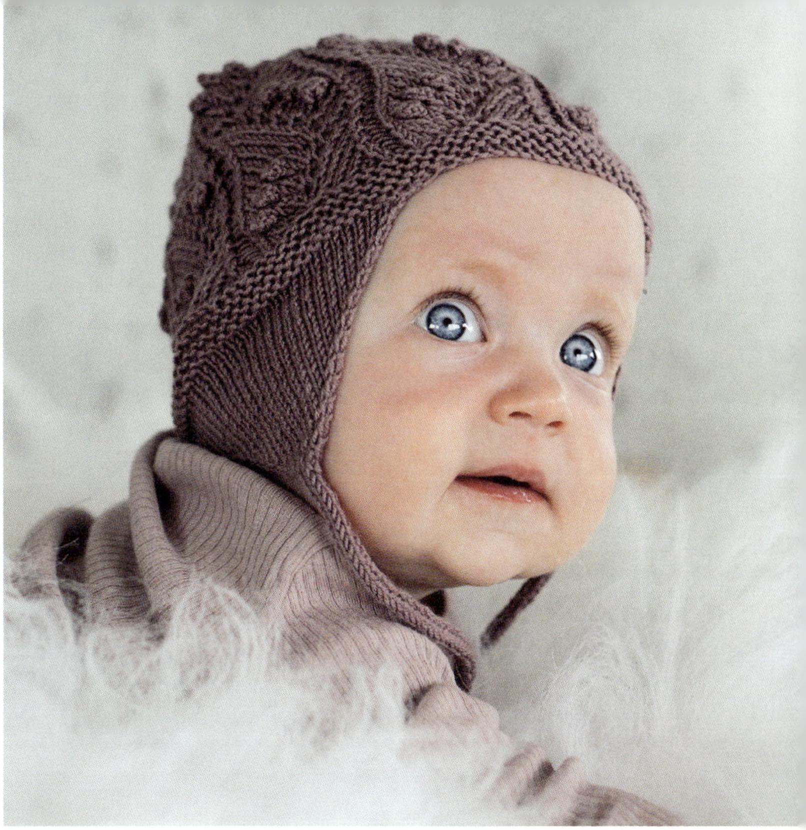

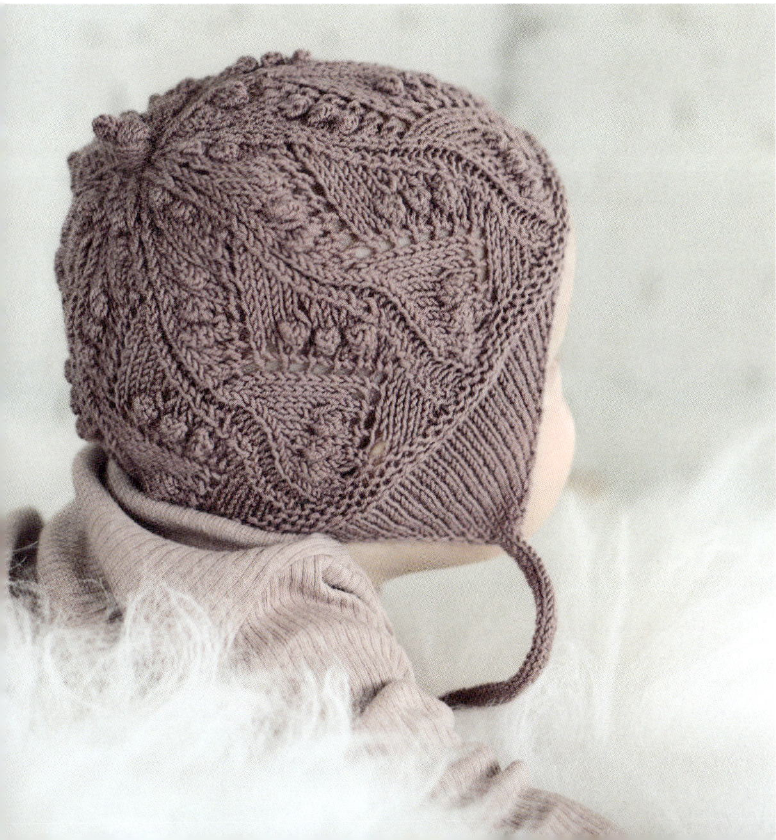

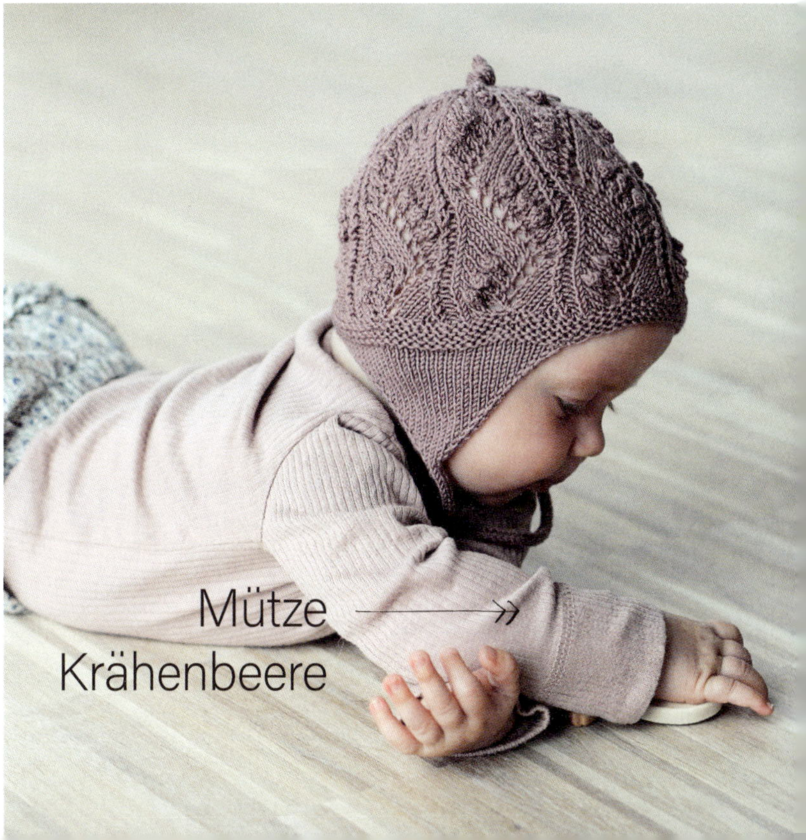

Mütze Krähenbeere

Mütze Krähenbeere

Mit Lochmuster und Noppen gehört diese Mütze in die Kategorie "Königsklasse".

GRÖSSE Mon (0–3) 3– 6 (6–12), Ja 1–2 (3–5)
GARN Klompelompe Tynn Merinoull, Farbe 4331 (175m / 50g)
GARNMENGE 50 g für alle Größen
NADELN Rundstricknadeln NS 2,5 und 3, jeweils 40 cm, Nadelspiele NS 2,5 und 3, optional: Rundstricknadel (80 cm) in gleicher Stärke für Magic Loop
MASCHENPROBE 27 re M mit NS 3 = 10 cm

4 M mit NS 2,5 anschlagen. Schnur (iCord) stricken, bis diese 18 cm lang ist.

ICORD

Alle M re stricken, dann die M an das andere Ende der Nadel schieben, ohne zu wenden, und die M wieder re stricken. Bis zur gewünschten Länge wiederholen.

Weiter wird die Mütze glatt re in Reihen gestrickt. Dabei wird für die Ohrenklappen in jeder Hinreihe wie folgt zugenommen: 1 M re, 1 M re verschränkt aus dem Querfaden zun, re stricken, bis noch 1 M übrigbleibt, 1 M re verschränkt aus dem Querfaden zun, 1 M re stricken.
Die Zunahmen in den Hinreihen solange wiederholen, bis Sie (26) 28 (30) 30 (32) M auf der Nadel haben. Die Ohrenklappe auf einer Hilfsnadel stilllegen und zweite Klappe arbeiten.

Dann 3 M anschlagen, die Maschen der 1. Klappe einstricken, (26) 28 (26) 34 (38) M anschlagen, die Maschen der 2. Klappe einstricken, 3 M anschlagen = (84) 90 (92) 100 (108) M auf der Nadel.

Ab jetzt wird die Mütze in Runden gestrickt. Die Rd beginnt hinten in der Mitte. 8 Rd kraus re stricken (1 Rd li, 1 Rd re). In der letzten Rd (re) gleichmäßig verteilt (0) 6 (4) 8 (0) M zunehmen, indem 1 M im vorderen und 1 M im hinteren Glied einer M gestrickt wird = (84) 96 (96) 108 (108) M auf der Nadel.

Zu NS 3 wechseln und das Muster gemäß Chart stricken. Dabei den ersten Mustersatz in Rd (13) 7 (1) 19 (13) des Charts beginnen. Im Weiteren das gesamte Chart wiederholen. Dabei das erste Mal, wenn Sie die Rd 24 des Charts stricken, als erstes abgeschlossenes Diagramm zählen.

Nachdem Sie das Chart (1,5) 1,5 (1,5) 2,5 (2,5) Mal gestrickt haben und gerade mit Rd 12 des Charts fertig sind, wie folgt weiter stricken:

1. Rd: *1 M li, 1 M lose abh, 1 M re, die lose M überh, 7 M re, 2 M re zus*, *-* über den Rest der Rd wdh.
2. Rd: *1 M li, 9 M re*, *-* über den Rest der Rd wdh.
3. Rd: *1 M li, 1 M lose abh, 1 M re, die lose M überh, 5 M re, 2 M re zus*, *-* über den Rest der Rd wdh.
4. Rd: *1 M li, 7 M re*, *-* über den Rest der Rd wdh.
5. Rd: *1 M li, 1 M lose abh, 1 M re, die lose M überh, B, 2 M re, 1 U, 2 M re zus*, *-* über den Rest der Rd wdh.
6. Rd: *1 M li, 6 M re*, *-* über den Rest der Rd wdh.
7. Rd: *1 M li, 1 M lose abh, 1 M re, die lose M überh, B, 1 M re, 1 U, 2 M re zus*, *-* über den Rest der Rd wdh.
8. Rd: *1 M li, 5 M re*, *-* über den Rest der Rd wdh.
9. Rd: *1 M li, 1 M lose abh, 1 M re, die lose M überh, 1 M re, 2 M re zus*, *-* über den Rest der Rd wdh.
10. Rd: *1 M li, 3 M re*, über den Rest der Rd wdh.
11. Rd: *1 M li, 1 M lose abh, 2 M re zus, die lose M überh*, *-* über den Rest der Rd wdh.
12. Rd: *2 M re zus*, *-* über den Rest der Rd wdh. .

Die restlichen Maschen über 6 cm glatt re in Runden stricken.

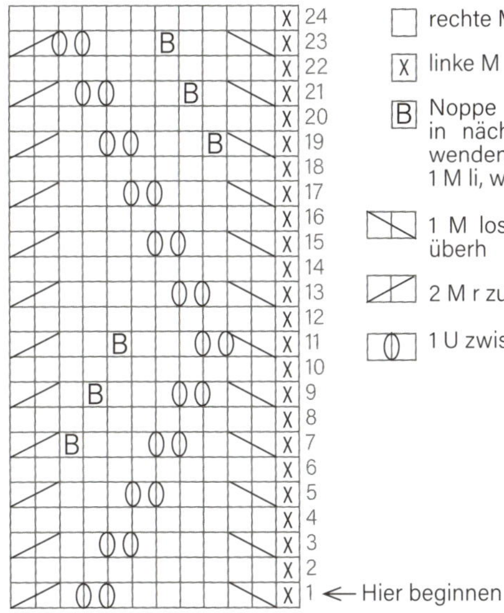

rechte M

X linke M

B Noppe = *1 M re, 1 U, 1 M re*, in nächster M, wenden, 3 M li, wenden, 3 M re, wenden, 2 M li zus, 1 M li, wenden, 2 M re zus

1 M lose abh, 1 M re, die lose M überh

2 M r zus

1 U zwischen 2 M

Den Faden durch die M hindurchführen und zusammenziehen.

Alle Fäden vernähen und aus der 6 cm langen Spitze einen Knoten formen.

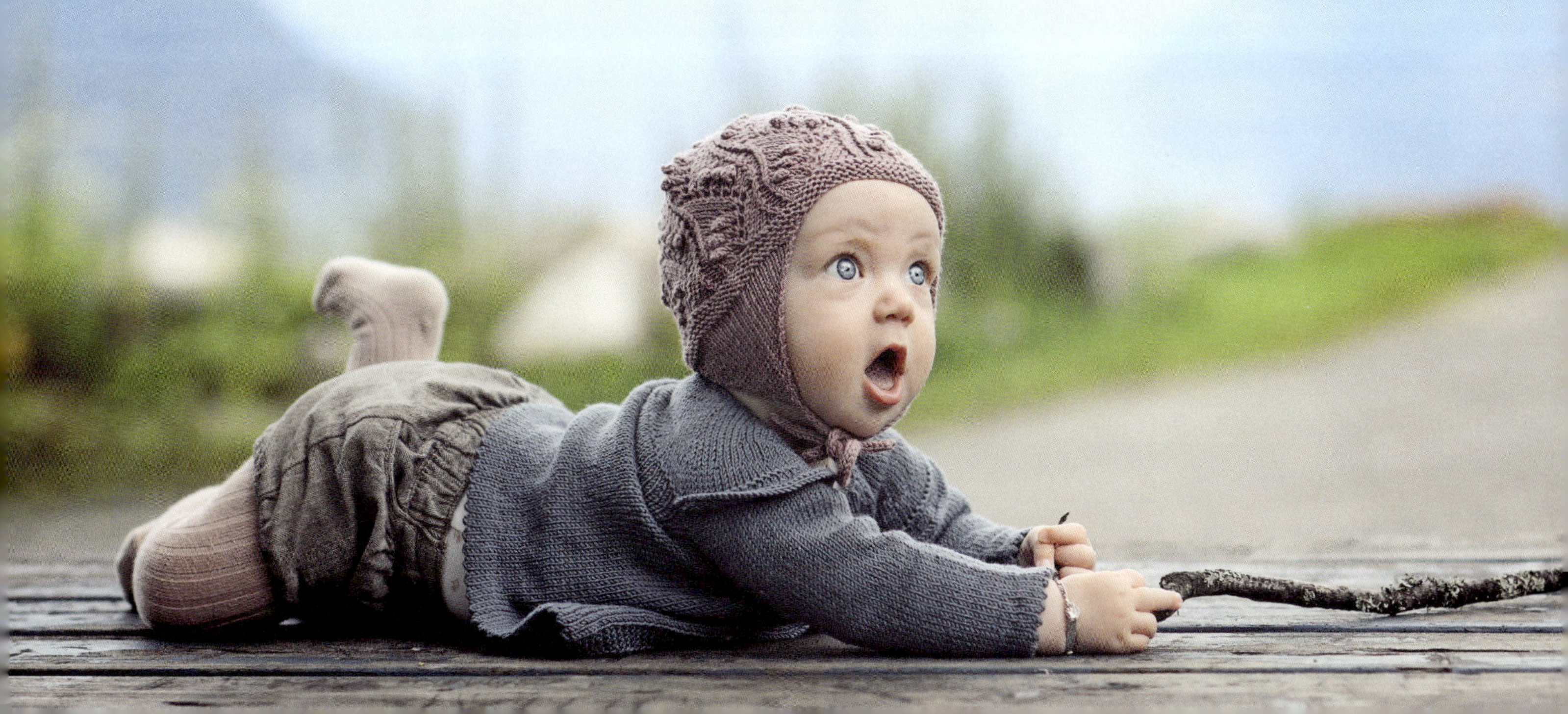

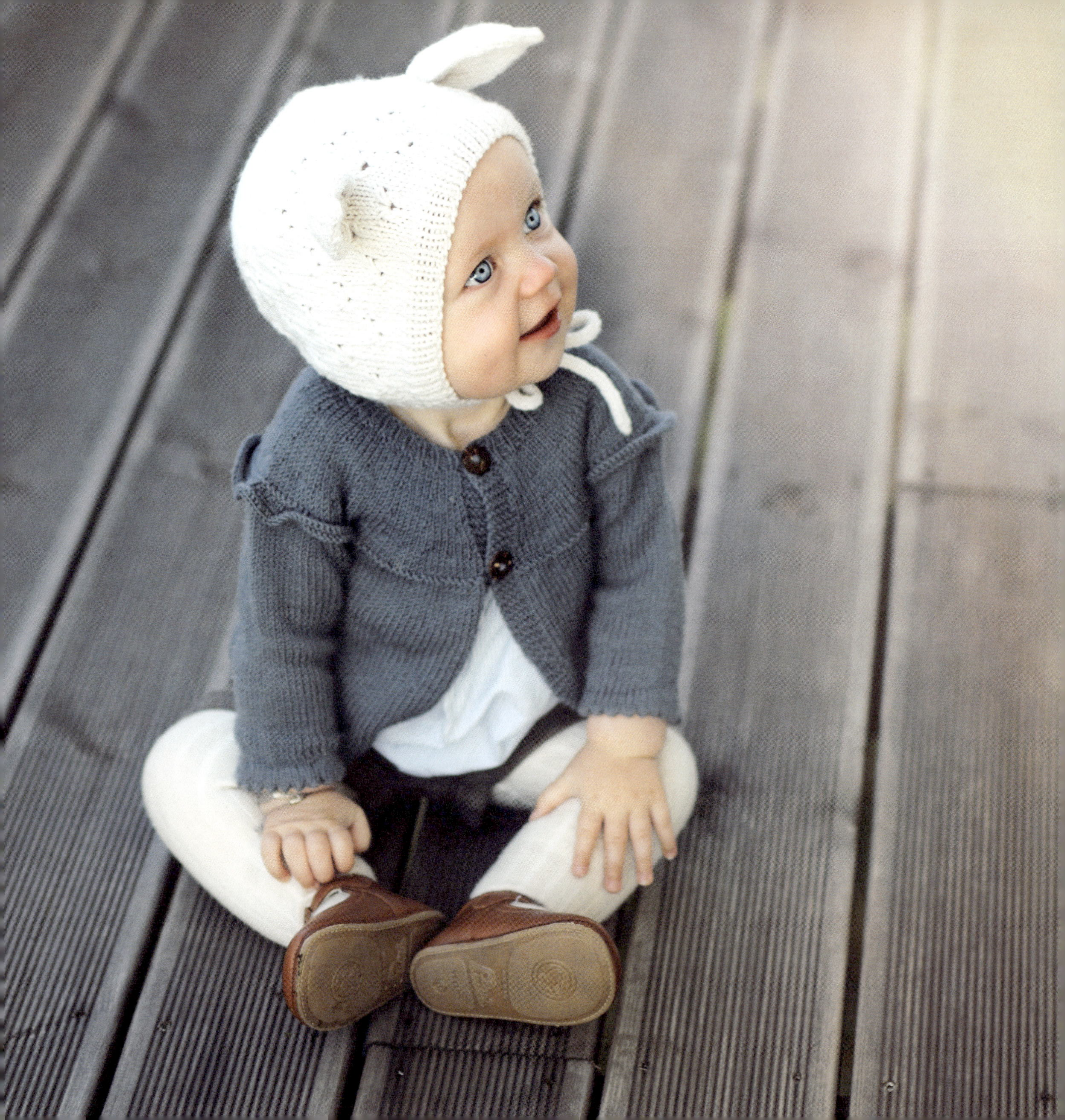

Rüschenjacke

Diese Jacke mit rundem Ausschnitt und süßen Flügelrüschen an den Ärmeln sieht über einem Sommerkleid einfach wunderbar aus.

GRÖSSE Mon (0 –1) 3 (6) 12 (18), Ja 2 (4) 6 (8) 10
GARN Klompelompe Tynn Merinoull, Farbe 6061 (175m / 50g)
GARNMENGE (100) 100 (100) 150 (150) 150 (200) 200 (250) 250 g
NADELN Rundstricknadeln NS 2,5 und 3, 40 oder 60 cm, Nadelspiele NS 2,5 und 3, optional: Rundstricknadel (80 cm) in gleicher Stärke für Magic Loop
MASCHENPROBE 27 re M mit NS 3 = 10 cm
MASSE *Brustumfang:* ca. (44) 51 (54,5) 55 (62) 63 (65) 66 (67) 74,5 cm
Länge: ca. (22) 24 (26) 28 (30) 34 (38) 42 (46) 50 cm

Die Arbeit wird von oben in Reihen gestrickt.
(73) 75 (81) 85 (89) 93 (99) 103 (103) 107 M mit NS 2,5 anschlagen und (6) 6 (6) 6 (8) 8 (8) 10 (10) 10 R im Rippenmuster stricken (1 M re, 1 M li).
Dabei in der (3.) 3. (3.) 3. (5.) 5. (5.) 5. (5.) 5. R das erste Knopfloch arbeiten: kraus re stricken, bis 5 M übrig sind, 2 M abk, 3 M kraus re stricken. In der nächsten R 2 M dort aufschlingen, wo Sie vorher abgekettet haben.
Weiter glatt re stricken, bis auf die äußeren 5 M auf beiden Seiten, die kraus re gestrickt werden. Dabei Knopflöcher wie unten beschrieben arbeiten.

ACHTUNG
Insgesamt werden 3 Knopflöcher mit einem Abstand von ca. (4,5) 4,5 (4,5) 5 (5) 5 (5,5) 5,5 (6) 6 cm gearbeitet. Die Knopflöcher werden in einer Hinreihe gefertigt, indem re gestrickt wird, bis 4 M übrigbleiben. 2 M abketten, 2 M re stricken. In der nächsten R 2 M dort anschlagen, wo Sie in der vorigen R abgekettet haben.

Zu NS 3 wechseln. 1 Reihe li (Rückreihe) stricken.
In der nächsten Hinreihe gleichmäßig verteilt (20) 20 (21) 22 (24) 24 (30) 30 (30) 30 M rechts verschränkt aus dem Querfaden zun = (93) 95 (102) 107 (113) 117 (129) 133 (133) 137 M auf der Nadel.
5 Reihen glatt re stricken.

1 Reihe re stricken und dabei gleichmäßig verteilt 30 M zunehmen = (123) 125 (132) 137 (143) 147 (159) 163 (163) 167 M auf der Nadel.
5 Reihen glatt re stricken.

1 Reihe re stricken und dabei gleichmäßig verteilt 30 M zun = (153) 155 (162) 167 (173) 177 (189) 193 (193) 197 M auf der Nadel.

5 R glatt re stricken (in den Größen Mon (0-1) und (3) 4 R glatt re und 1 R re in der Rückreihe stricken).

1 R re stricken und dabei gleichmäßig verteilt 30 M zun = (183) 195 (192) 197 (203) 207 (219) 223 (223) 227 M auf der Nadel (in den Größen Mon (0-1) und (3) zun, indem 1 M re aus dem vorderen und 1 M re aus dem hinteren Maschenglied gestrickt wird).

Der nächste Abschnitt wird NICHT in den Größen Mon (0-1) und (3) gestrickt:
5 R glatt re stricken (in den Größen Mon (6) und (12) 4 R glatt re und 1 R re in der Rückreihe stricken).
1 R re stricken und dabei gleichmäßig verteilt 45 M zun = (-) - (237) 242 (248) 252 (264) 268 (268) 272 M auf der Nadel (in den Größen Mon (6) und (12) zun, indem 1 M re aus dem vorderen und 1 M re aus dem hinteren Maschenglied gestrickt wird).

Der nächste Abschnitt wird NICHT in den Größen Mon (0-1) 3 (6) 12 gestrickt:
5 Reihen glatt re stricken (in den Größen Mon 18, Ja (2) 4 und (6) 4 R glatt re und 1 R re in der Rückreihe stricken).
1 R re stricken und dabei gleichmäßig verteilt 25 M zunehmen = (-) - (-) - (273) 277 (289) 293 (293) 297 M auf der Nadel (in den Größen Mon 18, Ja (2) 4 (6) zun, indem 1 M re aus dem vorderen und 1 M re aus dem hinteren Maschenglied gestrickt wird).

Der nächste Abschnitt wird NICHT in den Größen Mon (0-1) 3 (6) 12 (18), Ja 2 (4) 6 gestrickt:
4 R glatt re und 1 R re in der Rückreihe stricken.
1 R re stricken und dabei (-) - (-) - (-) - (-) - (20) 30 M zun = (-) - (-) - (-) - (-) - (313) 327 M (zun, indem 1 M re aus dem vorderen und 1 M re aus dem hinteren Maschenglied gestrickt wird).

NUR Größen Mon 0-1 und (3):
1 (3) R glatt re stricken. 1 weitere R glatt re stricken und dabei gleichmäßig verteilt 10 (38) M zun = 193 (223) M.
Alle Größen: (3) 3 (3) 5 (3) 5 (7) 9 (3) 7 R glatt re stricken.

In der nächsten R wie folgt für Ärmel und Rumpf abteilen: (27) 32 (35) 35 (39) 40 (41) 42 (45) 48 M re stricken, (42) 48 (50) 52 (58) 58 (62) 62 (66) 68 M auf eine Hilfsnadel setzen, 5 M (unter dem Arm) anschlagen, (55) 63 (67) 68 (79) 81 (83) 85 (91) 95 M re stricken, (42) 48 (50) 52 (58) 58 (62) 62 (66) 68 M auf eine Hilfsnadel setzen, 5 M (unter dem Arm) anschlagen, (27) 32 (35) 35 (39) 40 (41) 42 (45) 48 M re stricken.

Glatt re stricken, bis die Arbeit (22) 24 (26) 28 (30) 34 (38) 42 (46) 50 cm misst.
In der nächsten Hinreihe eine Reihe Lochmuster für die Umschlagkante stricken: *2 M re zus, 1 U*, *-* wdh, bis (1) 1 (1) 0 (1) 1 (1) 1 (1) 1 M übrigbleibt, (1) 1 (1) 0 (1) 1 (1) 1 (1) 1 M re stricken.
6 Reihen re stricken und in der letzten Reihe abketten.

ÄRMEL

3 M unter dem Arm aufn (dabei in der Mitte der 5 M beginnen, die Sie am Rumpfteil angeschlagen haben). Die (42) 48 (50) 52 (58) 58 (62) 62 (66) 68 M auf der Hilfsnadel einstricken und am Ende 2 M aufn.

TIPP

Wenn es Ihnen schwerfällt, M aufzunehmen, können Sie M auf der Nadel anschlagen und die Öffnung am Ende mit M-Stichen zusammennähen (siehe S. 22).

Die Ärmel werden in Runden gestrickt. Die erste M ist eine MM und wird über den gesamten Ärmel li gestrickt.

Nach 2 cm wie folgt abnehmen: Die erste M li stricken (Markiermasche), 2 M re zus stricken, re stricken, bis nur noch 2 M übrig sind, 1 M lose abheben, 1 M re stricken, die lose M über diese letzte Masche heben.

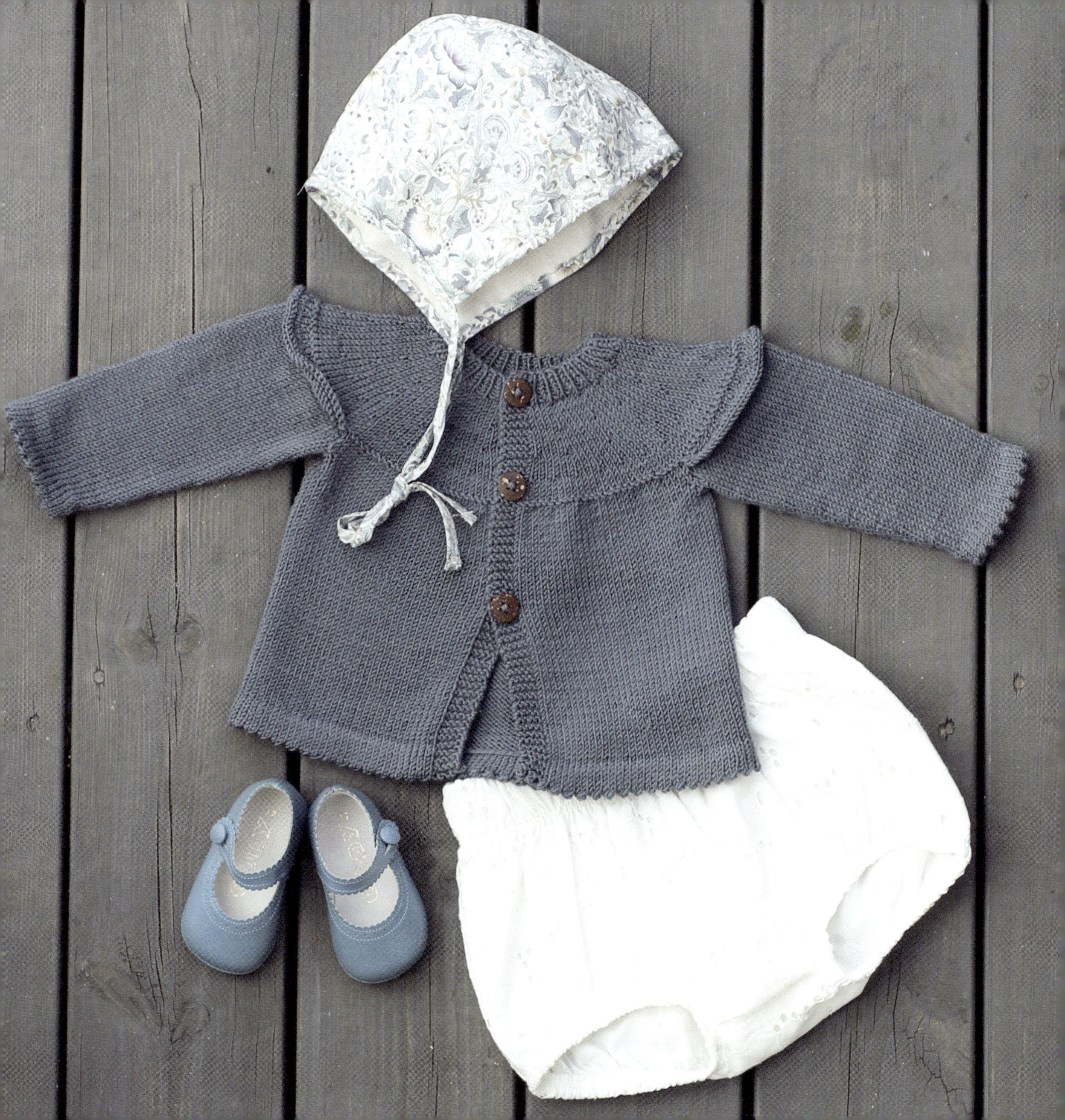

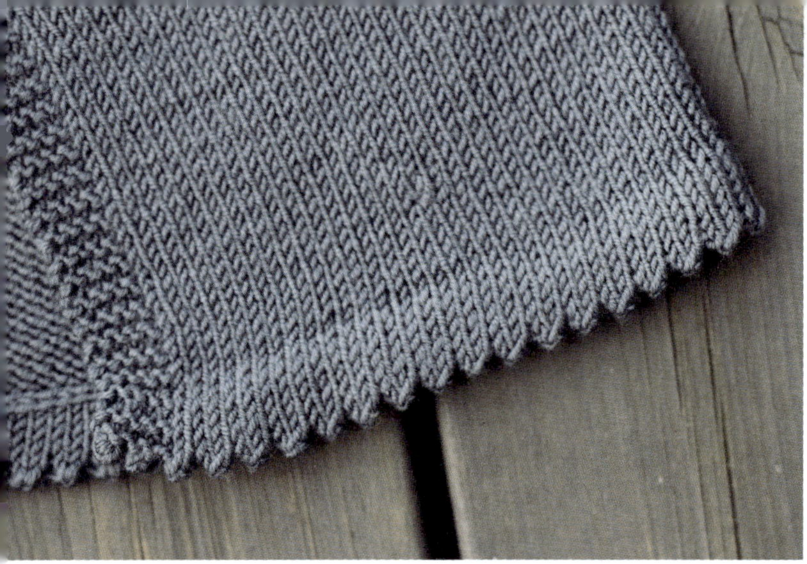

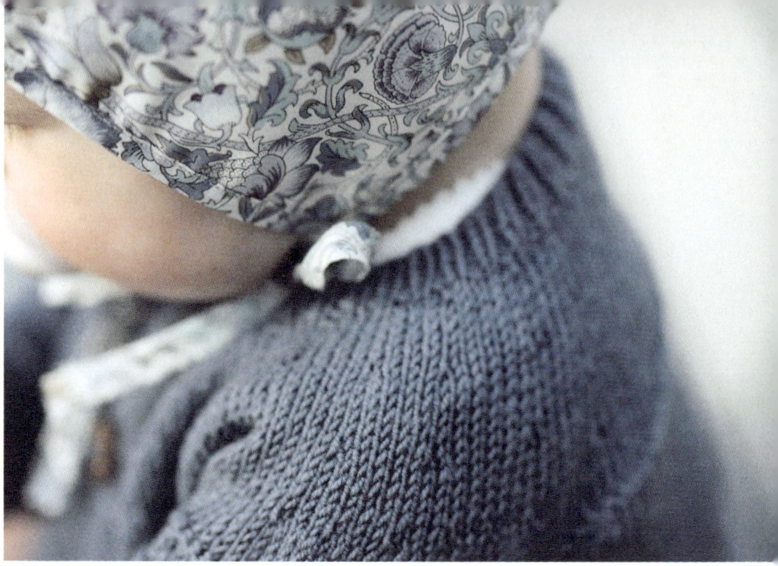

Die Abnahme alle (3,5) 2 (2) 2,5 (2) 2,5 (2,5) 3 (3) 3 cm wiederholen, bis Sie (41) 41 (41) 43 (43) 45 (47) 49 (51) 51 M auf der Nadel haben, und stricken, bis der Ärmel (12) 14 (16) 18 (20) 23 (26) 29 (33) 36 cm lang ist. Zu NS 2,5 wechseln, 1 Rd re stricken und die MM dabei abnehmen.

5 Rd re stricken.
Nächste Rd (Umschlagkante mit Lochmuster): *2 M re zus, 1 U*, *-* über die gesamte Rd wdh.
6 Rd re stricken und in der letzten Rd abketten.

RÜSCHEN:
Für die Rüschen Maschen unterhalb der links gestrickten Rd, aber auf der Hinreihe, aufnehmen.

Größen Mon (0-1) 3 (6) 12 (18), Ja 2:
(31) 33 (35) 35 (37) 39 M mit NS 2,5 aufnehmen. 1 R re (Hinreihe) und 1 R li stricken
Nächste R: (3) 4 (5) 5 (6) 7 M re stricken, 1 M zun, *2 M re, 1 M zun*, *-* wdh, bis (2) 3 (4) 4 (5) 6 M übrigbleiben, (1) 2 (3) 3 (4) 5 M re stricken, wenden.
Nächste R: Die 1. M lose abh, li stricken, bis 1 M übrig ist, wenden.
Nächste R: 1 M lose abh, (3) 4 (5) 5 (6) 7 M re stricken, 1 M zun, *6 M re, 1 M zun*, *-* 6 Mal wdh, dann re stricken.
1 R re stricken.

Zu NS 3 wechseln, 1 R re stricken, dabei lose abketten.

Größen Ja (4) 6 (8) 10:
(43) 45 (47) 49 M mit NS 2,5 aufnehmen. 1 R re (Hinreihe) und 1 R li stricken.
Nächste R: 1. M lose abh, (4) 5 (5) 6 M re stricken, 1 M zun, *2 M re, 1 M zun*, *-* wdh, bis (2) 3 (4) 4 M übrig sind, (1) 2 (3) 3 M re stricken, wenden.
Nächste R: Die 1. M lose abh, li stricken, bis 1 M übrig ist, wenden.
Nächste R: Die 1. M lose abh, (4) 5 (5) 6 M re stricken, 1 M zun, *3 M re, 1 M zun*, *-* wdh, bis (3) 4 (5) 5 M übrig sind, (1) 2 (3) 3 M re stricken, wenden.
Nächste R: Die 1. M lose abh, li stricken, bis 2 M übrig sind, wenden.
Nächste R: 1 M lose abheben, (5) 5 (6) 7 M re stricken, 1 M zun, *6 M re, 1 M zun*, *-* 6 Mal wdh, den Rest re stricken.
1 R re stricken. Zu NS 3 wechseln, 1 R re stricken, dabei lose abketten.

Die Umschlagkante unten am Rumpfteil und an den Ärmeln einschlagen und an der Innenseite festnähen.
Alle Fäden vernähen und 3 Knöpfe annähen.
Das Kleidungsstück vorsichtig dampfen oder feucht spannen und trocknen lassen.

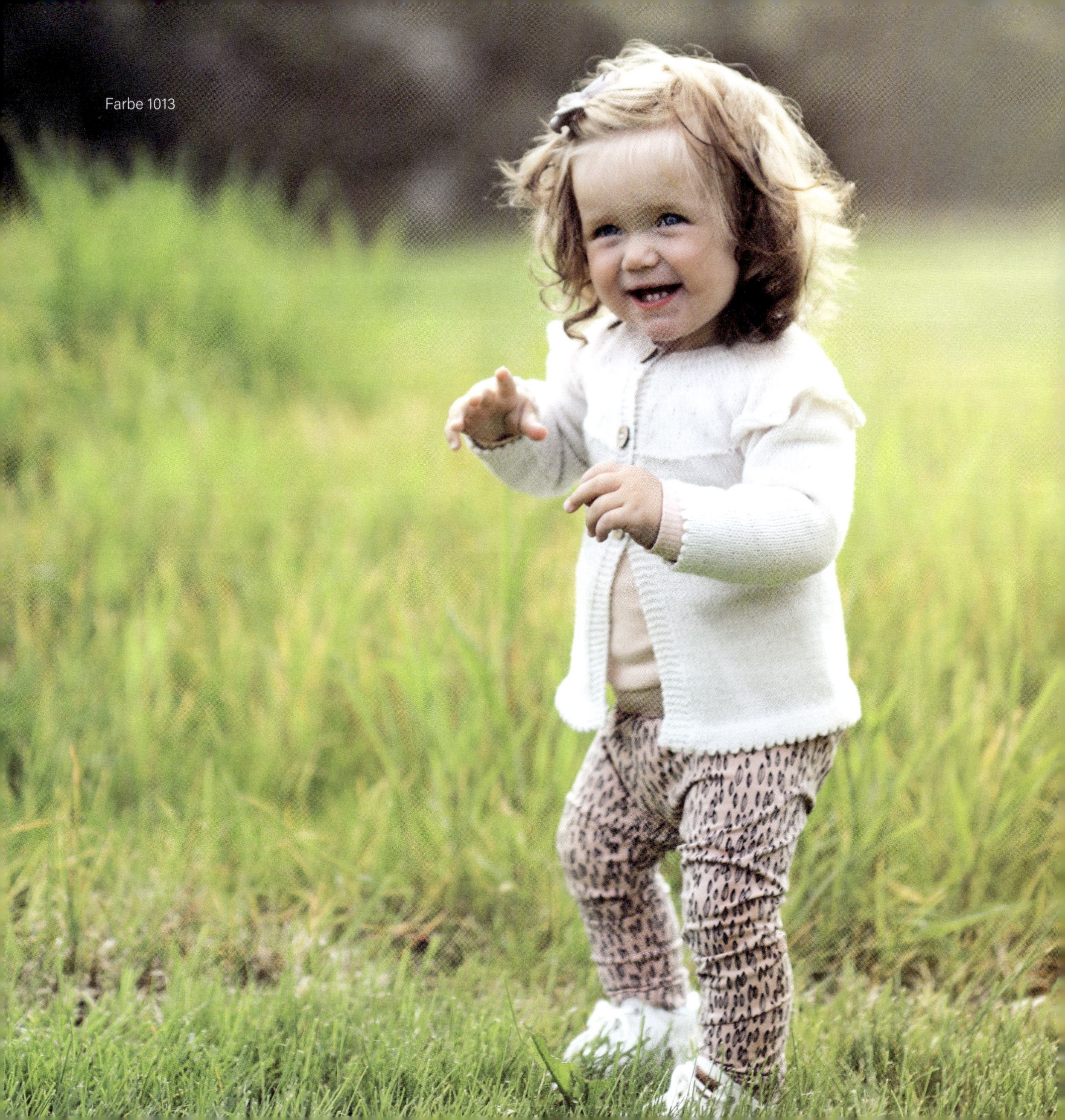

Farbe 1013

T-Shirt Theodor

Ein cooles T-Shirt im Streifenmuster mit Knöpfen.

GRÖSSE Mon 6 (9) 12 (18), Ja 2 (4) 6 (8) 10
GARN Klompelompe Tynn Merinoull, Farbe A: 1013, Farbe B: 6061 (175m / 50g)
GARNMENGE Farbe A: 50 (50) 100 (100) 100 (100) 100 (100) 150 g
Farbe B: 50 (50) 50 (100) 100 (100) 100 (100) 100 g
NADELN Rundstricknadeln NS 2,5 und 3, jeweils 40 cm und 60 cm, Nadelspiele NS 2,5 und 3, eoptional: Rundstricknadel (80 cm) in gleicher Stärke für Magic Loop
MASCHENPROBE 27 re M mit NS 3 = 10 cm
MASSE *Brustumfang:* ca. 49,5 (51) 54 (55,5) 59 (62) 67,5 (75) 78 cm
Länge: ca. 32 (34) 36,5 (39) 41 (43,5) 49 (54) 56 cm

Die Arbeit wird von unten in Runden gestrickt.
134 (138) 146 (150) 160 (168) 182 (202) 210 M mit NS 2,5 in Farbe A anschlagen. Dann 2,5 (2,5) 3 (3) 3 (3) 3 (3,5) 3,5 cm im Rippenmuster stricken (1 M re, 1 M li).

Zu NS 3 und Farbe B wechseln, ab jetzt Streifenmuster stricken: 4 Rd Farbe B, 4 Rd Farbe A.
Streifen stricken, bis die Arbeit 19 (21) 23 (25) 26 (28) 32 (35) 38 cm misst und noch 1 Rd von einem Streifen übrig ist. In der nächsten Rd (letzte Rd des Streifens) auf beiden Seiten mittig für Ärmelansatz jeweils 8 M abk. Die Arbeit stilllegen und die Ärmeln stricken.

ÄRMEL
48 (48) 50 (50) 52 (54) 64 (66) 70 M mit NS 2,5 in Farbe A anschlagen. 2 cm glatt re, dann 1 Rd li stricken (Umschlagkante).
Mit den Streifen beginnen: 2,5 (3) 3 (3,5) 3,5 (4) 5 (5) 5,5 cm von der Oberkante des Rumpfteiles abmessen. Dort ist die Farbe, mit der Sie nach der Umschlagkante am Ärmel beginnen müssen, damit Sie am Ärmel und Rumpfteil mit den gleichen Streifen abschließen.
Zu NS 3 wechseln und Streifen stricken, bis der Ärmel ab dem Wechsel der NS 2,5 (3) 3 (3,5) 3,5 (4) 5 (5) 5,5 cm misst. In der letzten Rd mittig unter dem Arm 8 M abketten = 40 (40) 42 (42) 44 (46) 56 (58) 62 M.
Den zweiten Ärmel genauso arbeiten.

Ärmel und Rumpfteil in der nächsten Runde zusammenstricken, in allen Übergängen MM setzen. Die Rd beginnt vor dem rechten Arm.
Weiter im Streifenmuster 2 Rd re stricken. In der nächsten Rd für Raglan wie folgt abn: *2 M re, 1 M lose abheben,

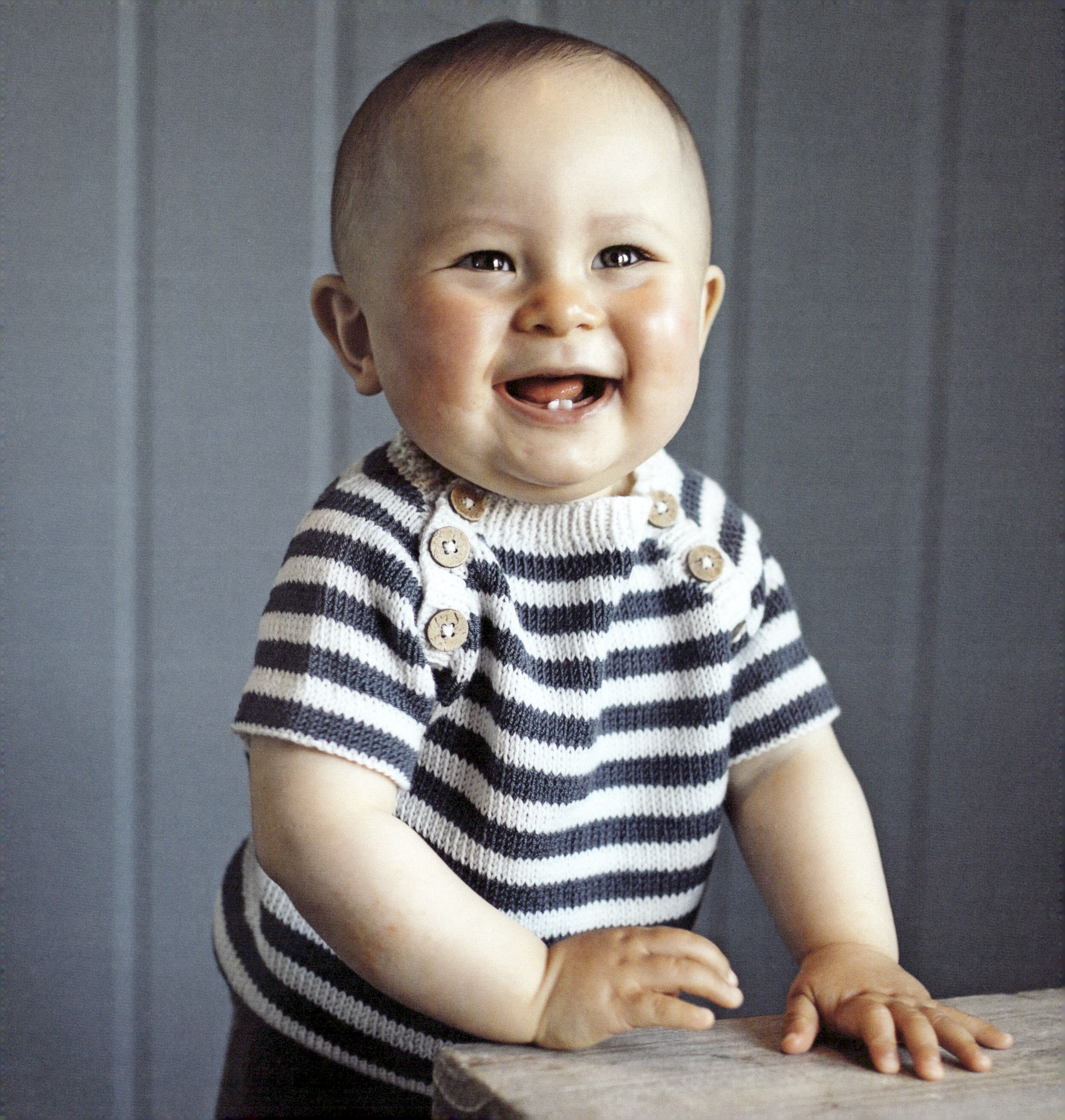

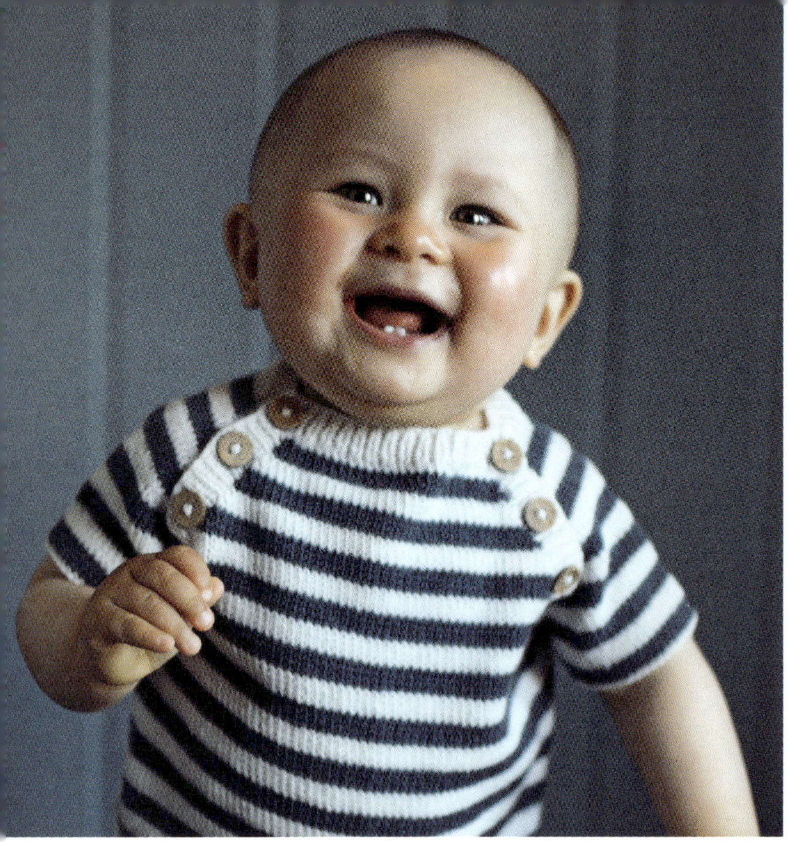

1 M re, die lose M überheben, bis 4 M vor der nächsten MM stricken, 2 M re zus, 2 M re*. *-* über die gesamte Rd wdh = 8 M abgenommen.
Die Abnahme alle 2 Rd wiederholen. In der 4. Rd, in der Sie für Raglan abnehmen, die 4 M an den beiden Raglan-MM vorn abketten, und das Vorderteil weiter separat in Reihen stricken (Rückenteil und Ärmel stilllegen).

VORDERTEIL (IMMER NOCH IM STREIFENMUSTER):
1. Reihe (= Rückreihe): Alle M li stricken.
2. Reihe (= Hinreihe): Alle M re stricken und wie folgt abn: 1 M lose abh, 1 M re, die lose M überheben, re stricken, bis 2 M übrig sind, 2 re M zus.
Diese beiden R wdh, bis Sie 11 (11) 12 (13) 14 (15) 17 (21) 23 Mal abgen haben (= einschl. der vorherigen Abnahmen, bevor das Vorderteil abgetrennt wurde, insgesamt 15 (15) 16 (17) 18 (19) 21 (25) 27 Mal). Die Maschen auf eine Hilfsnadel setzen.
Farbe A verwenden. Für die Knopfleiste mit NS 2,5 an der Seite Maschen aus der Hinreihe aufnehmen. 6 Reihen Rippenmuster stricken (1 M re, 1 M li). In der 2. Reihe 2 (2) 2 (2) 2 (3) 3 (3) 3 Knopflöcher arbeiten, indem an zwei Stellen 2 M abgekettet werden (das dritte Knopfloch sitzt im Halsbündchen. Sie können die Abstände so wählen, wie Sie Ihnen sinnvoll erscheinen). In der nächsten Reihe die 2 abgeketteten M wieder aufschlingen.
Abketten und alle Schritte auf der anderen Seite wdh.
Für das Halsbündchen Farbe A verwenden. Mit NS. 2,5 am Ende der einen Knopfleiste 5 M aufnehmen, die Maschen auf der Hilfsnadel re stricken und am Ende der anderen Knopfleiste 5 M aufnehmen.
6 Reihen Rippenmuster stricken. In der 2. Reihe auf beiden Seiten jeweils 1 Knopfloch wie folgt arbeiten:
3 M Rippenmuster, 2 M abk, Rippenmuster, bis noch 5 M übrig sind, 2 M abk, 3 Maschen Rippenmuster. In der nächsten R dort, wo Sie abgekettet haben, 2 neue M aufschlingen.

RÜCKENTEIL (mit Ärmelmaschen)
Streifenmuster in Reihen stricken (die erste R ist eine Rückreihe). Dabei in jeder Hinreihe auf beiden Seiten wie oben beschrieben weiter für Raglan abnehmen. Wenn Sie 15 (15) 16 (17) 18 (19) 21 (25) 27 Mal abgenommen haben, die Maschen auf eine Hilfsnadel setzen.
Auf beiden Seiten Knopfleisten wie beim Vorderteil arbeiten, aber ohne Knopflöcher. Auch das Halsbündchen wie beim Vorderteil, aber ohne Knopflöcher, stricken.
Die Fäden vernähen, das Loch unter den Ärmeln schließen, die Knopfleisten unten fixieren und Knöpfe annähen. Das T-Shirt vorsichtig dampfen oder feucht spannen und trocknen lassen.

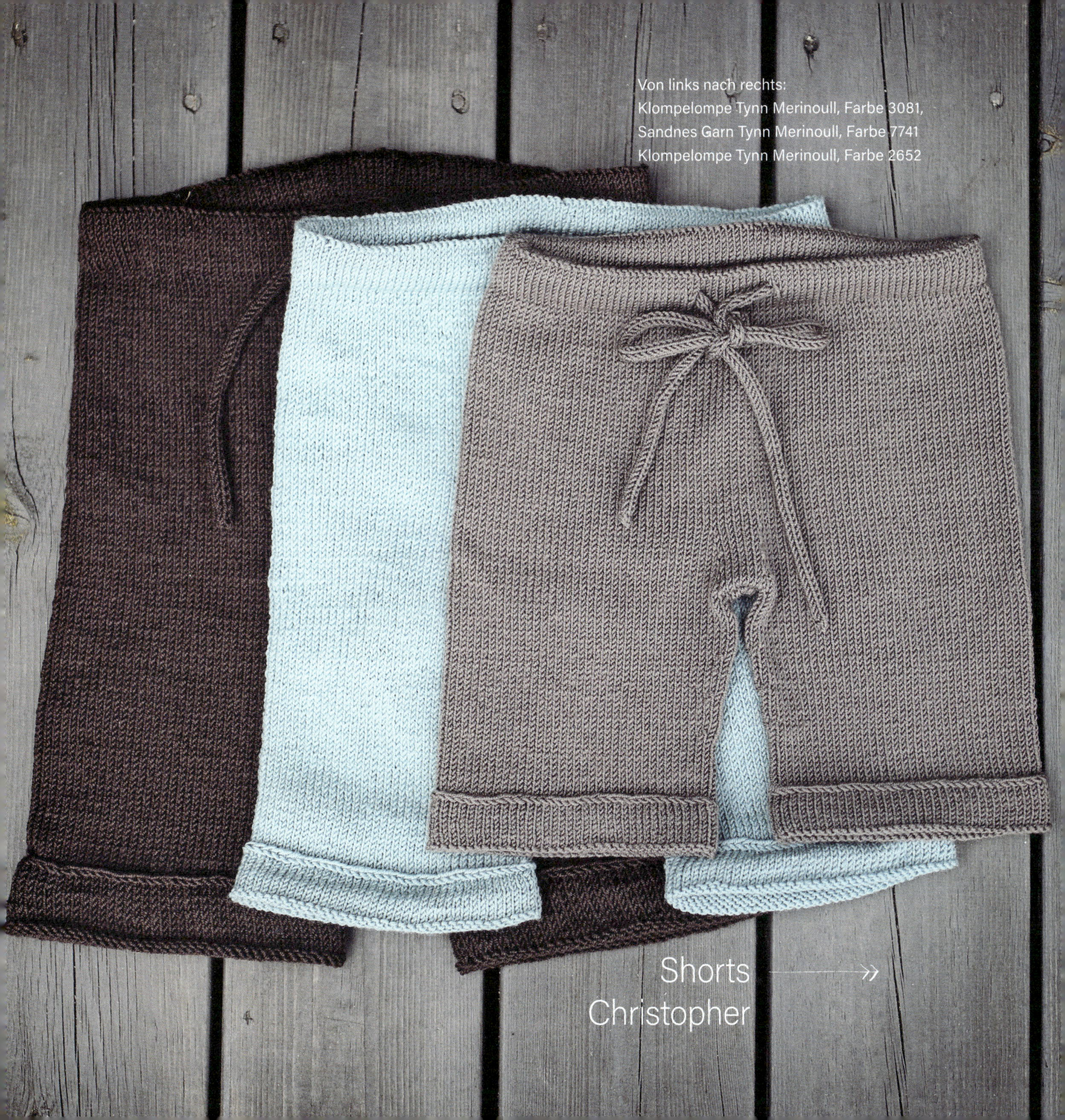
Von links nach rechts:
Klompelompe Tynn Merinoull, Farbe 3081,
Sandnes Garn Tynn Merinoull, Farbe 7741
Klompelompe Tynn Merinoull, Farbe 2652
Shorts
Christopher

Shorts Christopher

Eine schöne Hose, die zu allem passt

GRÖSSE Ja 1 (2) 4 (6) 8 (10)
GARN Klompelompe Tynn Merinoull, Farbe 2652 (175m / 50g)
GARNMENGE 100 (150) 150 (200) 250 (250) g
NADELN Rundstricknadeln NS 2,5 und 3, jeweils 40 cm, Nadelspiel NS 3, optional: Rundstricknadel (80 cm) in gleicher Stärke für Magic Loop
MASCHENPROBE 27 re M mit NS 3 = 10 cm
MASSE *Bundweite:* ca. 55,5 (57) 59 (62) 63,5 (63,5) cm
Länge: ca 30 (34) 38 (41) 44 (47) cm

Die Arbeit wird von oben in Runden gestrickt.
150 (154) 160 (168) 172 (172) mit NS 2,5 anschlagen.
10 Rd re, 1 Rd li, 4 Rd re stricken.
In der nächsten Rd 2 Löcher vorn wie folgt arbeiten:
68 (70) 73 (77) 79 (79) M re stricken, 2 M re zus, 1 U, 10 M re, 1 U, 1 M lose abh, 1 M re, die lose M überheben, 68 (70) 73 (77) 79 (79) M re stricken.
5 Rd re stricken.
Zu NS 3 wechseln, 1 Rd re stricken.

Das Hinterteil mit verkürzten Reihen länger stricken:
(Nach jedem Wenden arbeiten Sie einen Umschlag (U). Beim nächsten Mal, wenn Sie den U erreichen, den U und die nächste M re zus stricken).
10 M re stricken, wenden, 20 M li, wenden und bis 4 M über der Stelle, wo Sie zuletzt gewendet haben, re stricken. Wenden und bis 4 M über der Stelle, wo Sie zuletzt gewendet haben, li stricken. Fortsetzen, bis Sie auf jeder Seite 4 (5) 5 (6) 6 (6) Mal gewendet haben. Bis zum Beginn der Rd re stricken.

Weiter glatt re stricken und auf beiden Seiten der 6 mittleren M vorn und hinten einen MM setzen.
Stricken, bis die Arbeit ab dem Wechsel der NS vorne 10 (12) 14 (16) 18 (19) cm misst.
Auf beiden Seiten der MM vorn und hinten jeweils 1 M re verschränkt aus dem Querfaden zun. Dies alle 3 Rd wiederh, insgesamt 5 Mal = 20 M zugen.
Die mittleren 6 Maschen zwischen den MM hinten und vorn in der nächsten Rd abk. Dann jedes Bein einzeln stricken = 79 (81) 84 (88) 90 (90) M für jedes Bein.

BEINE
Die Beinmaschen auf ein Nadelspiel NS 3,5 setzen und rund stricken. Den Beginn der Runde markieren (oder

die erste M der Runde immer re stricken).
3 cm re stricken, danach wie folgt abn: 1 M re, 2 M re zus, stricken, bis 3 M übrig sind, 1 M lose abh, 1 M re, die lose M überh, 1 M re.
Die Abnahme alle 2 cm wdh, insgesamt 3 (3) 4 (4) 5 (5) Mal = 73 (75) 76 (80) 80 (80) M auf der Nadel.

Weiter glatt re stricken, bis die Hose ab der Rd, die Sie li gestrickt haben, 30 (34) 38 (41) 44 (47) cm misst.
10 Rd li stricken und in der letzten Rd abk. Diese 10 Rd. an der Hose nach oben umschlagen und festnähen. Das andere Bein genauso stricken.

Die 6 M im Schritt vorn und hinten mit M-Stichen zusammennähen (siehe S. 22). Die Umschlagkante nach unten umschlagen und auf der Rückseite festnähen (bevor Sie alles festnähen, vorher einen breiten Hosengummi einziehen).

Mittels iCord-Technik eine Schnur herstellen (ein Video dazu finden Sie auf der Webseite www.klompelompe.no, Video "ICord" auf Norwegisch).

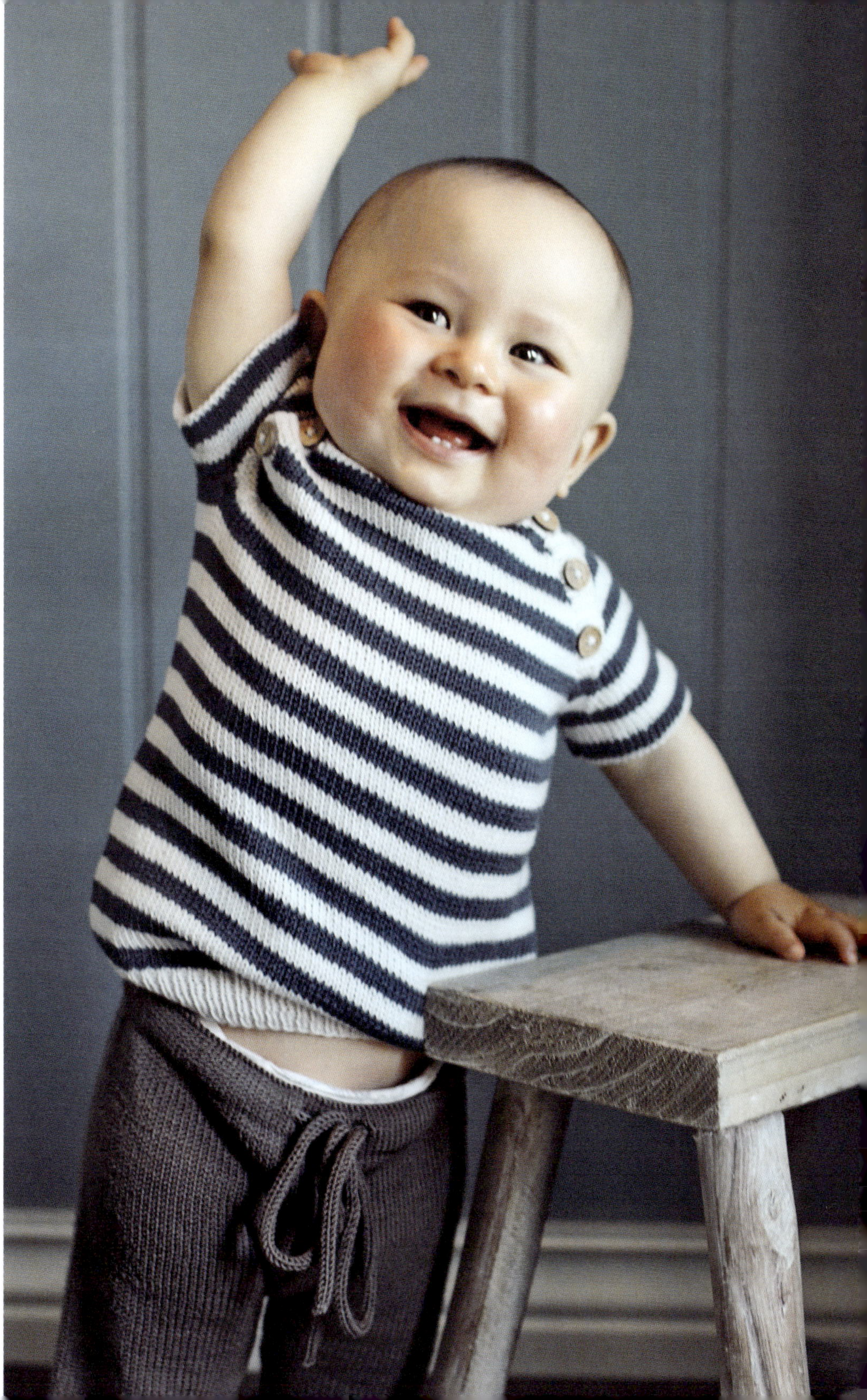

Strampler Bollerwagen

Dieser Strampler wird etwas anders gestrickt: Das krausrechte Muster verläuft senkrecht, das Oberteil wird erst am Ende angestrickt. Außerdem hat der Strampler als I-Tüpfelchen hübsche Rüschenflügel.

GRÖSSE Mon (0-2) 3 (6) 9 (12) 18 (24)
GARN Klompelompe Tynn Merinoull, Farbe 4331, (175m / 50g)
GARNMENGE (150) 150 (150) 200 (200) 200 (200) g
NADELN Rundstricknadel NS 2,5, 60 cm oder 80 cm, Rundstricknadel NS 3, 40 cm und 80 cm
MASCHENPROBE 27 re M mit NS 3 = 10 cm
MASSE
Brustumfang: ca. (44,5) 46,5 (48) 51 (53) 55,5 (57) cm
Länge: ca. (38,5) 41 (43) 47,5 (49,5) 51 (37,5) cm

TIPP
Wenn Sie Maschen aus einem kraus rechten Muster aufnehmen, müssen Sie beim Aufnehmen der Maschen beide Maschenschenkel aufnehmen.

Die Arbeit beginnt seitlich und wird in Reihen gestrickt. (48) 54 (56) 62 (68) 72 (76) M mit NS 3 anschlagen. Kraus re in Reihen stricken, bis die Arbeit (8) 10 (10) 12 (12) 13 (13) cm misst.

Im Weiteren in jeder Hinreihe wie folgt zun: re stricken, bis 1 M übrigbleibt, 1 M zun, 1 M re. Die Zunahme insgesamt (7) 7 (8) 8 (8) 8 (8) Mal wdh.

In der nächsten Hinreihe am Ende der Reihe 5 M aufschlingen. 4,5 cm kraus re stricken, in der nächsten Rückreihe die ersten 5 M abketten.
Im Weiteren in jeder Hinreihe wie folgt abn: re stricken, bis 3 M übrigbleiben, 2 M re zus, 1 M re. Die Abnahme insgesamt (7) 7 (8) 8 (8) 8 (8) Mal wdh.
Ohne weitere Abnahmen (10) 14 (14) 18 (18) 20 (20) cm kraus re stricken.

Im Weiteren in jeder Hinreihe wie folgt zun: re stricken, bis 1 M übrigbleibt, 1 M zun, 1 M re. Diese Zunahme insgesamt (24) 24 (25) 25 (25) 25 (25) Mal wdh.
Ohne weitere Zunahmen 4,5 cm kraus re stricken.

Im Weiteren in jeder Hinreihe wie folgt abn: re stricken, bis 3 M übrigbleiben, 2 M re zus, 1 M re. Diese Abnahme insgesamt (24) 24 (25) 25 (25) 25 (25) Mal wdh.
Ohne weitere Abnahmen (2) 4 (4) 6 (6) 7 (7) cm kraus re stricken und abketten. Die Enden zusammennähen.

BÜNDCHEN AM BEINAUSSCHNITT MIT NS 2,5
(96) 108 (108) 120 (120) 126 (126) M rund um den Beinausschnitt aufnehmen.
Nächste R: (22) 28 (28) 30 (30) 33 (33) M re stricken,

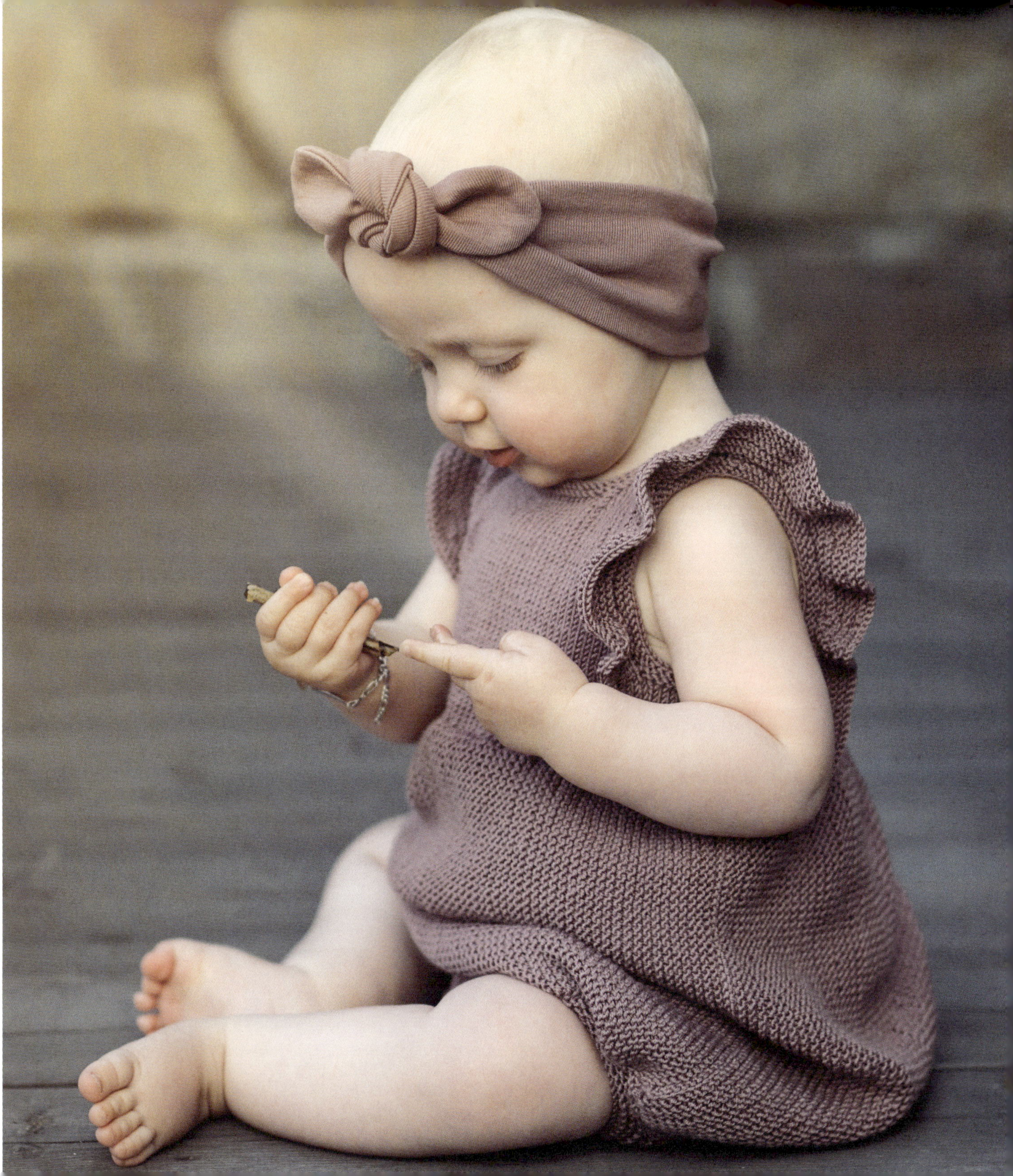

2 M re zus, *-* (26) 26 (26) 30 (30) 30 (30) Mal wdh, (22) 28 (28) 30 (30) 33 (33) M re stricken = (70) 82 (82) 90 (90) 96 (96) M auf der Nadel.
Nächste R: (15) 19 (19) 20 (20) 23 (23) M re stricken, *2 M re zus*, *-* (20) 22 (22) 25 (25) 25 (25) Mal wdh, (15) 19 (19) 20 (20) 23 (23) M re stricken.
3 Reihen re stricken und in der letzten Reihe abketten. Dasselbe für das andere Bein wiederholen.

KNOPFLEISTE UNTEN HINTEN MIT NS 2,5

Aus den Beinbündchen und dem Schritt Maschen aufnehmen (ca. 1 M aus jeder M, aber jede 4 M überspringen). 7 Reihen kraus re stricken und abketten.

KNOPFLEISTE UNTEN VORNE MIT NS 2,5

Aus den Beinbündchen und dem Schritt Maschen aufnehmen (ca. 1 M aus jeder M, aber jede 4 M überspringen). 7 Reihen kraus re stricken und abketten. Dabei in der 2. Reihe gleichmäßig verteilt 4 Knopflöcher arbeiten: Jeweils 2 M dafür abketten, die in der nächsten Reihe wieder aufgeschlungen werden.

OBERTEIL

Hinten in der Mitte am oberen Rand mit NS 3 Maschen aufnehmen (ca. 1 M alle 2 M). 1 Rd re stricken und mit gleichmäßigen Zunahmen die Maschenanzahl auf (120) 126 (130) 138 (144) 150 (154) erhöhen.
2 cm glatt re in Runden stricken (alle Rd re), dann für das Arbeiten der hinteren Ausschnittöffnung auf glatt re in Reihen wechseln (abwechselnd 1 R re und 1 R li). Fortsetzen, bis die Arbeit (3) 3,5 (3,5) 4 (4,5) 5 (5,5) cm ab der Stelle misst, an der Sie die M aufgenommen haben.

Nächste R: (23) 24 (25) 25 (27) 28 (29) re stricken (linkes Rückenteil), (14) 15 (15) 18 (18) 18 (18) M re auf eine Hilfsnadel stricken (Ärmelöffnung), (46) 48 (50) 52 (54) 58 (60) M re stricken (Vorderteil), (14) 15 (15) 18 (18) 18 (18) M re auf eine Hilfsnadel stricken (Ärmelöffnung), (23) 24 (25) 25 (27) 28 (29) M re stricken (rechtes Rückenteil).

RECHTES RÜCKENTEIL

Die erste R wird als Rückreihe gestrickt. 1 Reihe li.

Nächste R: 1 M re, 2 M re zus, den Rest der R re stricken. Diese beiden Reihen insgesamt (3) 3 (4) 4 (4) 4 (4) Mal wdh = (20) 21 (21) 21 (23) 24 (25) M auf der Nadel.
Danach glatt re in Reihen stricken, bis die Arbeit (11) 12 (13) 14 (14,5) 15 (16) cm ab der Stelle misst, an der Sie die M aufgenommen haben. In der nächsten R (Rückreihe) die ersten (8) 9 (9) 9 (10) 10 (10) M li auf eine Hilfsnadel stricken. Die (12) 12 (12) 12 (13) 14 (15) restlichen M ebenfalls li stricken (= Träger).
Nächste R (nur Träger): re stricken, bis noch 3 M übrigbleiben, 2 M re zus stricken, 1 M re. In der nächsten Reihe alle M li stricken.
Diese beiden Reihen insgesamt 4 Mal wdh, dann in der nächsten Reihe abketten.

LINKES RÜCKENTEIL

Die erste Reihe wird als Rückreihe gestrickt. 1 Reihe li.
Nächste R: re stricken, bis 3 M übrigbleiben, 1 M lose abheben, 1 M re, die lose M überheben, 1 M re.
Diese beiden Reihen insgesamt (3) 3 (4) 4 (4) 4 (4) Mal wdh. = (20) 21 (21) 21 (23) 24 (25) M auf der Nadel.
Danach glatt re in Reihen stricken, bis die Arbeit (11) 12 (13) 14 (14,5) 15 (16) cm ab der Stelle misst, an der Sie die M aufgenommen haben.
In der nächsten Reihe (Rückreihe) die ersten (8) 9 (9) 9 (10) 10 (10) M li auf eine Hilfsnadel stricken. Den Faden abschneiden und die (12) 12 (12) 12 (13) 14 (15) restlichen M ebenfalls li stricken (= Träger).
Nächste R (nur Träger): 1 M re, 2 M re zus, den Rest der R re stricken. In der nächsten R alle M li stricken.
Diese beiden Reihen insgesamt 4 Mal wdh, dann in der nächsten Reihe abketten.

VORDERTEIL

Die erste R wird als Rückreihe gestrickt. 1 Reihe li.
Nächste R: 1 M re, 2 M re zus, dann re stricken, bis 3 M

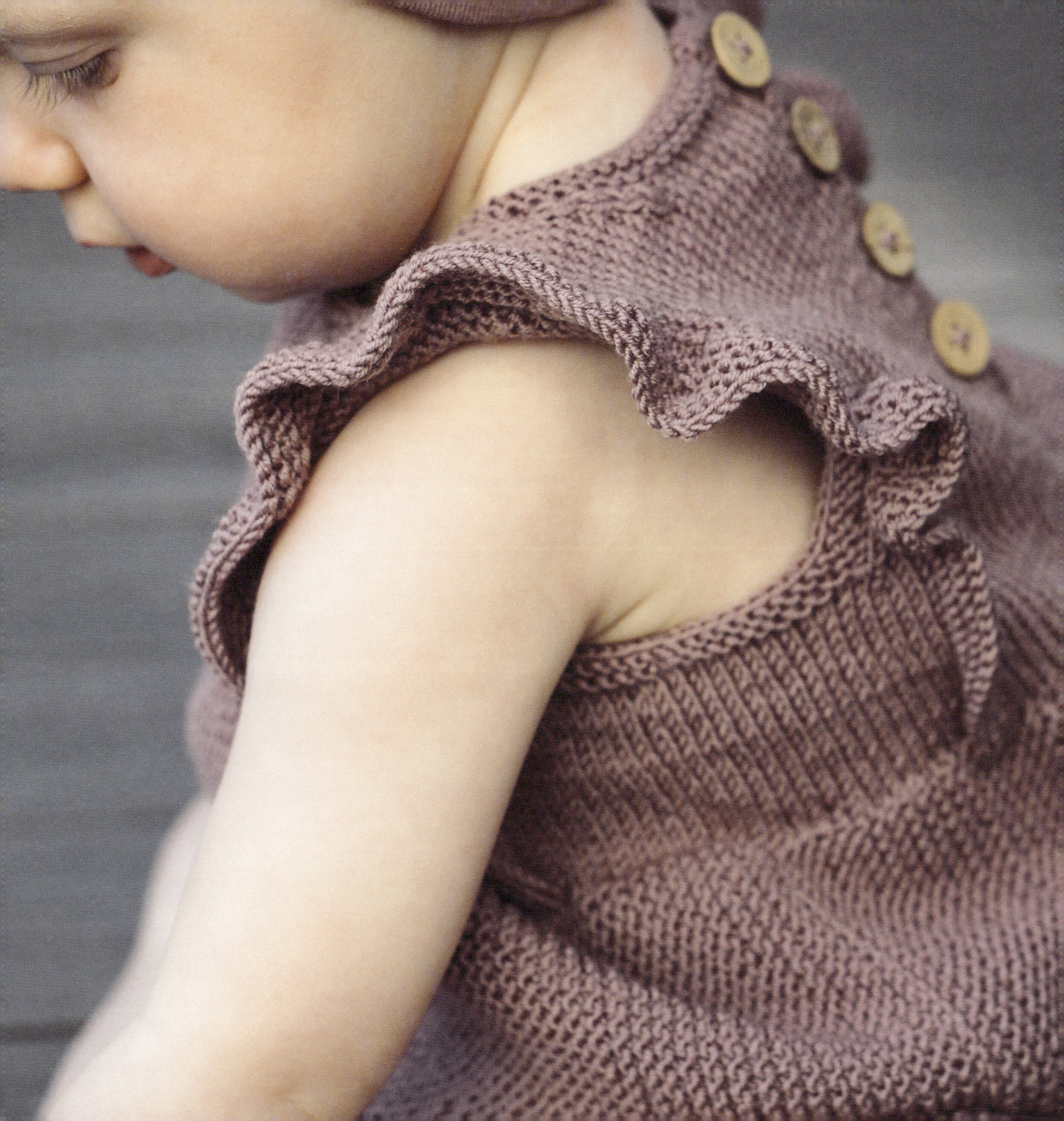

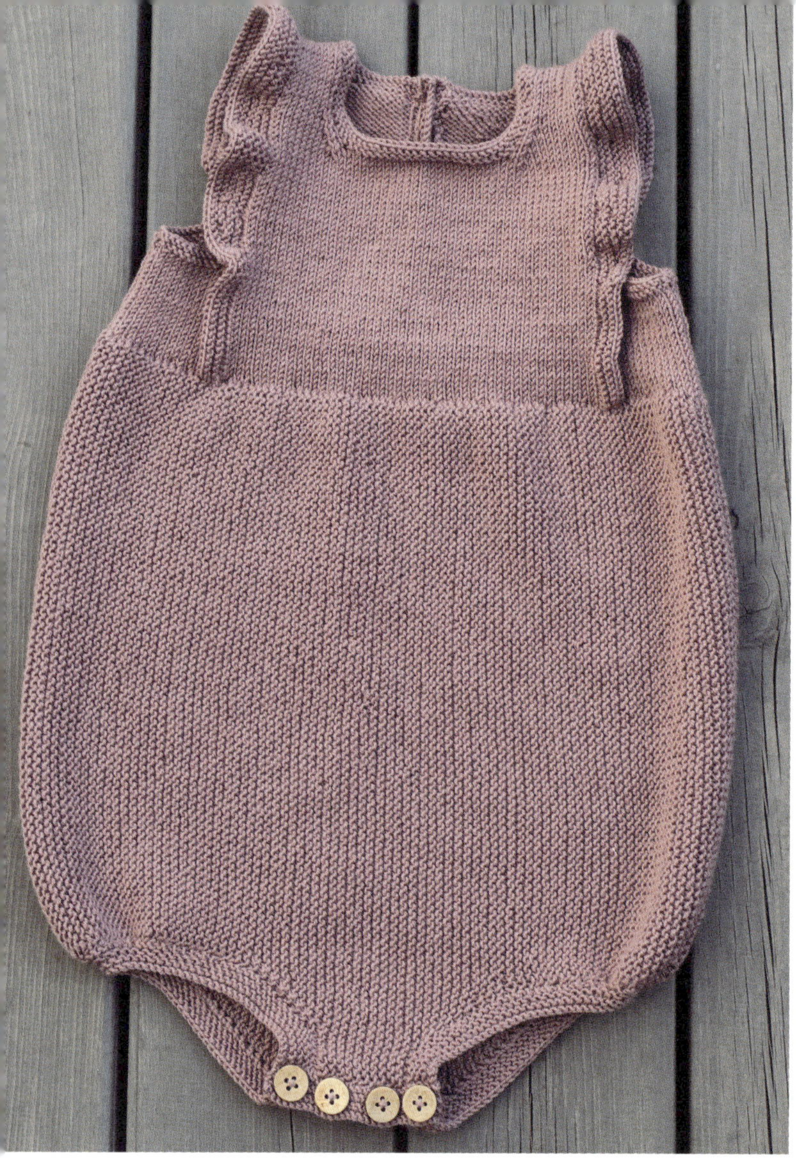

übrigbleiben, 1 M lose abheben, 1 M re, die lose M überheben, 1 M re.
Diese beiden Reihen insgesamt 4 Mal wdh.
Ohne Abnahmen glatt re stricken, bis die Arbeit (8,5) 9 (10) 10,5 (11) 11,5 (12) cm ab der Stelle misst, an der Sie die Maschen aufgenommen haben.
In der nächsten Rückreihe die ersten (26) 28 (30) 32 (33) 36 (37) m li auf eine Hilfsnadel stricken und die letzten (12) 12 (12) 12 (13) 14 (15) M für den linken Träger li stricken.

Nächste R (nur die Trägermaschen): re stricken, bis 3 M übrigbleiben, 2 M re zus stricken, 1 M re.
In der nächsten R alle M li stricken.
Diese beiden Reihen insgesamt 4 Mal wdh.
(7) 9 (9) 11 (11) 11 (11) Reihen glatt re stricken und in der letzten Reihe abketten.

Dann die äußeren (12) 12 (12) 12 (13) 14 (15) auf der Hilfsnadel für den rechten Träger weiter stricken (von der rechten Seite aus):
1 M re stricken, 2 M re zus, den Rest der Reihe re stricken.
In der nächsten Reihe alle M li stricken.
Diese beiden Reihen insgesamt 4 Mal wdh.
(7) 9 (9) 11 (11) 11 (11) Reihen glatt re stricken und in der letzten Reihe abketten.

Die Schultern zusammennähen.

ARMBÜNDCHEN MIT NS 2,5

Die Rd in der Mitte der (14) 15 (15) 18 (18) 18 (18) M einer der "Ärmel-Hilfsnadeln" beginnen.
(7) 7 (7) 9 (9) 9 (9) M re stricken, Maschen rund um die Öffnung herum aufnehmen (1 M aus jeder M, aber jede 4. M überspringen) und zum Schluss (7) 7 (7) 9 (9) 9 (9) M re stricken. 1 Rd re in der Rückrunde stricken. 1 Rd re stricken und dabei abketten. Dasselbe für die andere Ärmelöffnung wiederholen.

HALSBÜNDCHEN MIT NS 2,5

Die Maschen von der Hilfsnadel des linken Rückenteils re stricken, M entlang der Schulter aufnehmen (1 M aus jeder M, aber jede 4. M überspringen), die M von der Hilfsnadel des Vorderteils re stricken, M entlang der anderen Schulter aufnehmen, die M von der Hilfsnadel des rechten Rückenteils re stricken. 3 Reihen kraus re stricken. 1 weitere Reihe re stricken und dabei abketten.

KNOPFLEISTE AM RÜCKENAUSSCHNITT

Die Knopfleiste in einem Stück von rechts nach links ar-

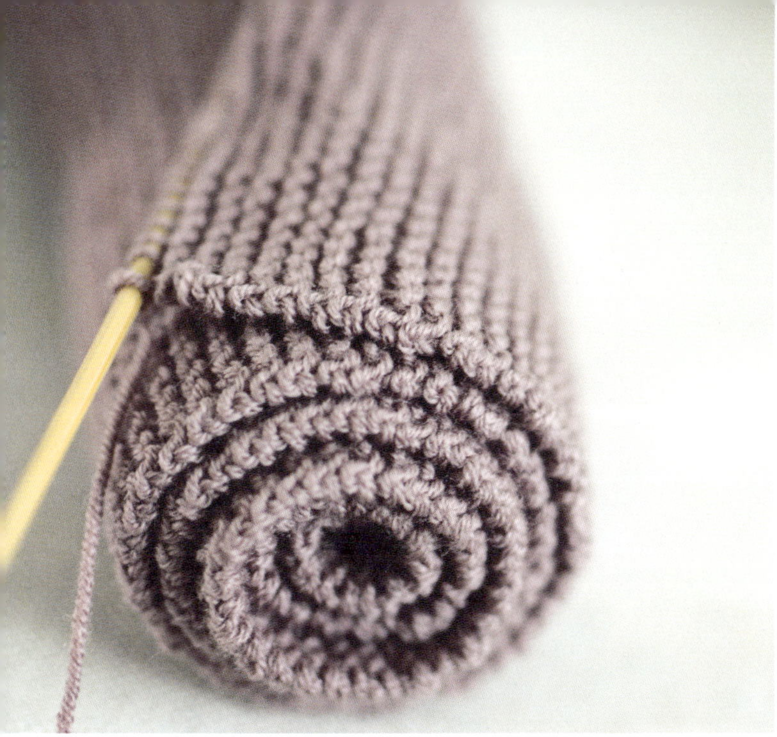

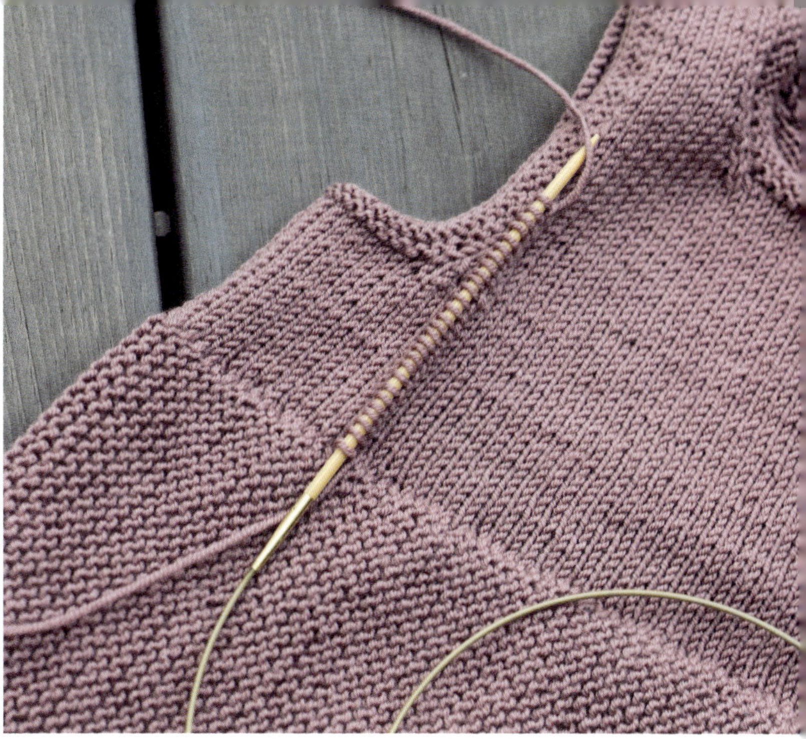

beiten. Entlang der kompletten Ausschnittöffnung dafür 1 M aus jeder M aufnehmen, aber jede 4. M überspringen. 1 R re stricken. 1 weitere R re stricken und dabei gleichmäßig verteilt auf der linken Seite (3) 3 (3) 4 (4) 4 (4) Knopflöcher arbeiten, indem jeweils 2 M abgekettet werden. Die nächste R re stricken und an den Stellen, an denen 2 M in der R zuvor abgekettet wurden, wieder 2 M aufschlingen. 1 R re stricken und dabei abketten.

FLÜGEL MIT NS 3

Anmerkung: Nach dem Wenden die erste M lose abheben und den Faden leicht festziehen.

Jetzt in einer Linie M vom Start des glatt rechten Muster vorne bis zum Ende des glatt rechten Musters hinten aufnehmen (siehe Foto). Für die linke Rüsche mit dem Aufnehmen an der Vorderseite beginnen, für den rechten Flügel auf der Rückseite.

Die M rund um die Armöffnung genau vom Rand des kraus rechten Musters aufnehmen.

2 Reihen re stricken. (14) 16 (16) 18 (20) 20 (20) M re stricken, dann weiter re und nach jeder 6. M 1 M re verschränkt aus dem Querfaden zun, bis (14) 16 (16) 18 (20) 20 (20) M übrigbleiben, wenden.

Re stricken, bis (14) 16 (16) 18 (20) 20 (20) M übrigbleiben, wenden.

Re stricken bis 5 M vor der Stelle, an der Sie zuletzt gewendet haben, wenden.

Wieder re stricken bis 5 M vor der Stelle, an der Sie zuletzt gewendet haben, wenden.

Re stricken und nach jeder 7. M 1 M zunehmen (bis 5 M vor der Stelle, an der Sie zuletzt gewendet haben), wenden.

Re stricken bis 5 M vor der Stelle, an der Sie zuletzt gewendet haben, wenden, bis ans Ende der Reihe re stricken.

2 R re stricken und in der 2. Reihe dabei abketten.

Die Enden der Rüschen am Strampler festnähen.

Alle Fäden vernähen, Knöpfe annähen, dann das Kleidungsstück feucht spannen und trocknen lassen.

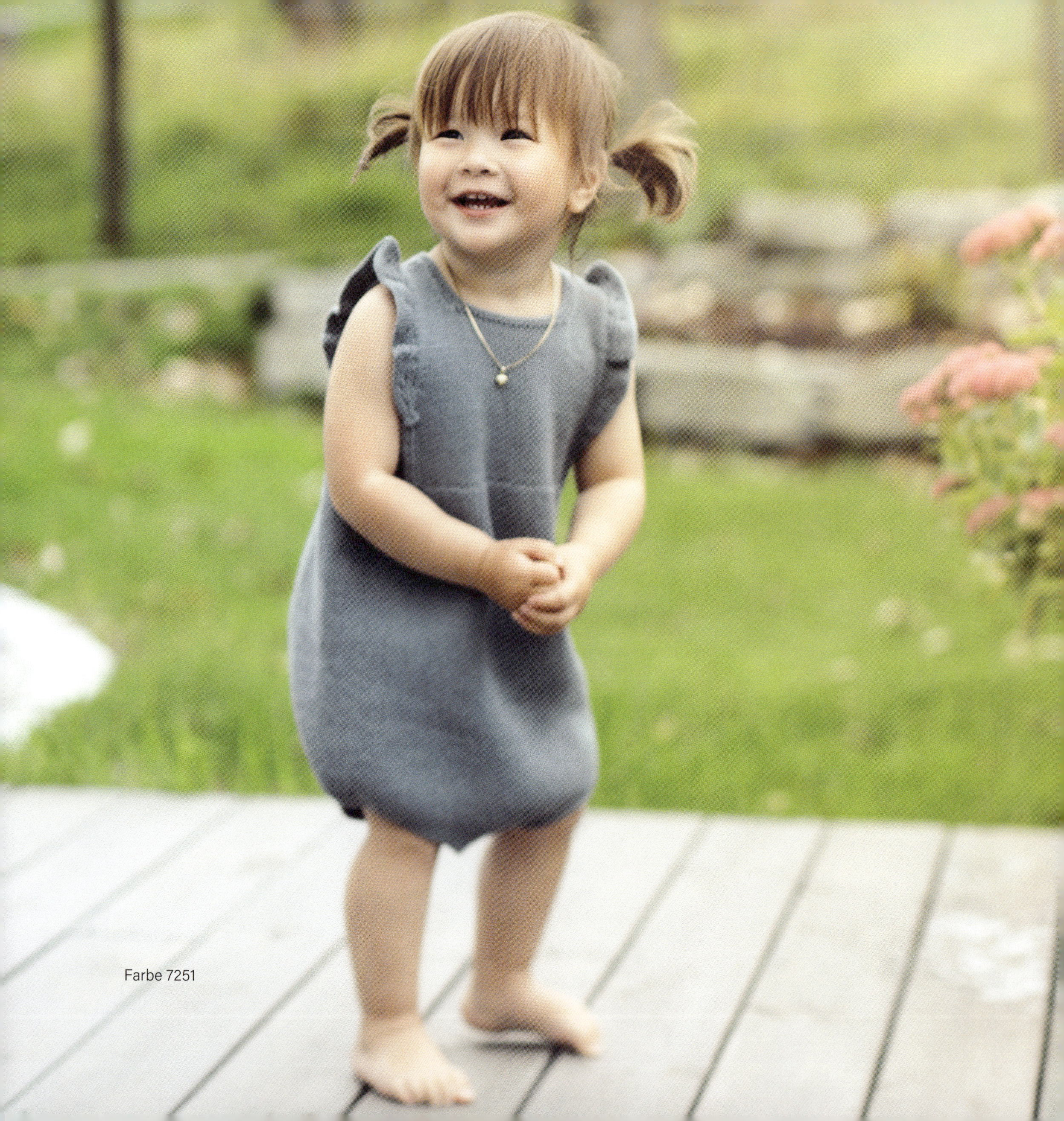

Farbe 7251

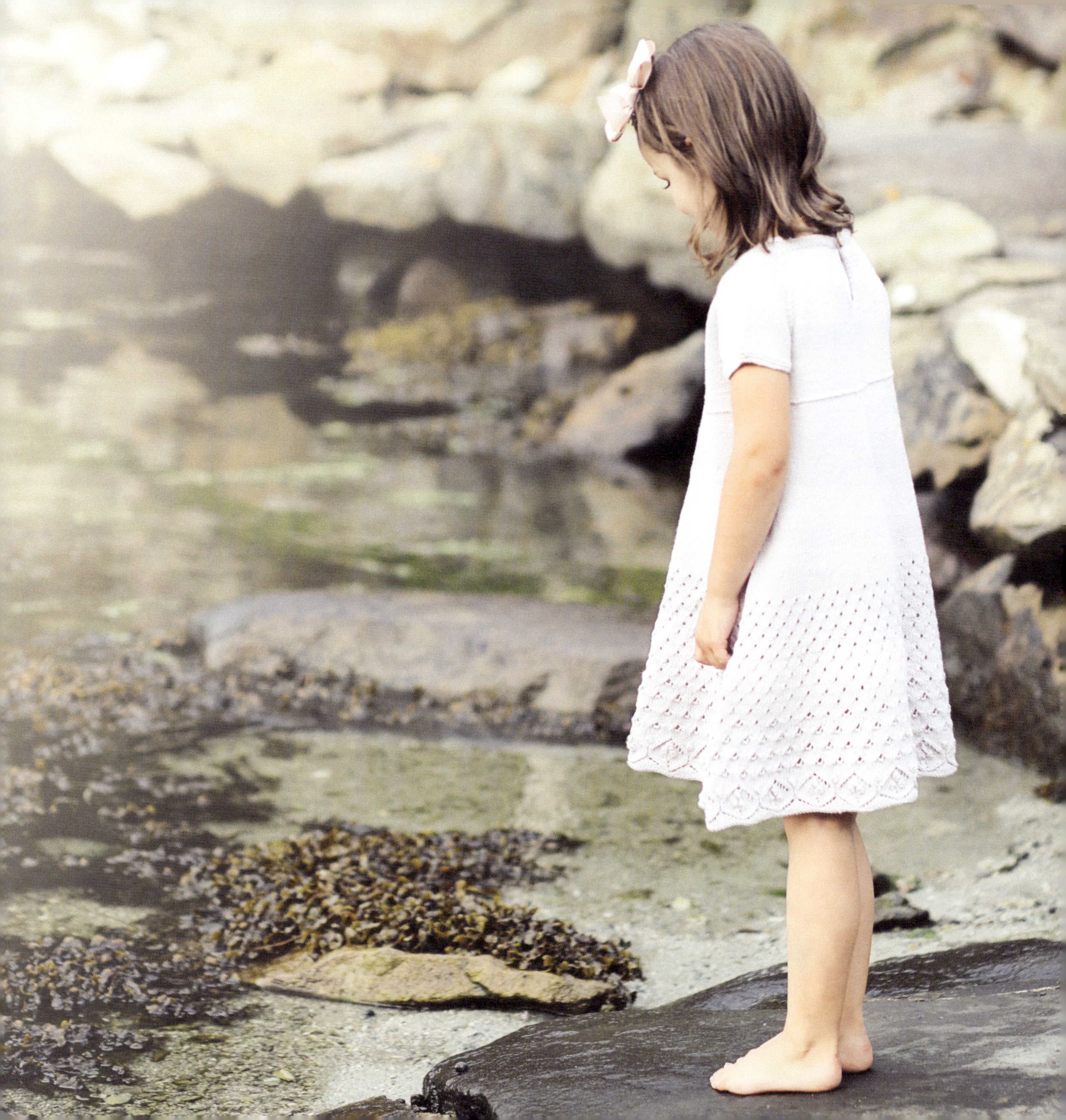

Sommerkleid Tilda

Unser Lieblingskleid! Dünnes Garn und ein fein gearbeitetes Lochmuster machen das Kleid besonders.

GRÖSSE Ja 2 (4) 6 (8) 10
GARN Klompelompe Tynn Merinoull, Farbe 1020 (175m / 50g)
GARNMENGE 150 (200) 250 (250) 300 g
NADELN Rundstricknadeln NS 2,5 und 3, jeweils 40 und 60 cm, Nadelspiele NS 2,5 und 3
MASCHENPROBE 27 re M mit NS 3 = 10 cm
MASSE *Brustumfang:* ca. 58 (64) 65 (66,5) 71 cm
Länge: ca. 47 (49) 55 (60) 63 cm

Die Arbeit beginnt oben und wird zu Beginn in Reihen gestrickt.
92 (100) 100 (108) 108 M mit NS 2,5 anschlagen. 6 Reihen Perlmuster stricken (1 M re, 1 M li, in der nächsten R entgegengesetzt). Zur NS 3 wechseln.
1 Reihe re stricken und wie folgt MM setzen:
18 (20) 20 (22) 22 M re, MM, 10 M re (Ärmelmaschen), MM, 36 (40) 40 (44) 44 M re, MM, 10 M re (Ärmelmaschen) MM, 18 (20) 20 (22) 22 M re.
1 Reihe li stricken.

Weiter glatt re stricken, dabei in jeder Hinreihe bei jedem MM wie folgt zunehmen: Bis zur Masche vor dem MM stricken. Die darunterliegende M re stricken, danach die M in dieser R re. Nach dem MM wdh = 8 M pro R zun.
Nachdem Sie 11 (11) 12 (12) 12 Mal zugenommen haben, wird weiter in Runden gestrickt. Nun alle 2 Rd zunehmen.

Nachdem Sie insgesamt 17 (19) 20 (20) 22 Mal zugenommen haben, die nächste Rd re stricken, aber die Ärmelmaschen auf Hilfsnadeln setzen und unter jedem Arm 8 M anschlagen = 156 (172) 176 (184) 192 M auf der Nadel.

10 (12) 12 (14) 16 Rd re stricken. 1 Rd li, 1 Rd re stricken

1 Rd re stricken und dabei gleichmäßig verteilt 4 (4) 8 (0) 8 M zunehmen = 160 (176) 184 (184) 200 M.

14 (14) 18 (20) 24 Rd re stricken.
1 Rd re stricken und dabei gleichmäßig verteilt 16 M zunehmen = 176 (192) 200 (200) 216 M auf der Nadel.
14 (14) 18 (20) 24 Rd re stricken.
1 Rd re stricken und dabei gleichmäßig verteilt 16 M zunehmen = 192 (208) 216 (216) 232 M auf der Nadel.
14 (14) 18 (20) 24 Rd re stricken.
0 (1) 1 (1) 1 Rd re stricken und dabei gleichmäßig verteilt 16

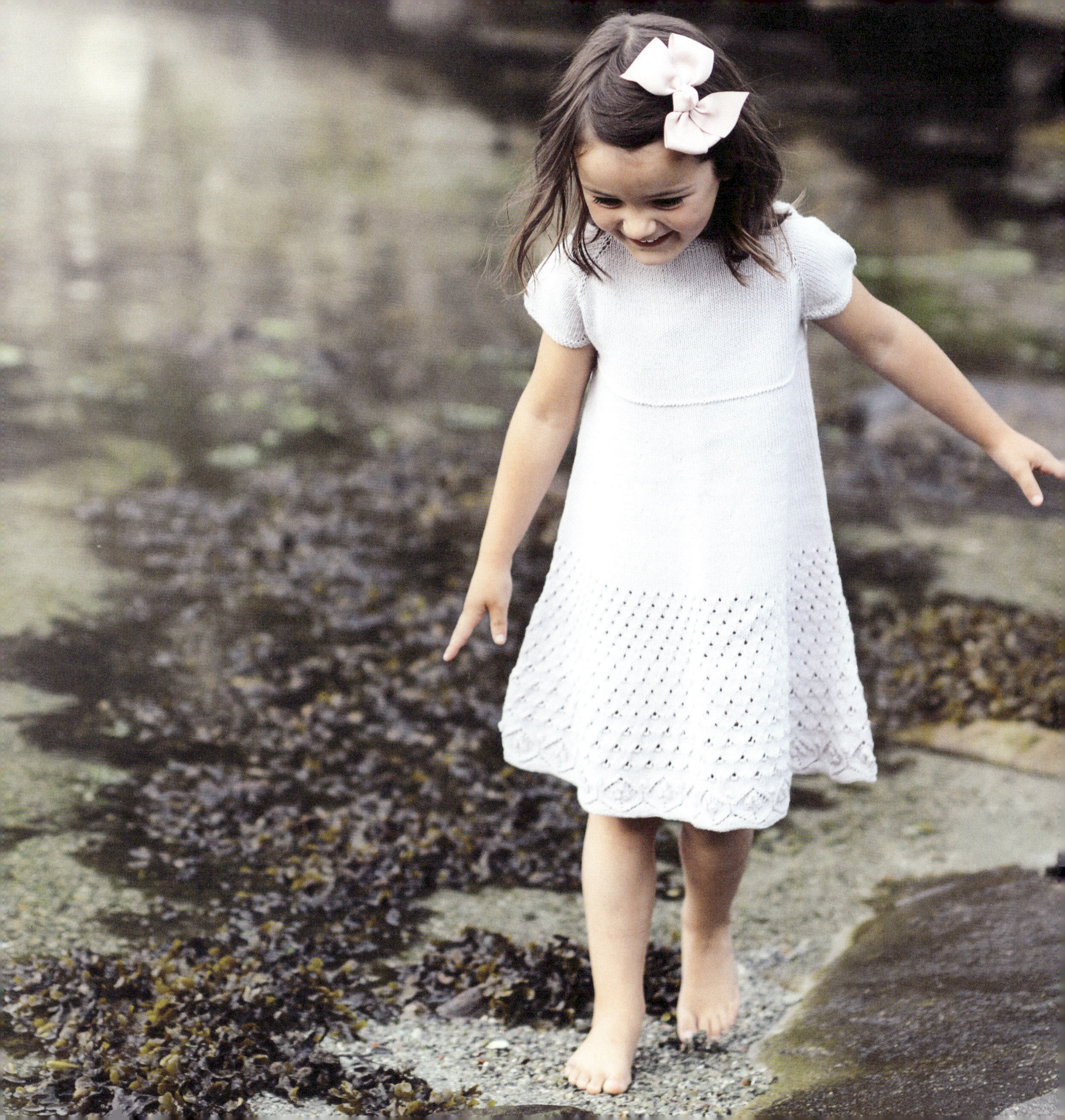

M zunehmen = 192 (224) 232 (232) 248 M auf der Nadel. 0 (4) 8 (10) 10 Rd re stricken.

Nun mit dem Stricken des Musterdiagramms beginnen: Teil A 2 (2) 3 (3) 3 Mal stricken, dann die nächste Reihe im Musterdiagramm stricken, dann Teil B 2 (2) 3 (3) 3 Mal stricken. Zum Abschluss den restlichen Teil des Musterdiagramms stricken. Wenn Sie mit dem Diagramm fertig sind, mit der iCord-Technik abketten: 3 M auf eine Hilfsnadel aufstricken und diese wieder auf die linke Nadel schieben. *2 M re stricken, und die nächsten 2 M verschränkt re zus stricken. Die 3 M, die auf der rechten Nadel sind, jetzt wieder auf die linke Nadel setzen*. *-* über alle Maschen wiederholen. Die Enden zusammennähen. (Ein Video zu der Technik finden Sie auf unserer Webseite www.klompelompe.no, Video "ICord").

ÄRMEL

Die Ärmel werden mit NS 3 gestrickt. Die 44 (48) 50 (50) 54 M der "Ärmel-Hilfsnadel" in Reihen stricken.
Mit der Hinreihe beginnen: re stricken, bis 2 M übrigbleiben, wenden, die 1. M lose abheben, li stricken, bis 2 M übrigbleiben, wenden, die 1. M lose abheben, re stricken, bis 4 M übrigbleiben, wenden, die 1. M lose abheben, li stricken, bis 4 M übrigbleiben, wenden, die 1. M lose abheben. Den Rest der Reihe re stricken. Eine weitere Reihe re stricken (Rückreihe).
Nächste R: 15 (17) 18 (18) 20 M re, *2 M re zus*, *-* 7 Mal wdh, 15 (17) 18 (18) 20 M re stricken. 3 Reihen re stricken und in der letzten R lose abketten. Die Kanten am Kleid festnähen.

An der einen Seite der Rückenöffnung mit 5 Luftmaschen ein Knopfloch häkeln. Auf der anderen Seite einen Knopf annähen. Alle Fäden vernähen. Das Kleidungsstück dampfen oder feucht spannen und trocknen lassen. Aufpassen, dass die Blasen (s. Musterdiagramm) nicht gedampft werden.

B Blase = *1 M re, 1 U, 1 M re* in derselben M, wenden, 3 li, wenden, 3 re, wenden, 2 li zus, 1 li, wenden, 2 re zus

☐ rechts

X links

1 M lose abheben, 2 M re zus, die lose M überheben

2 M re zus

1 M lose abheben, 1 M re, die lose M überheben

1 U zwischen 2 M

V hier zunehmen, indem der Faden re verschränkt aus dem Querfaden gestrickt wird

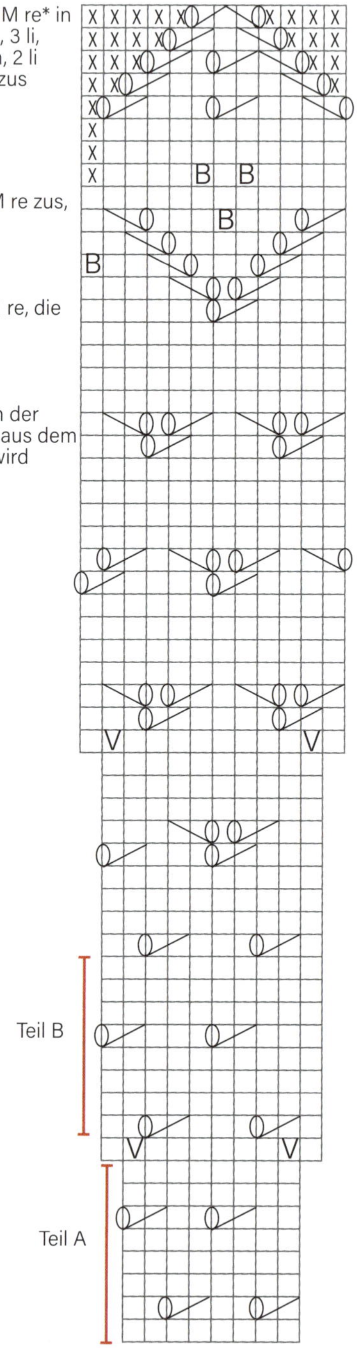

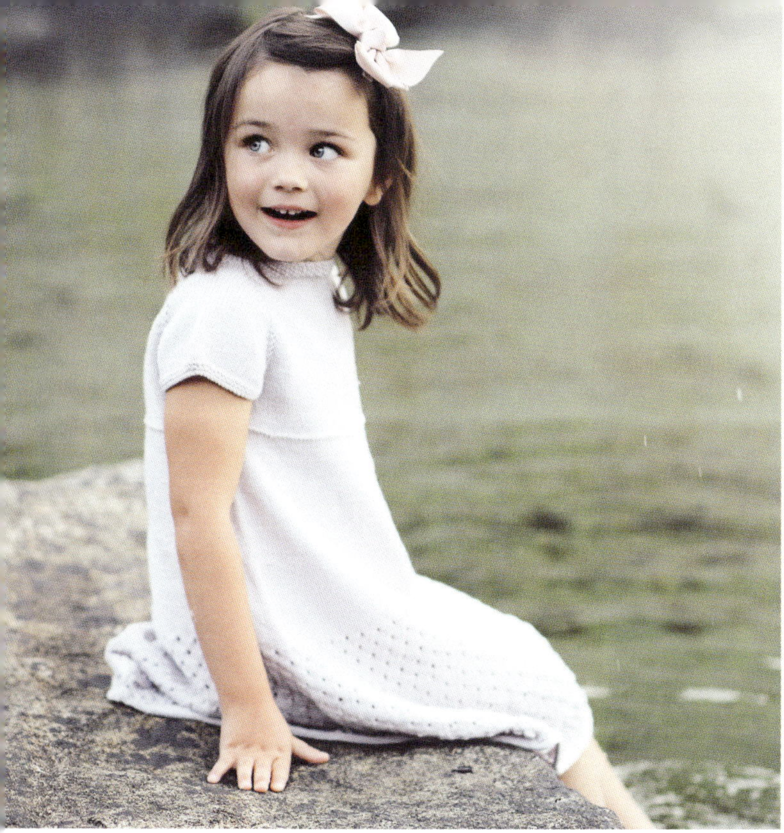
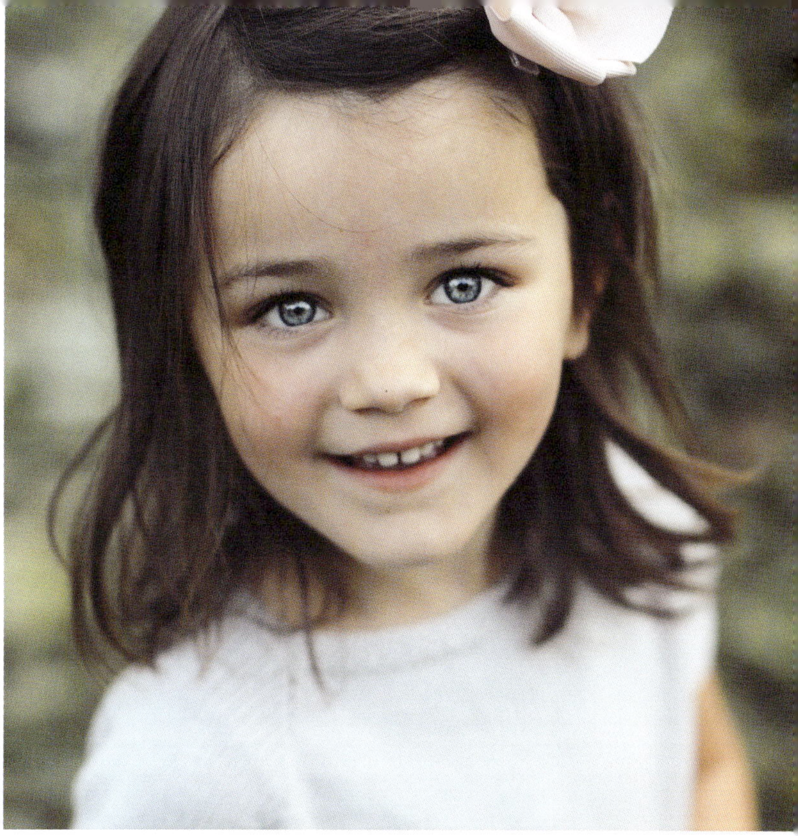
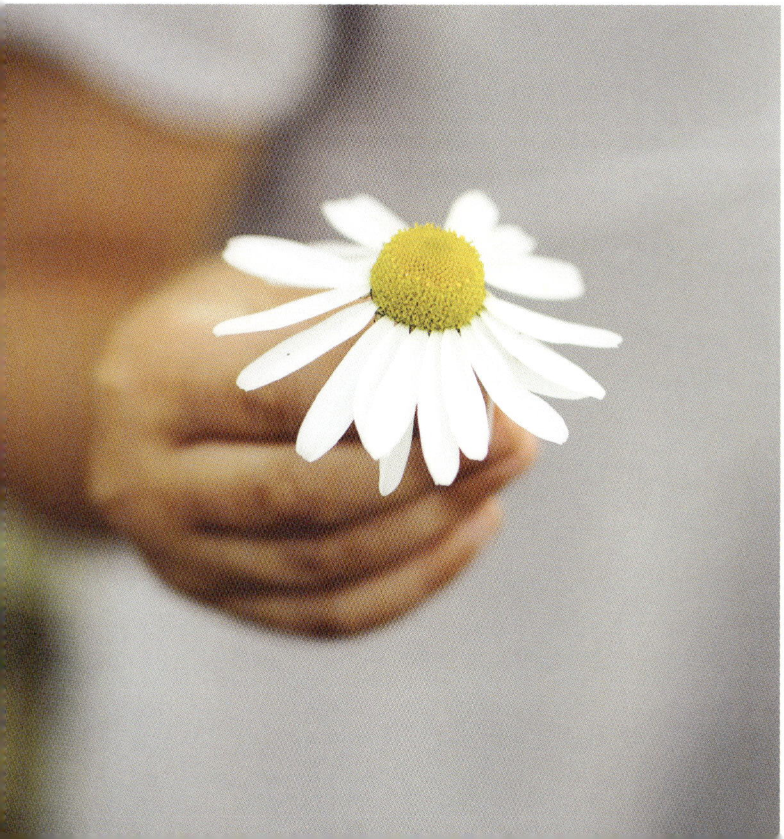
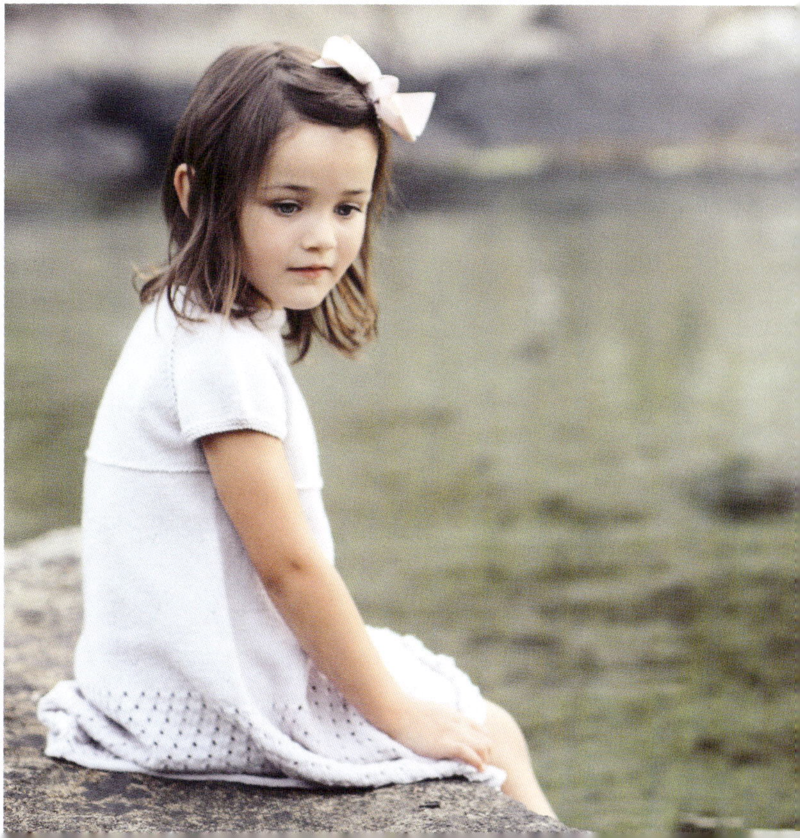

Mütze Trixie

Die Mütze ist schnell gestrickt und kann mit oder ohne Noppen gestrickt werden. Das bekommen Sie an einem Abend hin!

GRÖSSE Mon (0-3) 3-6 (6-9), Ja 1-2 (3-4)
GARN Klompelompe Merinoull , Farbe 4032 (105m / 50g)
GARNMENGE (50) 50 (50) 100 (100) g
NADELN Nadelspiel NS 3,5, evtl. Rundstricknadel NS 3,5
MASCHENPROBE 22 re M mit NS 3,5 = 10 cm

NOPPE
1 M re, 1 U, 1 M re in derselben M stricken, wenden, 3 M li, wenden, 3 M re, wenden, 3 M li, wenden, 2 M lose abheben (so als ob sie re zus gestrickt werden sollten), 1 M re, die losen M überheben.

mfva: mit dem Faden vor der Arbeit

Die Arbeit wird auf 2 Nadeln eines Nadelspiels (evtl. einer kleinen Rundstricknadel) in Reihen gestrickt.

(26) 28 (34) 40 (42) M mit NS 3,5 anschlagen.
8 Reihen glatt re stricken (Hinreihe re, Rückreihe li). Im Weiteren die ersten (6) 8 (8) 8 (10) M kraus re stricken (Hin- und Rückreihe re), während die verbleibenden (20) 20 (26) 32 (32) M li und mit Noppen wie folgt gestrickt werden:

1. R (Hinreihe): 4 M li, 1 M re, *5 M li, 1 M re*; *-* (2) 2 (3) 4 (4) Mal wdh, 3 M li.
2. R: 3 M re, 1 M li lose abh mfva, *5 M re, 1 M li lose ab mfva*; *-* (2) 2 (3) 4 (4) Mal wdh, 4 M re.
3. R (Unterschiede für die Größen!):
(4 M li, Noppe, 5 M li, 1 M re, 5 M li, Noppe, 3 M li)
4 li, Noppe, 5 M li, 1 M re, 5 M li, Noppe, 3 M li
(4 M li, Noppe, 5 M li, 1 M re, 5 M li, Noppe, 5 M li, 1 M re, 3 M li)
4 M li, Noppe, 5 M li, 1 M re, 5 M li, Noppe, 5 M li, 1 M re, 5 M li, Noppe, 3 M li
(4 M li, Noppe, 5 M li, 1 M re, 5 M li, Noppe, 5 M li, 1 M re, 5 M li, Noppe, 3 M li).
4. R: wie 2. R.
5. R: wie 1. R.
6. R: wie 2. R.
7. R (Unterschied für Größen!):
(4 M li, 1 M re, 5 M li, Noppe, 5 M li, 1 M re, 3 M li)
4 M li, 1 M re, 5 M li, Noppe, 5 M li, 1 M re, 3 M li
(4 M li, 1 M re, 5 M li, Noppe, 5 M li, 1 M re, 5 M li, Noppe, 3 M li)
4 M li, 1 M re, 5 M li, Noppe, 5 M li, 1 M re, 5 M li, Noppe, 5 M li, 1 M re, 3 M li
(4 M li, 1 M re, 5 M li, Noppe, 5 M li, 1 M re, 5 M li, Noppe,

Strampler mit Taschen: Sandnes Garn Duo, Farbe 4344
Blaue Mütze: Klompelompe Merinoull, Farbe 6521

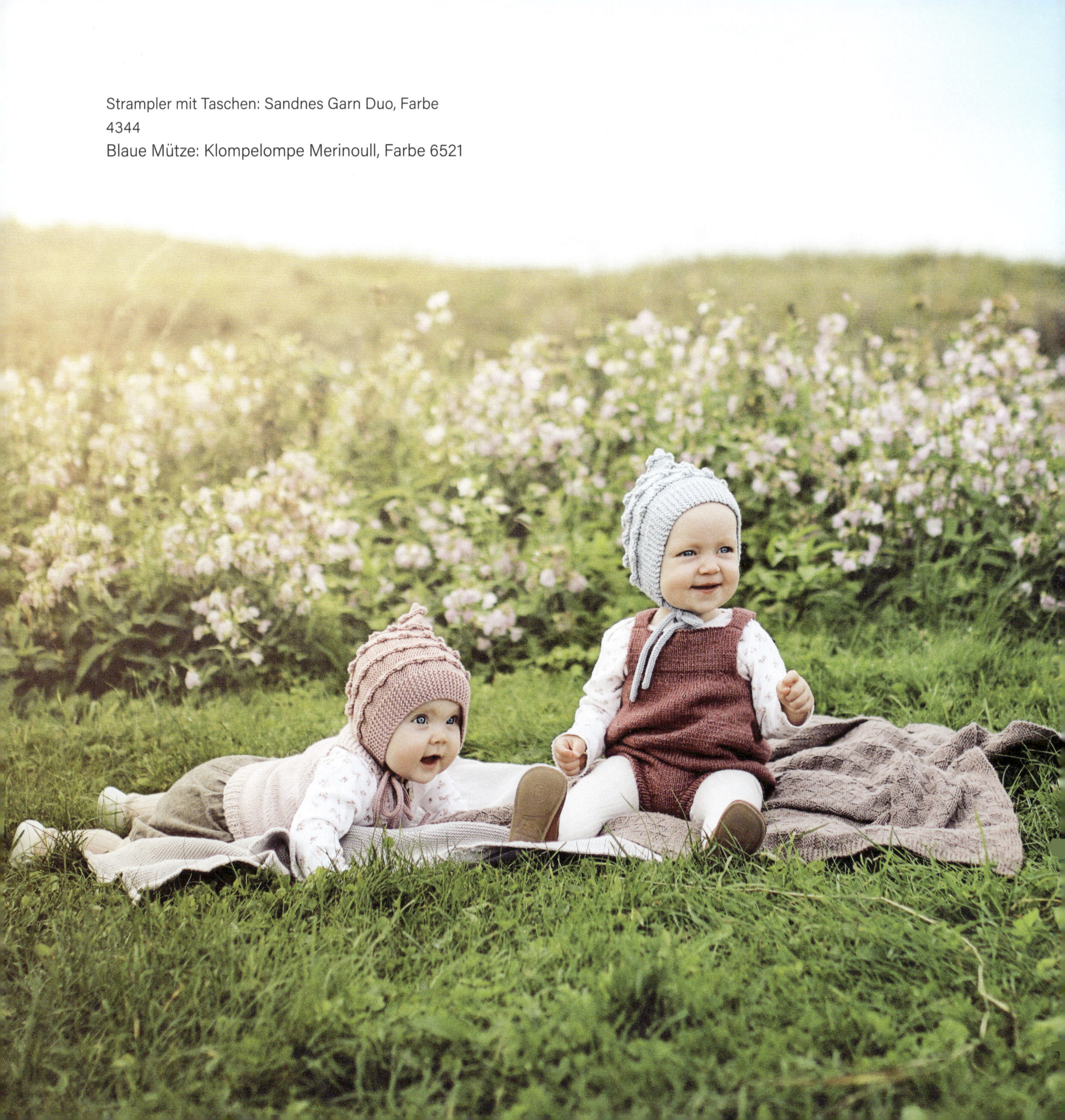

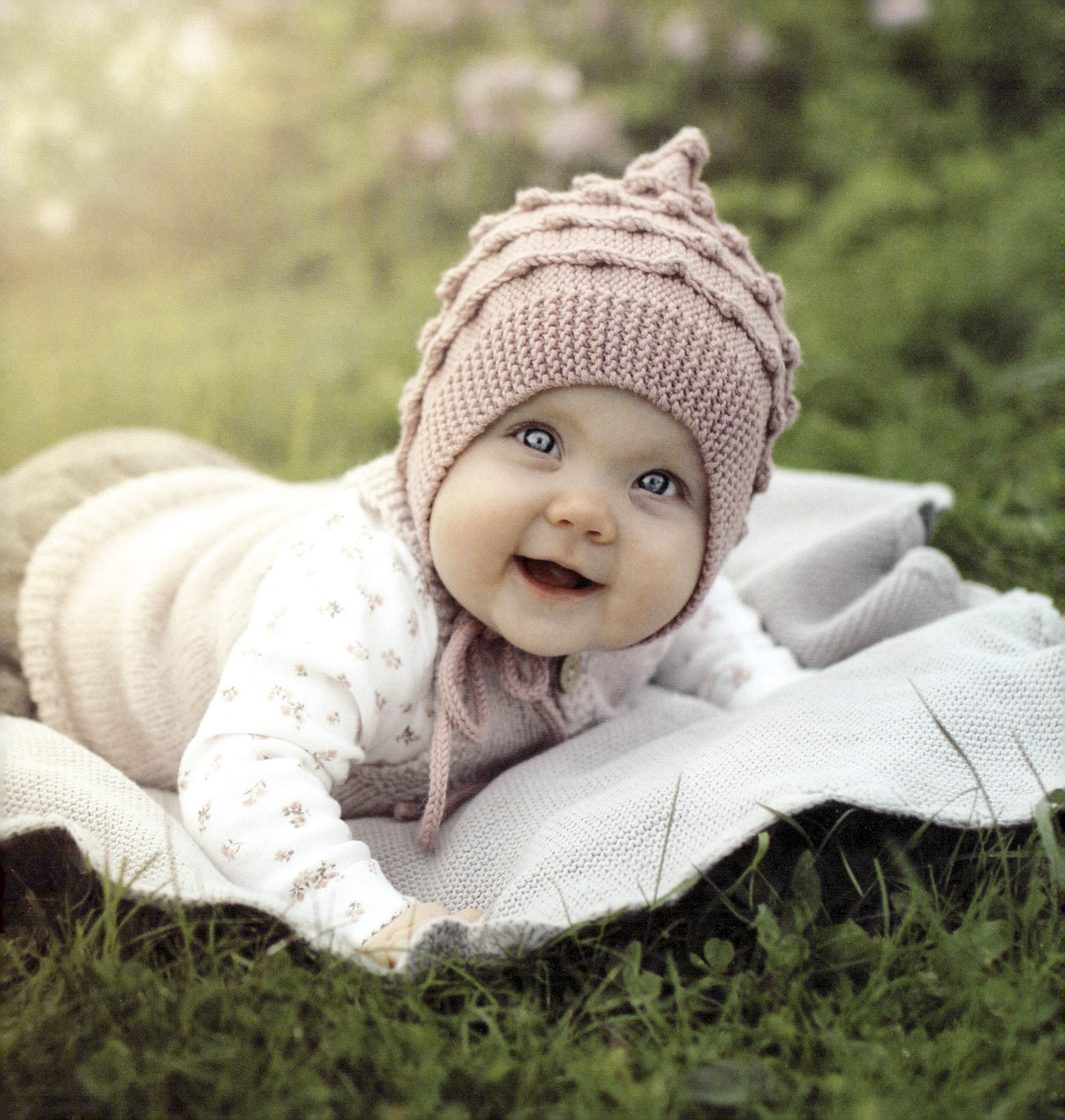

5 M li, 1 M re, 3 M li).
8. R: wie 2. R.

Diese 8 Reihen wiederholen. Alternativ dazu kann die Mütze ohne Noppen gestrickt werden. Dafür dann einfach die 1. und 2. Reihe wiederholen.
Wenn Sie am Rand (45) 45 (47) 50 (53) kraus rechte "Rillen" gestrickt haben und die nächste Hinreihe ansteht, mit 8 Reihen glatt rechts (re in der Hinreihe, li in der Rückreihe) abschließen. Abketten.

Die Mütze zusammenfalten und an der Rückseite zusammennähen. Die Hälfte glatt rechts gestrickten Kante einschlagen und an der Innenseite festnähen. Eine Schnur arbeiten (iCord) und durchziehen.

ICORD

Alle M re stricken, die M auf die andere Seite der Nadel ziehen, ohne sie zu wenden, und die M wieder re stricken. Bis zur gewünschten Länge wdh.

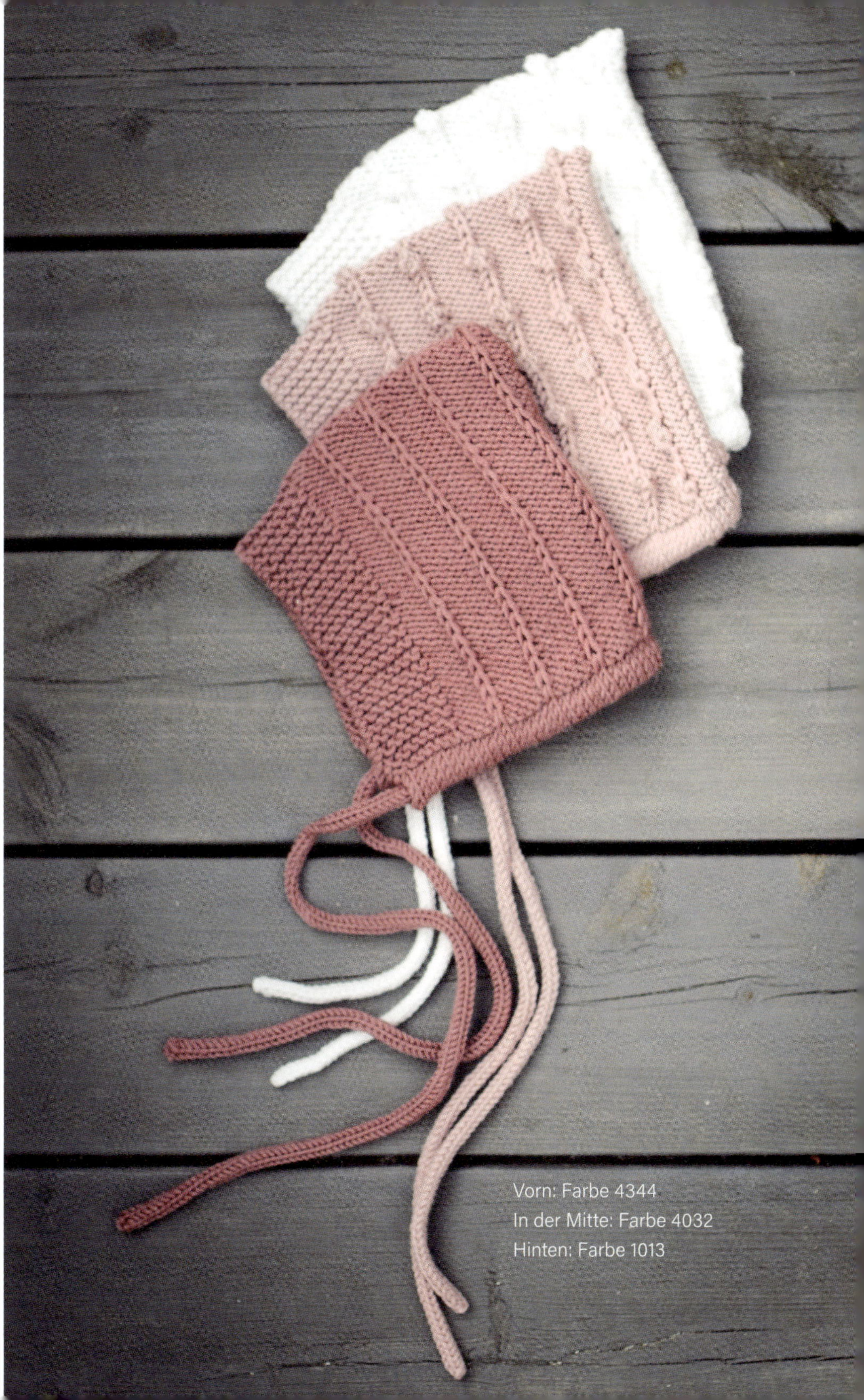

Vorn: Farbe 4344
In der Mitte: Farbe 4032
Hinten: Farbe 1013

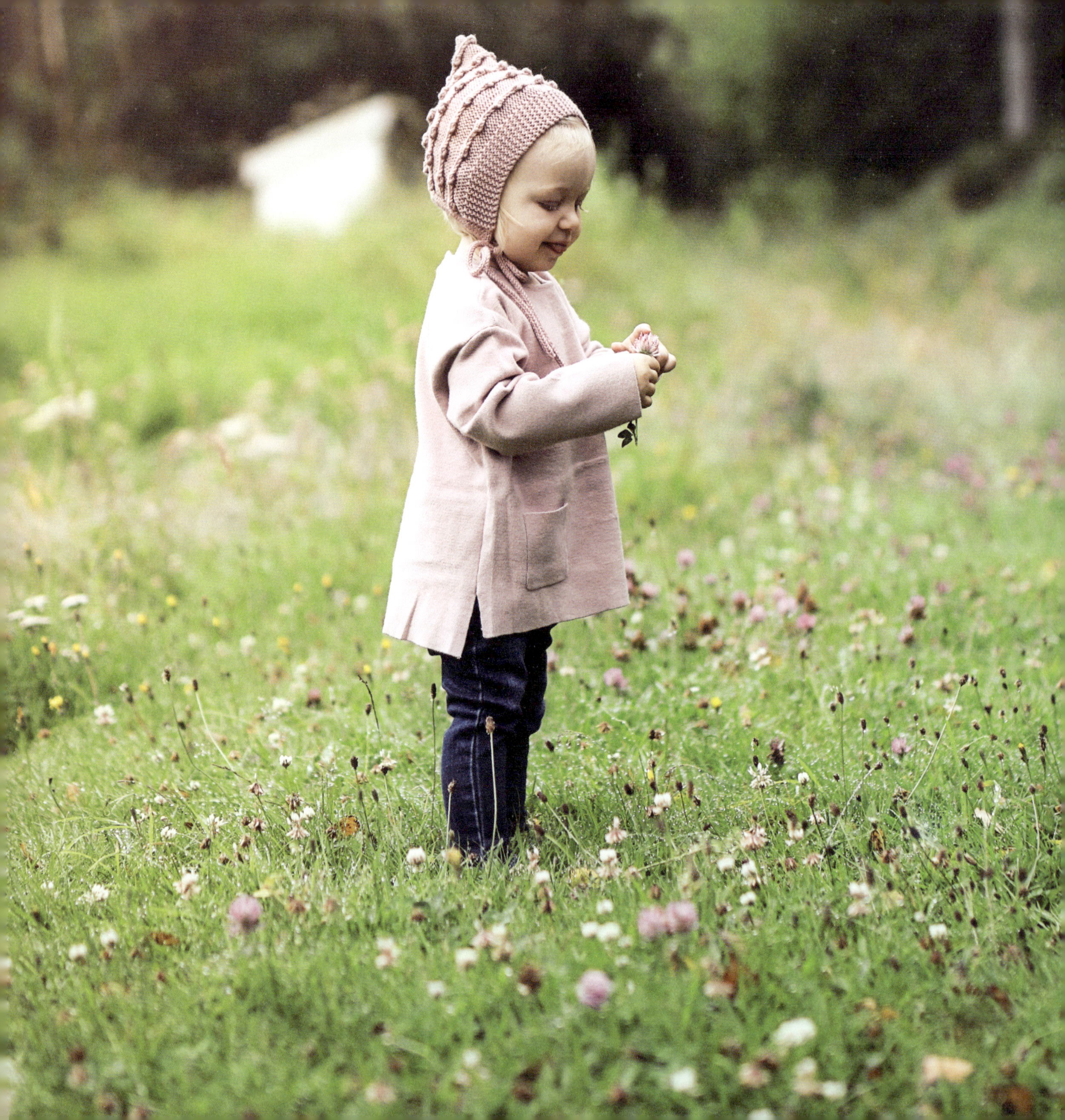

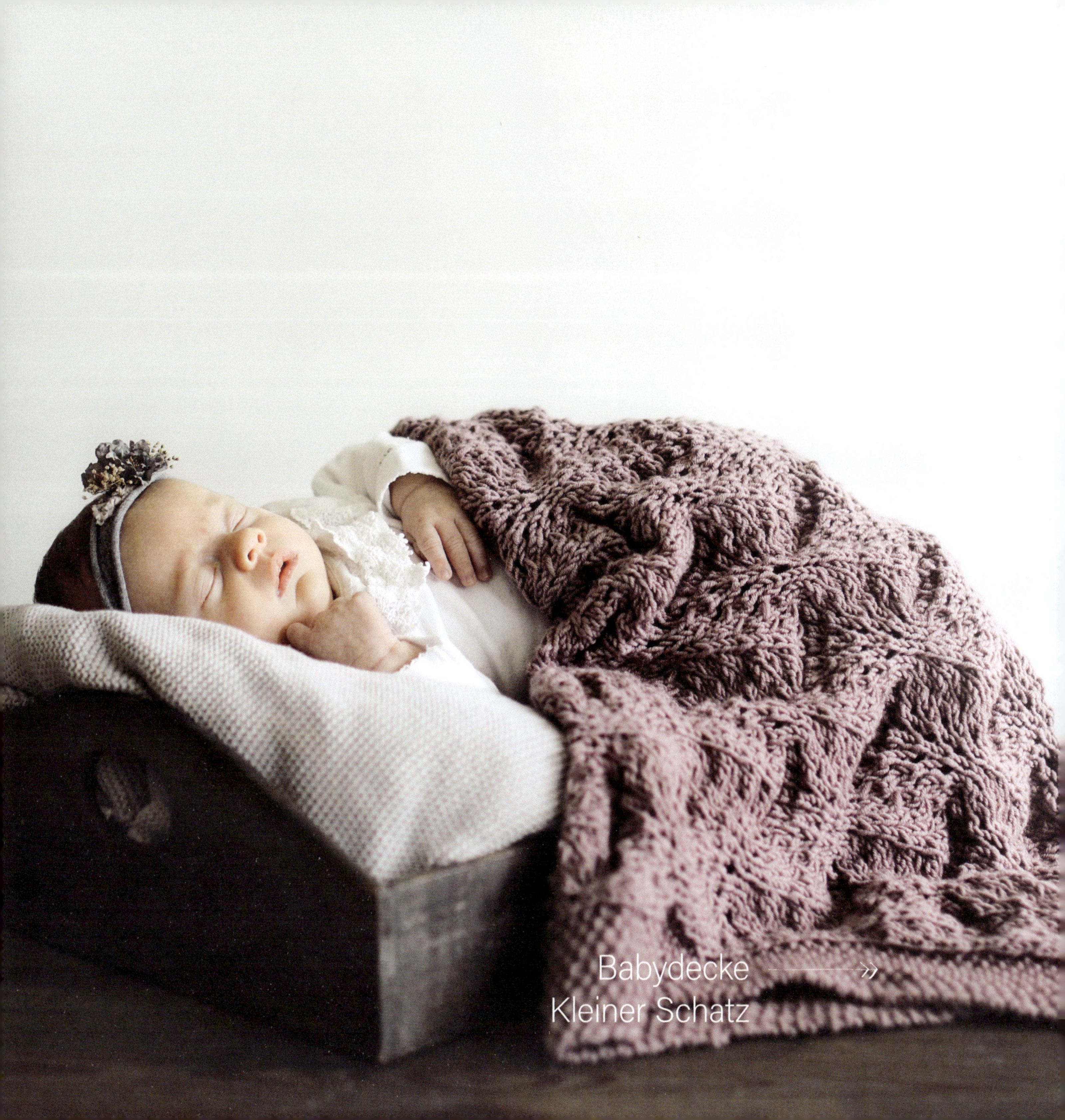

Babydecke
Kleiner Schatz

Babydecke Kleiner Schatz

Eine wunderbar weiche Decke für Ihren kleinen Schatz.
Es macht einen Riesenspaß, das Lochmuster zu stricken!

GRÖSSE ca. 67 x 78 cm
GARN Klompelompe Merinoull,
Farbe 4331 (105m / 50g)
GARNMENGE 350 g
NADELN Rundstricknadel NS 4,5, 80 cm
MASCHENPROBE
20 re M mit NS 4,5 = 10 cm

133 M mit NS 4,5 anschlagen.
20 Reihen Perlmuster stricken (1 M re, 1 M li, in der nächsten R entgegengesetzt).
Im weiteren auf den äußeren 10 Maschen das Perlmuster fortsetzen und die mittleren Maschen nach Musterdiagramm stricken. Stricken, bis die Arbeit ca. 73 cm lang ist und Sie gerade die 1. Reihe des Musterdiagramms gestrickt haben.

Mit 20 Reihen Perlmuster abschließen und in der letzten Reihe abketten.

Die Fäden vernähen und die Decke freucht spannen und trocknen lassen.

Teil A

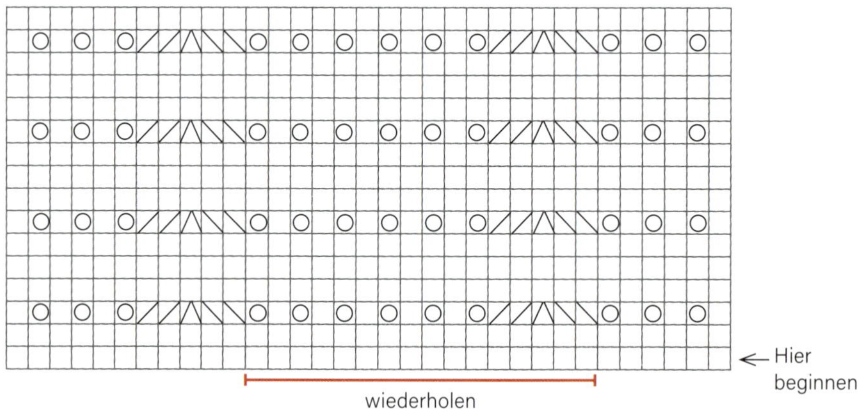

Teil B

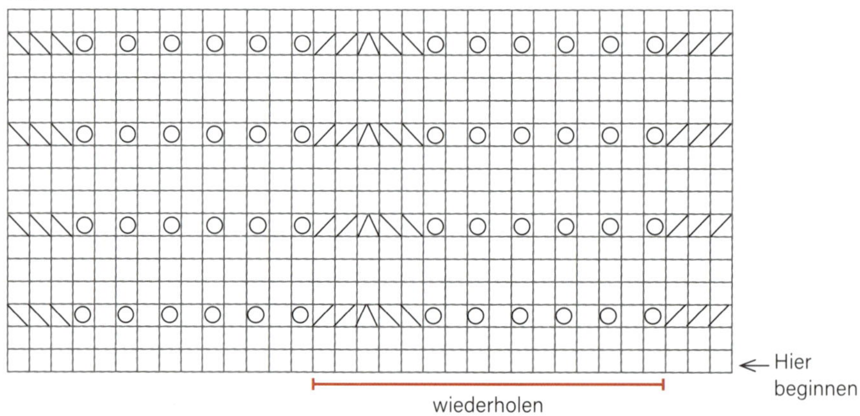

Zuerst Teil A stricken, danach Teil B. Diese beiden Diagramme wiederholen.

- ☐ re in der Hinreihe, li in der Rückreihe
- ◯ 1 Umschlag
- ⧄ 2 M re zusammen
- ⧅ 1 M lose abh, 1 M re, die lose M überh.
- ⋀ 2 M lose abh, so als ob sie re zus gestrickt werden sollten, 1 M re, die losen M überh.

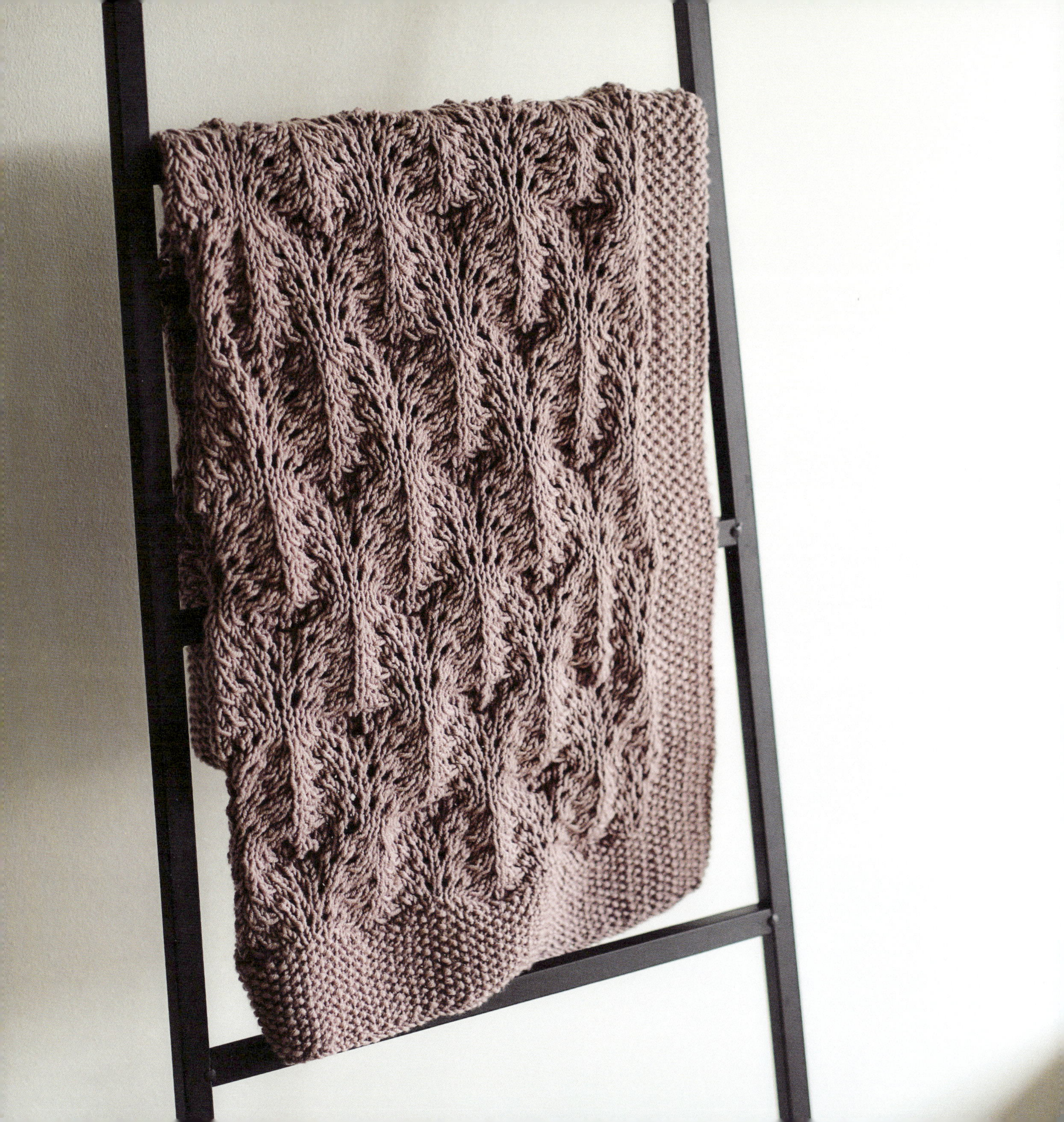

Mütze Schnurrliburr

Eine gute Mütze für kühle Sommertage.

GRÖSSE Neugeborenes, Mo (1-2) 3-6 (9-12), Ja 1-2 (3-6) 8-12
GARN Klompelompe Merinoull, Farbe 4331 (105m / 50g)
GARNMENGE 50 (50) 50 (50) 100 (100) 100 g
NADELN Rundstricknadeln NS 3,5, 4 und 5, jeweils 40 cm, Nadelspiele NS 3,5 und NS 4
MASCHENPROBE 22 re M mit NS 3,5 = 10 cm

60 (66) 72 (80) 88 (88) 88 M mit NS 3,5 anschlagen.
4 (4) 6 (8) 8 (8) 10 Rd Rippenmuster stricken (1 re, 1 li).
Zu NS 5 wechseln, 1 Rd re stricken und dabei gleichmäßig verteilt 5 (4) 3 (10) 7 (12) 22 M zunehmen = 65 (70) 75 (90) 95 (100) 110 M auf der Nadel.

Muster stricken (mfva – mit dem Faden vor der Arbeit):
1. Rd: *2 M re, 3 M lose abh mfva*, *-* gesamte Rd wdh.
2. Rd: 1 M lose abh mfva, *2 M re, 3 M lose abh mfva*, *-* wdh, bis 4 M übrigbleiben, 2 M re, 2 M lose abh mfva.
3. Rd: 2 M lose abh mfva, *2 M re, 3 M lose abh mfva*, *-* wdh, bis 3 M übrigbleiben, 2 M re, 1 M lose abh mfva.
4. Rd: 3 M lose abh mfva, *2 M re, 3 M lose abh mfva*, *-* wdh, bis 2 M übrigbleiben, 2 M re.
5. Rd: 1 M re, 3 M lose abh mfva, *2 M re, 3 M lose abh mfva*, *-* wdh, bis 1 M übrigbleibt 1 M re.

TIPP
Den Faden vor der Arbeit nicht zu straff ziehen.

Mit dem Muster weiterarbeiten, bis die Arbeit 7,5 (9) 11 (13) 14,5 (16,5) 18 cm misst. Zu NS 4 wechseln.

1 Rd re stricken und dabei 5 (0) 5 (10) 5 (10) 20 M gleichmäßig verteilt abnehmen = 60 (70) 70 (80) 90 (90) 90 M auf der Nadel.

Weiter wie folgt abnehmen:
Nächste Rd: *8 M re, 2 M re zus*, *-* gesamte Rd wdh.
2 Rd re.
Nächste Rd: *7 M re, 2 M re zus*, *-* gesamte Rd wdh.
1 Rd re.
Nächste Rd: *6 M re, 2 M re zus*, *-* gesamte Rd wdh.
1 Rd re.
Nächste Rd: *5 M re, 2 M re zus*, *-* gesamte Rd wdh.
Nächste Rd: *4 M re, 2 M re zus*, *-* gesamte Rd wdh.
Nächste Rd: *3 M re, 2 M re zus*, *-* gesamte Rd wdh.

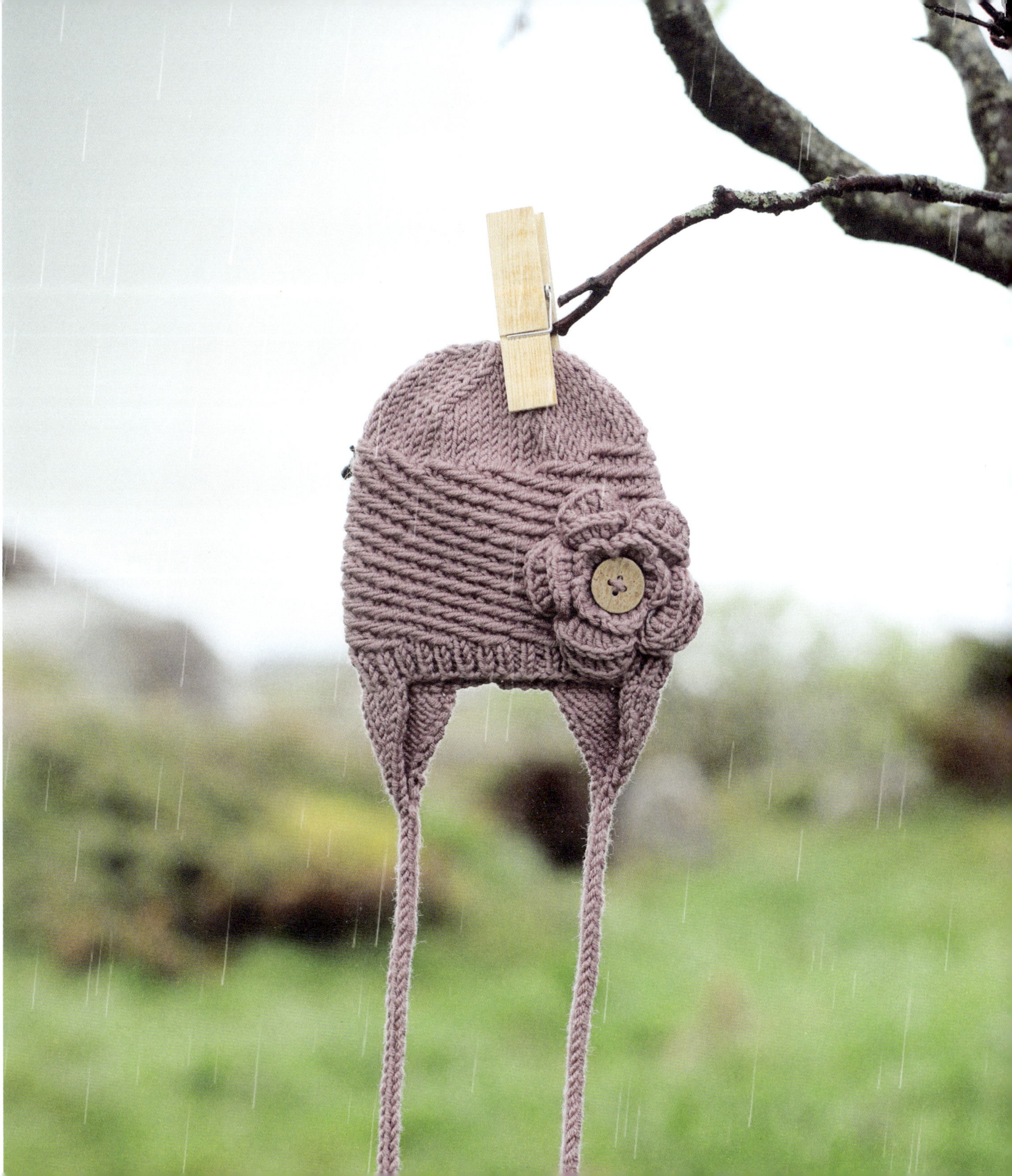

Nächste Rd: *2 M re, 2 M re zus*, *-* gesamte Rd wdh.
Nächste Rd: *1 M re, 2 M re zus*, *-* gesamte Rd wdh.

Faden abschneiden, durch die Maschen hindurchziehen und zusammendrehen.

In den Größen Neugeborenes bis 12 Mon 2 Ohrenklappen mit 10 M Abstand hinten in der Mitte arbeiten:
14 (14) 16 (18) M mit NS 3,5 von der rechten Seite aufnehmen. 3 R glatt re stricken (li in der Rückreihe, re in der Hinreihe).
Im Weiteren in jeder Hinreihe wie folgt abnehmen: 1 M re, 1 M lose abh, 1 M re, die lose M überheben, stricken, bis 3 M übrigbleiben, 2 M re zus, 1 M re.
In der Rückreihe alle M links stricken.

So weiterarbeiten, bis Sie noch 4 M auf der Nadel haben. In der nächsten Hinreihe wie folgt abnehmen: 1 M re, 2 M re zus, 1 M re.

Die letzten 3 M als ICord-Schnur stricken:
Alle M re stricken, die M auf die andere Seite der Nadel ziehen, ohne sie zu wenden, und die M wieder re stricken. Wiederholen, bis die Schnur ca. 20 cm lang ist.
Alle Fäden vernähen und evtl. eine Blume mit Knopf häkeln.

Häkelblume mit Knopf

GARN frei wählbar
GARNMENGE 50 g oder ein Rest
KNOPF 1 Knopf, 20 mm, oder frei wählbar
HÄKELNADEL eine Nadel, die zum gewählten Garn passt

ABKÜRZUNGEN
M = Masche
lm = Luftmasche
st = Stäbchen
dbst = Doppelstäbchen
km = Kettmasche

3 lm häkeln, mit 1 km zu einem Ring befestigen.
2 lm arbeiten, und 10 st in dem Ring häkeln.
In der nächsten Rd im vorderen Glied häkeln:
2 lm, 2 st in der nächsten M, 2 st und 1 km in der nächsten M, *-* über den Rest der Rd wdh = 5 Blütenblätter.

In der nächsten Rd im hinteren Glied (hinter den 5 Blütenblättern) häkeln:
2 lm, dann über die gesamte Rd hinweg in jeder M 2 st häkeln.

In der nächsten Rd im vorderen Glied häkeln:
2 lm, 2 st in den nächsten 4 M, und zusätzlich 1 km in der 4. M. *-* über die gesamte Rd hinweg wdh.

In der nächsten Rd im hinteren Glied (hinter den 5 Blütenblättern) häkeln:
2 lm, 1 st und 1 dbst in der nächsten M, 2 dbst in den nächsten 2 M, 1 dbst, 1 st und 1 km in der nächsten M. *-* über die gesamte Rd hinweg wdh = 5 Blütenblätter.

Die Fäden vern- und mittig in die Blüte den Knopf annähen.

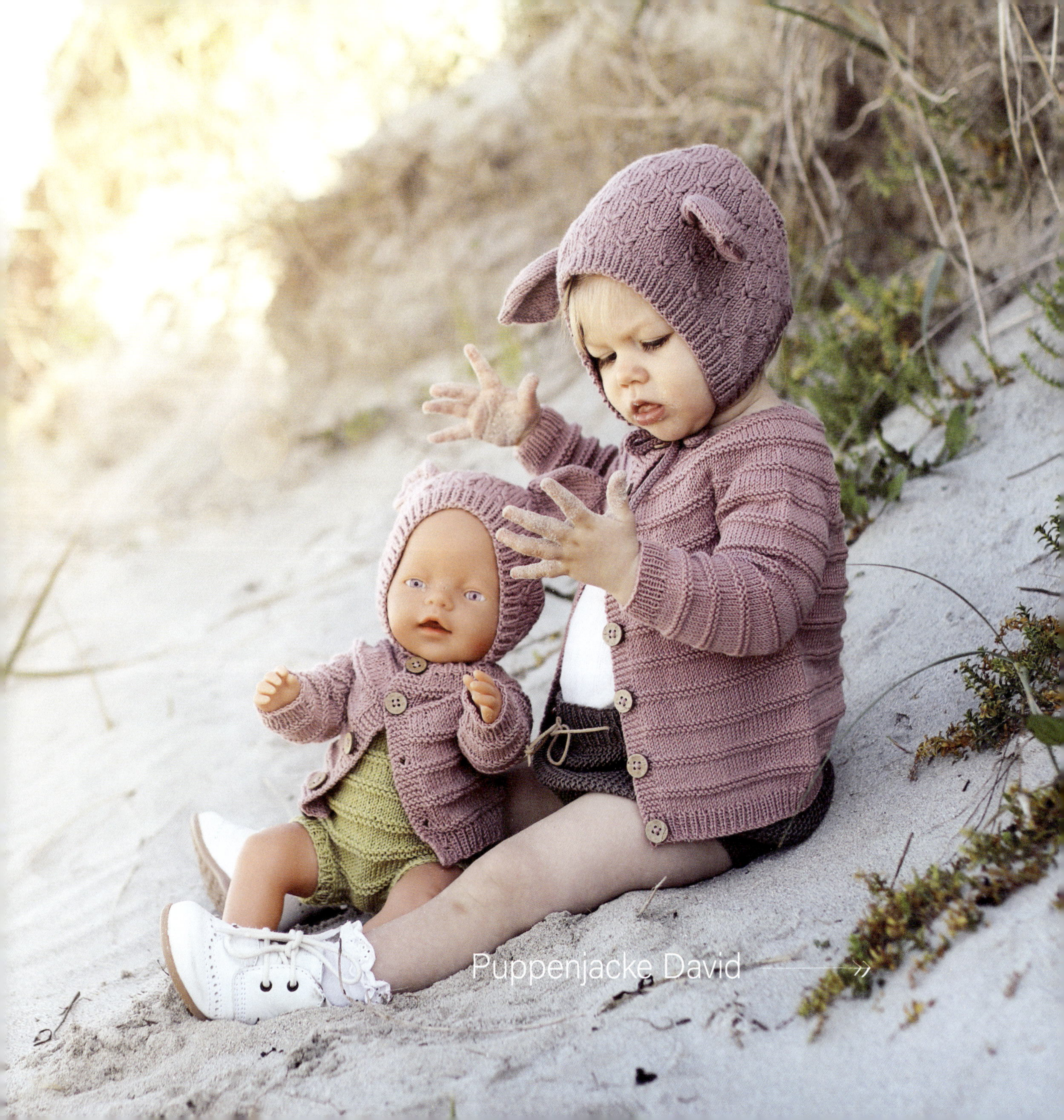
Puppenjacke David

Puppenjacke David

Hier haben wir die gleiche tolle Jacke wie die Jacke David, aber in der perfekten Größe für den Teddybär oder für die Puppe.

GRÖSSE Puppe one size (Baby Born)
GARN Klompelompe Tynn Merinoull, Farbe 4032 (175m / 50g)
GARNMENGE 50 g
NADELN Rundstricknadeln NS 2,5 und 3, 40 cm oder 60 cm, Nadelspiel NS 2,5 und 3, optional: Rundstricknadel (80 cm) in gleicher Stärke für Magic Loop
MASCHENPROBE 27 re M mit NS 3 = 10 cm

Die Arbeit wird von oben und in Reihen gestrickt.
61 M mit NS 2,5 anschlagen.
6 Rn Rippenmuster stricken (1 M re, 1 M li); in der 3. R Knopflöcher wie folgt arbeiten: 3 M Rippenmuster, 2 M abketten, restliche R Rippenmuster stricken.
In der nächsten R 2 neue M dort aufschlingen, wo vorher abgekettet wurde. ACHTUNG: Es sind 5 Knopflöcher gleichmäßig verteilt zu arbeiten – in Abständen von jeweils ca. 3,5 cm.
Im Weiteren werden die äußeren 5 M auf beiden Seiten weiter kraus rechts gestrickt.

Zur NS 3 wechseln, 1 Rd re stricken und dabei 20 M gleichmäßig verteilt zunehmen = 81 M.
4 R glatt re stricken.
3 R kraus re stricken (re in Hin- und Rückreihe).
2 R glatt re stricken (re in der Hin- , li in der Rückreihe).
Nächste R (Hinreihe): 1 R re stricken und dabei 20 M gleichmäßig verteilt zunehmen = 101 M.
4 R glatt re stricken.
3 R kraus re stricken.
2 R glatt re stricken.
Nächste R (Hinreihe): 1 R re stricken und dabei gleichmäßig verteilt 24 M zunehmen = 125 M.
4 R glatt re stricken.
3 R kraus re stricken (re in Hin- und Rückreihe).
2 R glatt re stricken (re in der Hin- , li in der Rückreihe).
Nächste R (Hinreihe): 1 R re stricken und dabei 24 M gleichmäßig verteilt zunehmen = 149 M.
1 R li in der Rückreihe stricken.

Ab der nächsten R erfolgt die Abteilung für Ärmel und Rumpfteil wie folgt:
23 M re stricken, 33 M auf eine Hilfsnadel setzen, 5 M aufschlingen (unter dem Arm), 37 M re stricken, 33 M auf eine Hilfsnadel setzen, 5 M aufschlingen (unter dem Arm), 23 M re stricken.
2 R glatt re stricken.

Das Strukturmuster wird nun fortgesetzt:
3 R kraus re stricken.
7 R glatt re stricken.
Diese 10 R weiter stricken, bis die Arbeit 14 cm lang ist.
Zur NS 2,5 wechseln und 8 Rn Rippenmuster stricken. In der letzten R abketten.

ÄRMEL

3 M unter dem Arm aufnehmen (dabei in der Mitte der 5 M, die aufgeschlungen wurden, beginnen).
Die 33 M auf der Hilfsnadel einstricken und zum Schluss 2 M aufnehmen.
In Runden stricken. Die erste Masche ist eine MM und wird über den gesamten Ärmel li gestrickt.
2 Rd re stricken.
Weiter Strukturmuster stricken: 1 Rd li, 1 Rd re, 1 Rd li, 7 Rd re.
Diese 10 Rd über den gesamten Ärmel wiederholen.
Nach 2,5 cm 1 M auf beiden Seiten der MM abnehmen.
Immer nach 2 cm abnehmen, bis noch 32 M auf der Nadel sind, und weiter stricken, bis die Ärmel 8 cm lang sind.
Zur NS 2,5 wechseln und 8 Rn Rippenmuster stricken. In der letzten R abketten.

Alle Fäden vernähen. Knöpfe annähen, dann die Jacke feucht spannen und trocknen lassen.

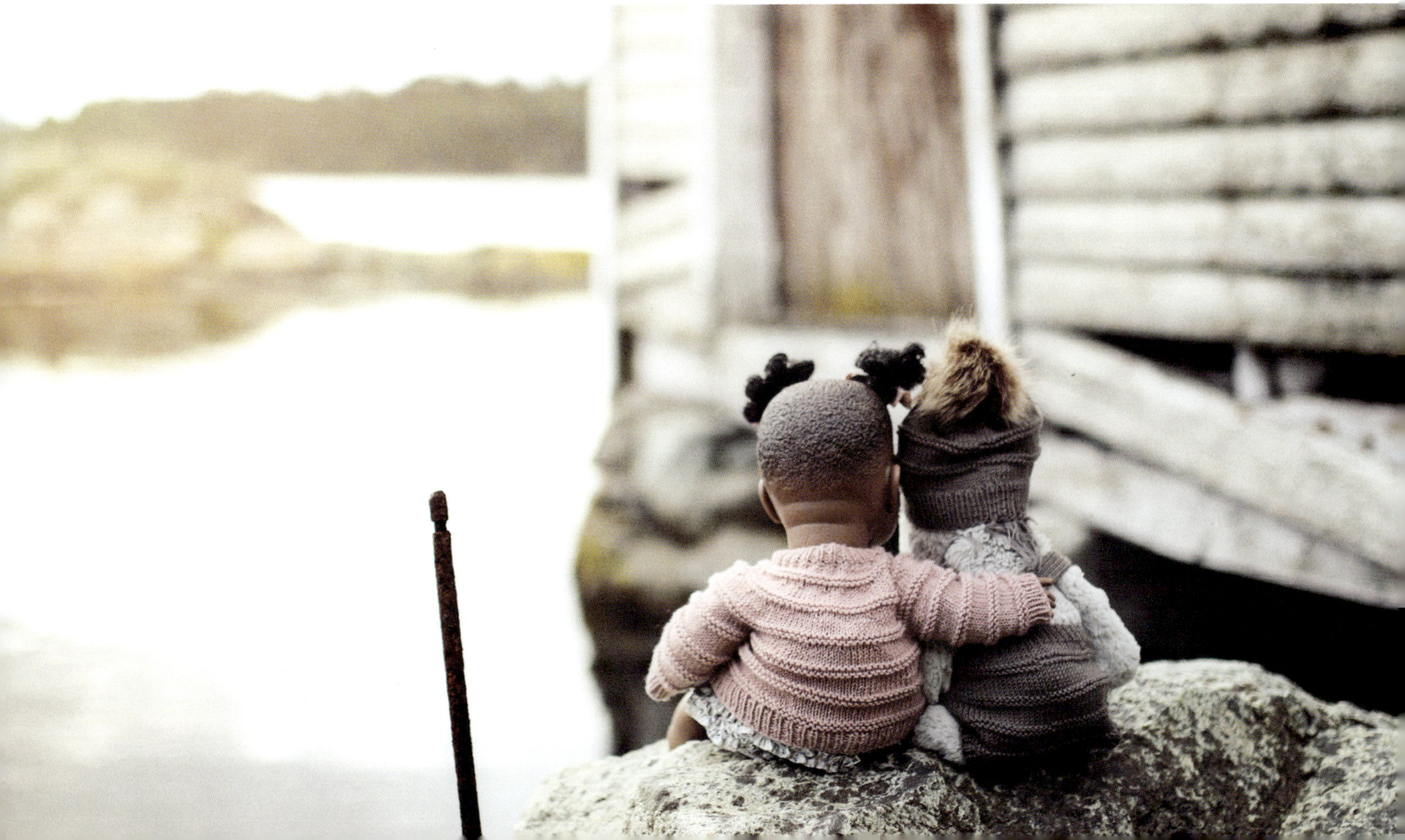

Puppenstrampler David

Süße Mini-Strampler, die Puppen und Kuscheltieren passen. Haben Sie erst einmal eine gestrickt, bleibt es garantiert nicht dabei!

GRÖSSE Puppe one size (Baby Born)
GARN Klompelompe Tynn Merinoull, Farbe 2652 oder 2024 (175m / 50g)
GARNMENGE 50 g
NADELN Rundstricknadeln NS 2,5 und 3, jeweils 40 cm, Nadelspiel NS 2,5; optional: Rundstricknadel (80 cm) in gleicher Stärke für Magic Loop
MASCHENPROBE 27 re M mit NS 3 = 10 cm

Die Arbeit oben am Latz beginnen und zunächst in Reihen stricken.

31 M mit NS 2,5 anschlagen. 6 Rn Rippenmuster stricken (mit re Hinreihe starten). In der 3. R Knopflöcher arbeiten: 3 M Rippenmuster, 2 M abketten, Rippenmuster, bis noch 5 M übrigbleiben, 2 M abketten, 3 M Rippenmuster. In der nächsten Reihe 2 neue M dort aufschlingen, wo vorher abgekettet wurde.

Zu NS 3 wechseln. Die äußeren 4 M auf beiden Seiten werden im Weiteren kraus re gestrickt, die mittleren M im Strukturmuster:

7 Rn glatt re, 1 R re in der Rückreihe, 1 R re in der Hinreihe, 1 R re in der Rückreihe.
Diese 10 Rn wiederholen, bis die Arbeit 6,5 cm lang ist. Den Faden abschneiden.

30 M auf der Nadel anschlagen, die 31 M wie oben beschrieben stricken, schließlich 29 M anschlagen = 90 M auf der Nadel. Zur Runde schließen. Die erste Masche ist hinten in der Mitte. Die M, die Sie angeschlagen haben, in 6 Rd weiterhin im Rippenmuster stricken. Dabei auch die jeweils 4 äußerem M, die bisher kraus re gestrickt wurden, im Rippenmuster stricken. Die Maschen vorn werden im Strukturmuster gestrickt.

Das Rückenteil mit verkürzten Reihen länger stricken (nach jedem Wenden arbeiten Sie einen Umschlag (U). Beim nächsten Mal, wenn Sie den U erreichen, den U und die nächste M re zus stricken):
16 M re stricken, wenden, 31 M li, wenden, 39 M re, wenden, 47 M li, wenden, bis zum Beginn der Rd re stricken.

Weiter auf allen Maschen Strukturmuster in Runden stricken: 7 Rd re, 1 Rd li, 1 Rd re, 1 Rd li.

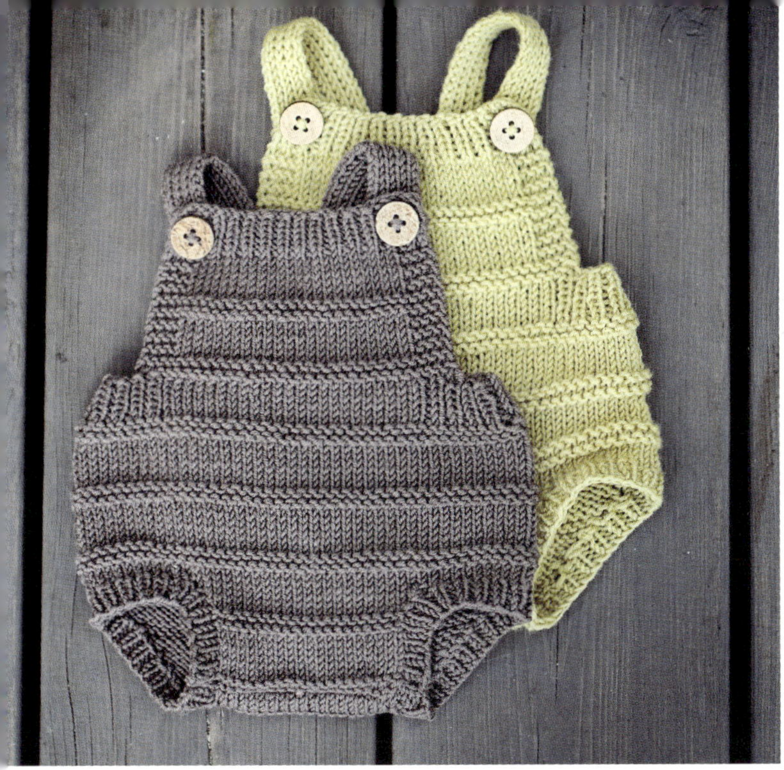

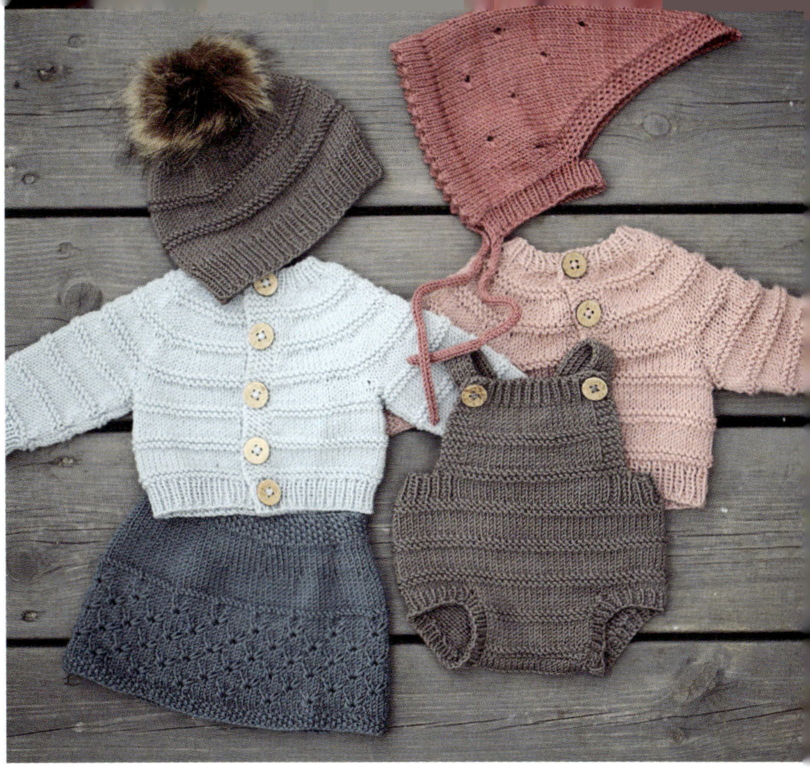

Wenn die Arbeit 14 cm lang ist, Faden abschneiden und die nächsten 21 M auf die rechte Nadel heben.
Dann die hinteren 40 M (Rückenteil)in Reihen stricken – immer noch im Strukturmuster.
In der Hinreihe wie folgt abketten: 2 M re zus, weiter stricken, bis noch 2 M übrigbleiben, 2 M re zus.
Das Abketten in jeder Hinreihe wdh, bis 20 M auf der Nadel verbleiben.
Jetzt die 13 M auf jeder Seite auf Hilfsnadeln heben und die 24 M vorn in der Mitte separat stricken – immer noch im Strukturmuster.
In der Hinreihe wie folgt abketten: 2 M re zus, weiter stricken, bis noch 2 M übrigbleiben, 2 M re zus.
Das Abketten in jeder Hinreihe wdh, bis 20 M auf der Nadel verbleiben.

Ohne Abketten weiterarbeiten, bis das Vorderteil ca. 1 cm kürzer ist als das Rückenteil. Abketten. Vorder- und Rückenteil mit M-Stichen zusammennähen (s. Seite 22).
Rund um das Bein mit NS 2,5 Maschen aufnehmen, ca. 1 M aus jeder Masche, aber jede 4. M überspringen. Dabei die Maschen von der Hilfsnadel aufnehmen.
4 Rd Rippenmuster stricken (1 M re, 1 M li) und in der letzten Rd lose abketten.

TRÄGER

Hinten in der Mitte 19 M aufnehmen. 8 Rn Rippenmuster stricken (1 M re, 1 M li).
In der nächsten R die mittlere M abketten und jeden Träger einzeln für sich stricken (9 M).
Rippenmuster stricken, bis der Träger 13 cm lang ist (gemessen von dort, wo die Maschen aufgenommen wurden).
Alle Fäden vernähen und Knöpfe an den Trägerenden festnähen.
Kleidungsstück feucht spannen und trocknen lassen.

Puppenrock Tulla

Wenn Sie einen Garnrest vom Rock Tulla haben, können Sie auch für die Puppe einen stricken.

GRÖSSE Puppe one size (Baby Born)
GARN Klompelompe Tynn Merinoull, Farbe 6571 (175m / 50g)
GARNMENGE 50 g
NADELN Rundstricknadeln NS 3, 40 cm und 60 cm
MASCHENPROBE 27 re M mit NS 3 = 10 cm
Erläuterung für 1 Lre (1 lang rechts): 1 M re in der Mitte zwischen den Maschen stricken (dort, wo Sie vor 2 Rn 2 M re zus und 2 M re verschränkt gestrickt haben), 1 M stricken, die auf der rechten Nadel zu einer langen Masche gezogen wird. Die nächste Lre in demselben Loch stricken (siehe Video "LR" auf www.klompelompe.no, auf Norwegisch).

Der Rock wird von unten in Runden gestrickt.

120 M mit NS 3 anschlagen.
4 Rd Perlmuster stricken (1 M re, 1 M li, und in der nächsten Rd entgegengesetzt).
2 Rd re stricken.

Muster:
1. Rd: *2 M re zus, 1 M lose ab, 1 M re, die lose M überh, 4 M re*. Bis zum Abschluss der Rd *-* wdh.
2. Rd: re M über die gesamte Rd hinweg.
3. Rd: *1 Lre, 2 M re, 1 Lre, 4 M re*. Rest der Rd *-* wdh.
4. Rd: re M über die gesamte Rd hinweg.
5. Rd: *4 M re, 2 M re zus, 1 M lose ab, 1 M re, die lose M überh*. Rest der Rd *-* wdh
6. Rd: re M über die gesamte Rd hinweg.
7. Rd: *4 M re, 1 Lre, 2 M re, 1 Lre*. Rest der Rd *-* wdh
8. Rd: re M über die gesamte Rd hinweg.

Das Muster wiederholen, bis die Arbeit ca. 6 cm lang ist.

2 Rd re, 1 Rd li stricken.
In der nächsten Rd wie folgt abnehmen: *6 M re, 2 M re zus stricken*. Rest der Rd *-* wdh = 105 M auf der Nadel.
Danach 9 Rd glatt re stricken.

Nächste Rd: *5 M re, 2 M re zus stricken*. Rest der Rd *-* wdh = 90 M auf der Nadel.
7 Rd glatt re stricken.

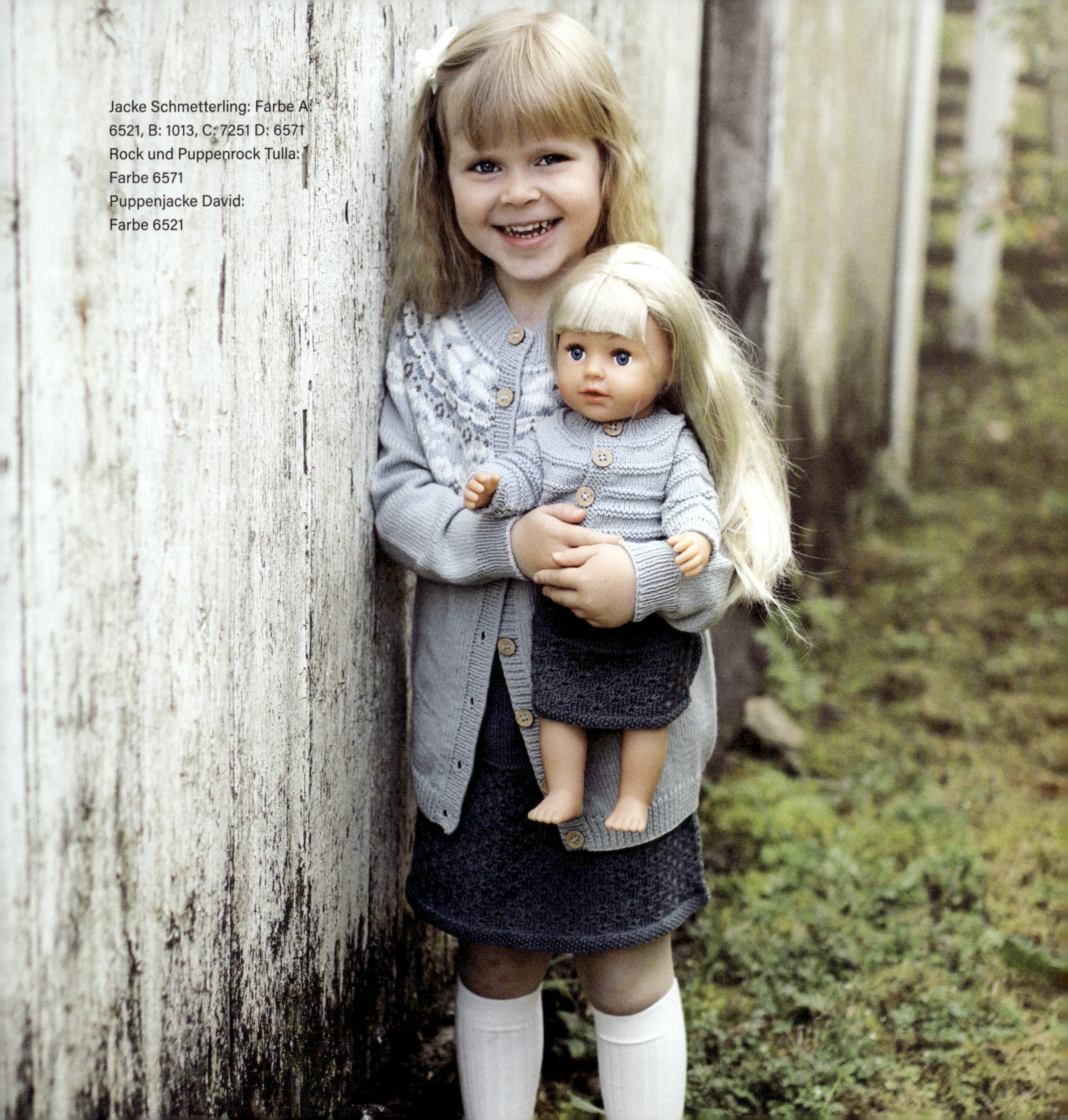

Jacke Schmetterling: Farbe A: 6521, B: 1013, C: 7251 D: 6571
Rock und Puppenrock Tulla: Farbe 6571
Puppenjacke David: Farbe 6521

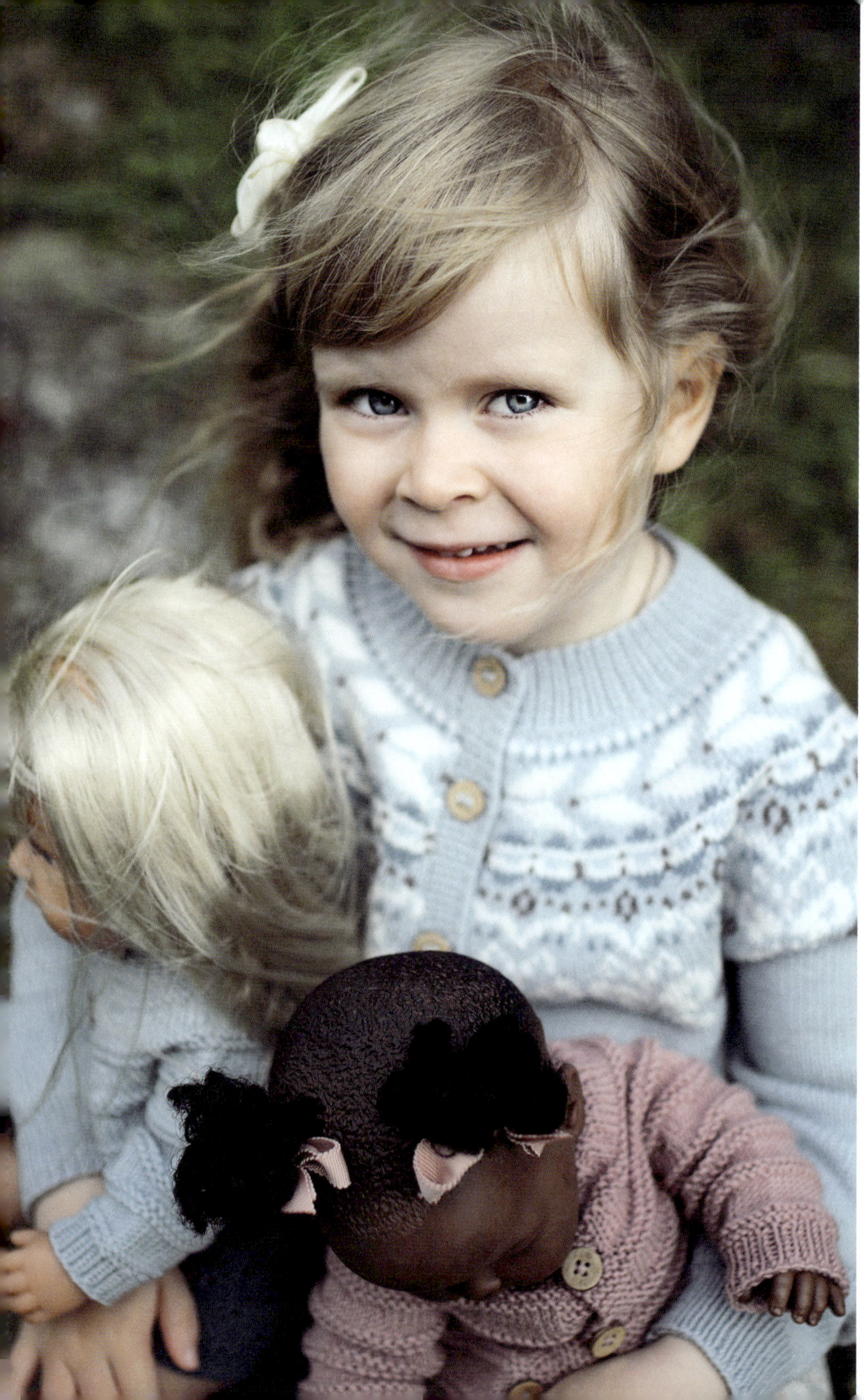

Nächste Rd: *4 M re, 2 M re zus stricken*. Rest der Rd *-* wdh = 75 M auf der Nadel.
1 Rd glatt re stricken.
8 Rd Perlmuster stricken.
1 Rd li stricken (Umschlagkante), und mit 7 Rd glatt re abschließen. Abketten (nicht zu fest!).

Alle Fäden vernähen, die Kante umschlagen und an der Innenseite vernähen. Eine kleine Öffnung lassen, durch dieses ein Gummiband einziehen, dieses zusammennähen und Öffnung schließen.

Kleidungsstück dampfen.

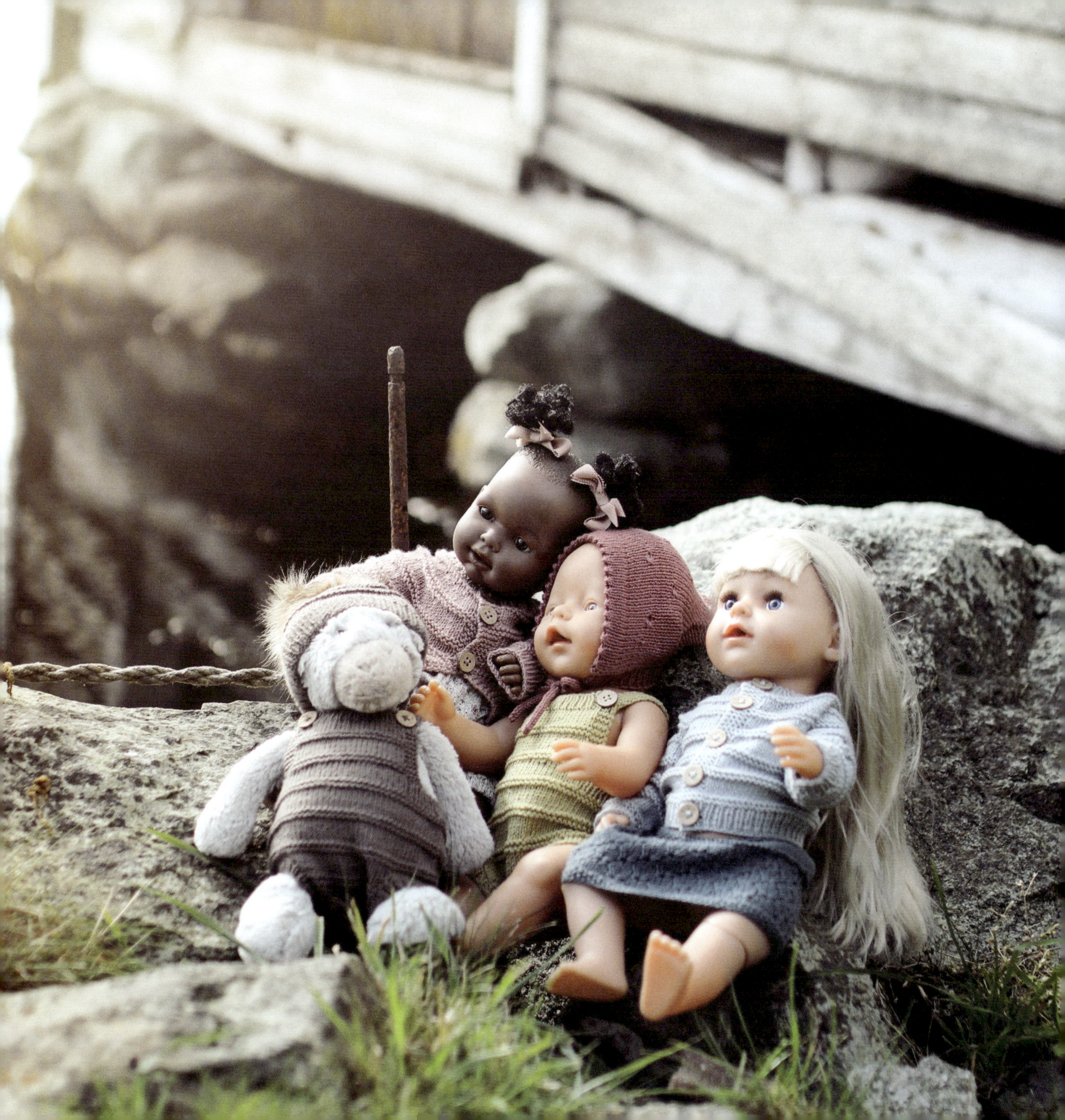

Puppenkopftuch

Dieses kleine Kopftuch ist rasch gestrickt, obwohl dünne Nadeln verwendet werden.

GRÖSSE Puppe one size (Baby Born)
GARN Klompelompe Tynn Merinoull, Farbe 4344 (175m / 50g)
GARNMENGE 50 g
NADELN Rundstricknadeln NS 2,5 und. 3, jeweils 40 cm oder 60 cm
MASCHENPROBE 27 re M mit NS 3 = 10 cm

61 M mit NS 2,5 anschlagen.

8 Reihen glatt re stricken (re in der Hin-, li in der Rückreihe).
In der nächsten R (Hinreihe) wie folgt eine Umschlagkante stricken: *2 M re zus, 1 U*. *-* wdh, bis noch 1 M übrigbleibt, 1 M re.
9 Rn glatt re stricken.
Zur NS 3 wechseln.
8 Rn glatt re stricken.
Nächste R: 9 M re, 2 M re zus, 1 U, *8 M re, 2 M re zus, 1 U*. *-* wdh, bis 10 M übrigbleiben, 10 M re stricken.
9 Rn glatt re stricken.
Nächste R: 4 M re, 2 M re zus, 1 U, *8 M re, 2 M re zus, 1 U*. *-* wdh, bis 5 M übrigbleiben, 5 M re stricken.

Alle 10 Rn werden Löcher gearbeitet – über die gesamte Arbeit hinweg. Die Löcher sind in denselben Rn zu stricken wie bei den ersten beiden Malen.
3 Rn glatt re stricken (evtl. mit Löchern).

Die äußeren 5 M auf beiden Seiten werden ab jetzt im Perlmuster gestrickt (1 M re, 1 M li, in der nächsten R entgegengesetzt). Wie folgt abnehmen: 5 M Perlmuster, 2 M re zus, glatt re stricken (evtl. mit Löchern), bis 7 M übrigbleiben, 1 M lose abh, 1 M re, die lose M überh, 5 M Perlmuster. Das Abnehmen in jeder Hinreihe wdh und das Lochmuster fortsetzen

Wenn zwischen den beiden Perlmuster-Rändern noch 3 M übrig sind, stricken Sie in der Hinreihe wie folgt:
5 M Perlmuster, 1 M lose abh, 2 M re zus, die lose M überh, 5 M Perlmuster.
Nächste R: 5 M Perlmuster, 1 M li, 5 M Perlmuster.
Nächste R: 4 M Perlmuster, 1 M lose abh, 2 M re zus, die lose M überh, 4 M Perlmuster.
Nächste R: 9 M Perlmuster.
Nächste R: 3 M Perlmuster, 1 M li lose abh, 2 M li zus, die lose M überh, 3 M Perlmuster.
Nächste R: 7 M Perlmuster.

Nächste R: 2 M Perlmuster, 1 M lose abh, 2 M re zus, die lose M überh, 2 M Perlmuster.
Nächste R: 5 M Perlmuster.
Nächste R: 1 M Perlmuster, 1 M li lose abh, 2 M li zus, die lose M überh, 1 M Perlmuster.
Nächste R: 1 M li lose abh, 2 M li zus, die lose M überh.

Den Faden abschneiden, anziehen und vernähen. Das Kopftuch dampfen, bevor Sie mit dem Rippenbündchen beginnen.

BÜNDCHEN MIT NS 2,5:

25 M für das auf der einen Seite aufnehmen, 9 M aufschlingen und 25 M auf der anderen Seite aufnehmen = 59 M auf der Nadel.
8 Rn Rippenmuster stricken (1 M re, 1 M li). In der letzten R alle M abketten, außer den 4 ersten und 4 letzten. Diese Maschen zu einer Schnur (iCord) von ca. 16 cm stricken.
Alle Fäden vernähen.

iCORD

Alle M re stricken, dann die M ans andere Ende der Nadel ziehen, ohne diese zu wenden, und die M wieder re stricken. Bis zum Erreichen der gewünschten Länge wdh (Video "ICord" auf www.klompelompe.no, auf Norwegisch).

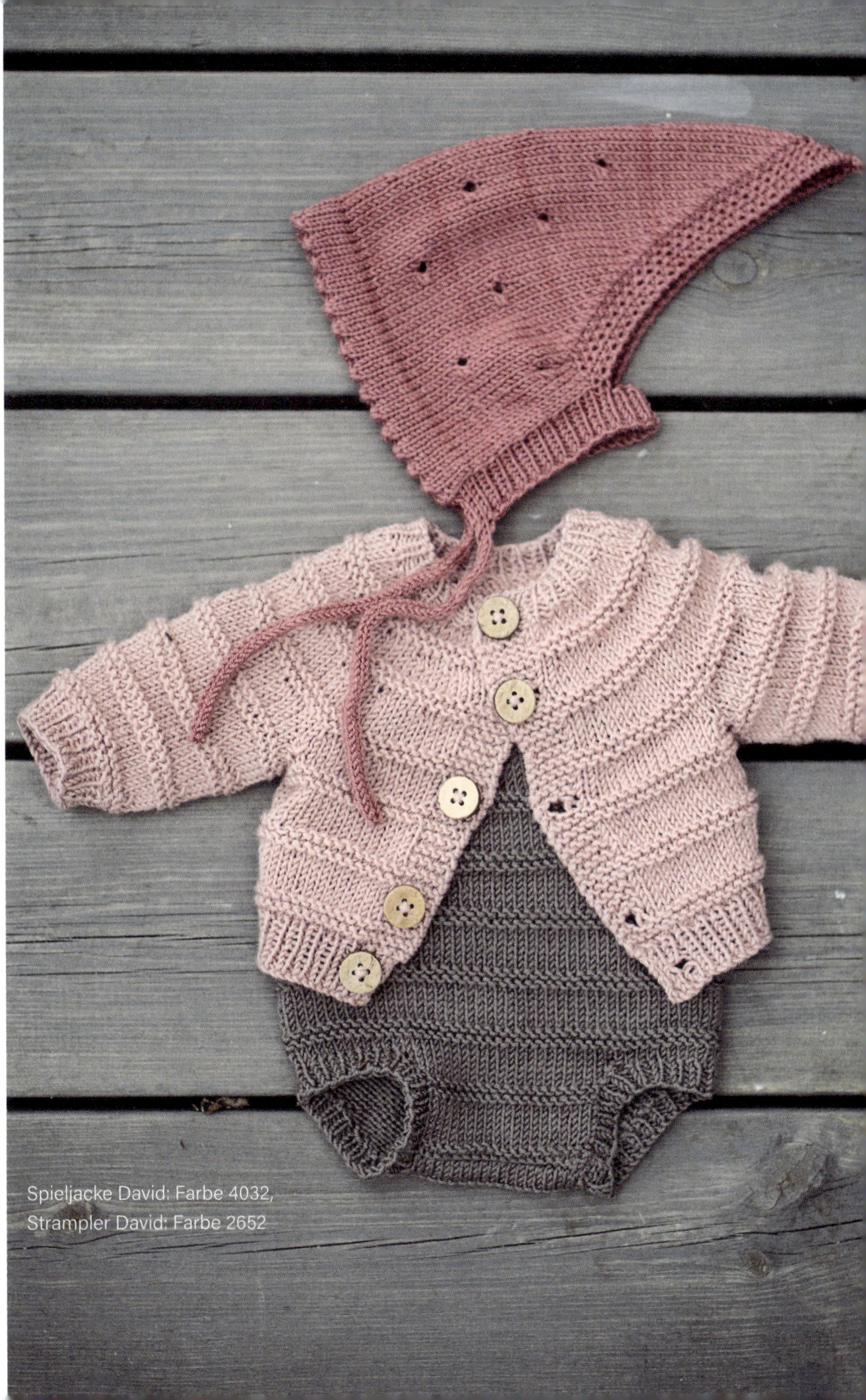

Spieljacke David: Farbe 4032,
Strampler David: Farbe 2652

Genähte Klompelompe-Blume

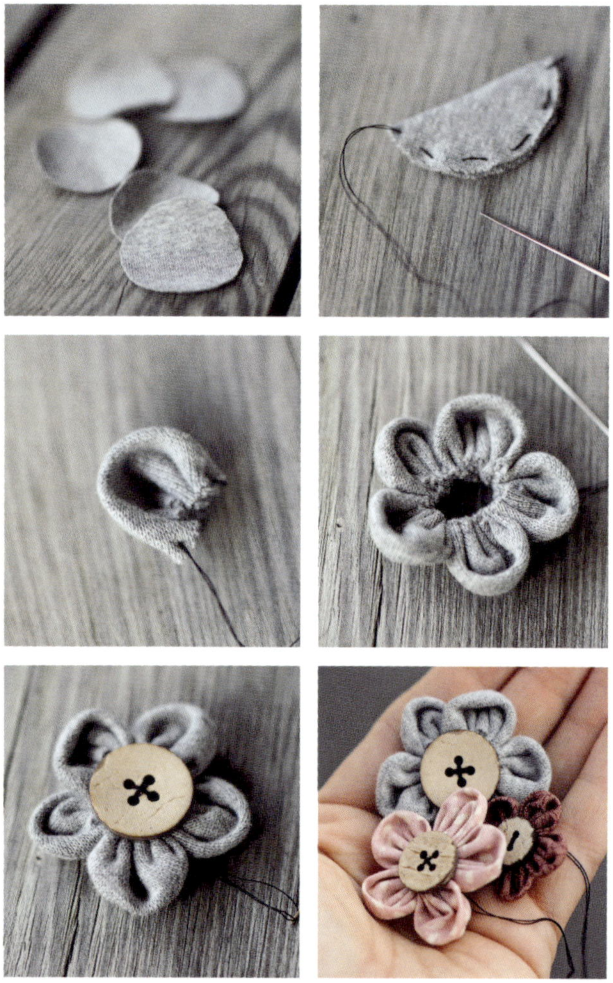

5 oder 3 Kreise im gewünschten Stoff zuschneiden. Die Blumen können in jeder von Ihnen gewünschten Größe hergestellt werden. Die Blume wird am Ende etwas größer sein als die Kreise, die Sie ausschneiden.

Die Kreise falten und entlang der runden Kante mit großen Handstichen zusammennähen. Den Faden anziehen, die Blüte zur Seite legen. Für die anderen Stoffkreise wiederholen.

Anschließend die Blütenblätter zur Blumen zusammennähen und mit einem Holzknopf schmücken.

Die Blume passt toll als Schmuck für Mützen und Jacken – oder zu einem einfachen Haarband.

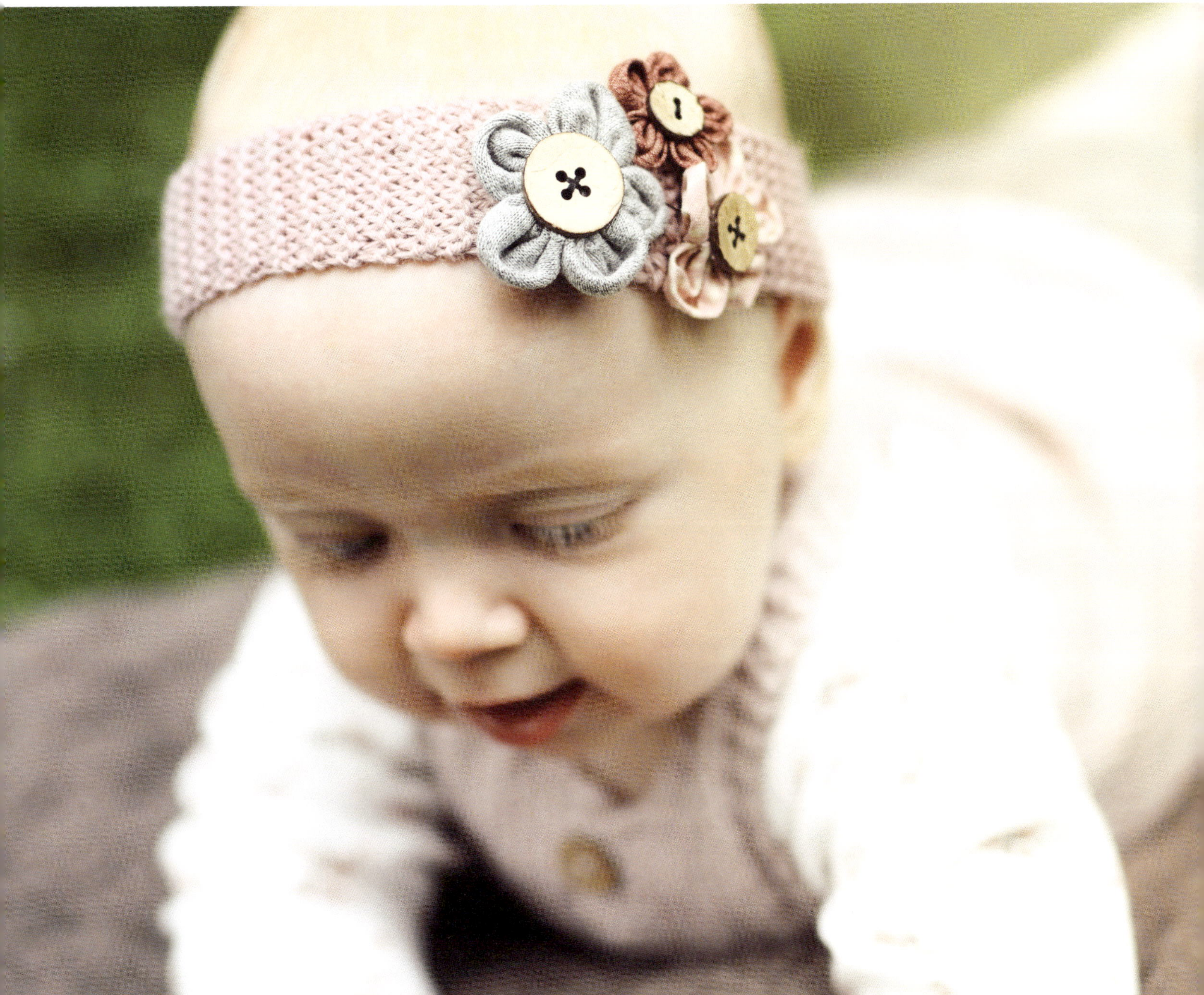

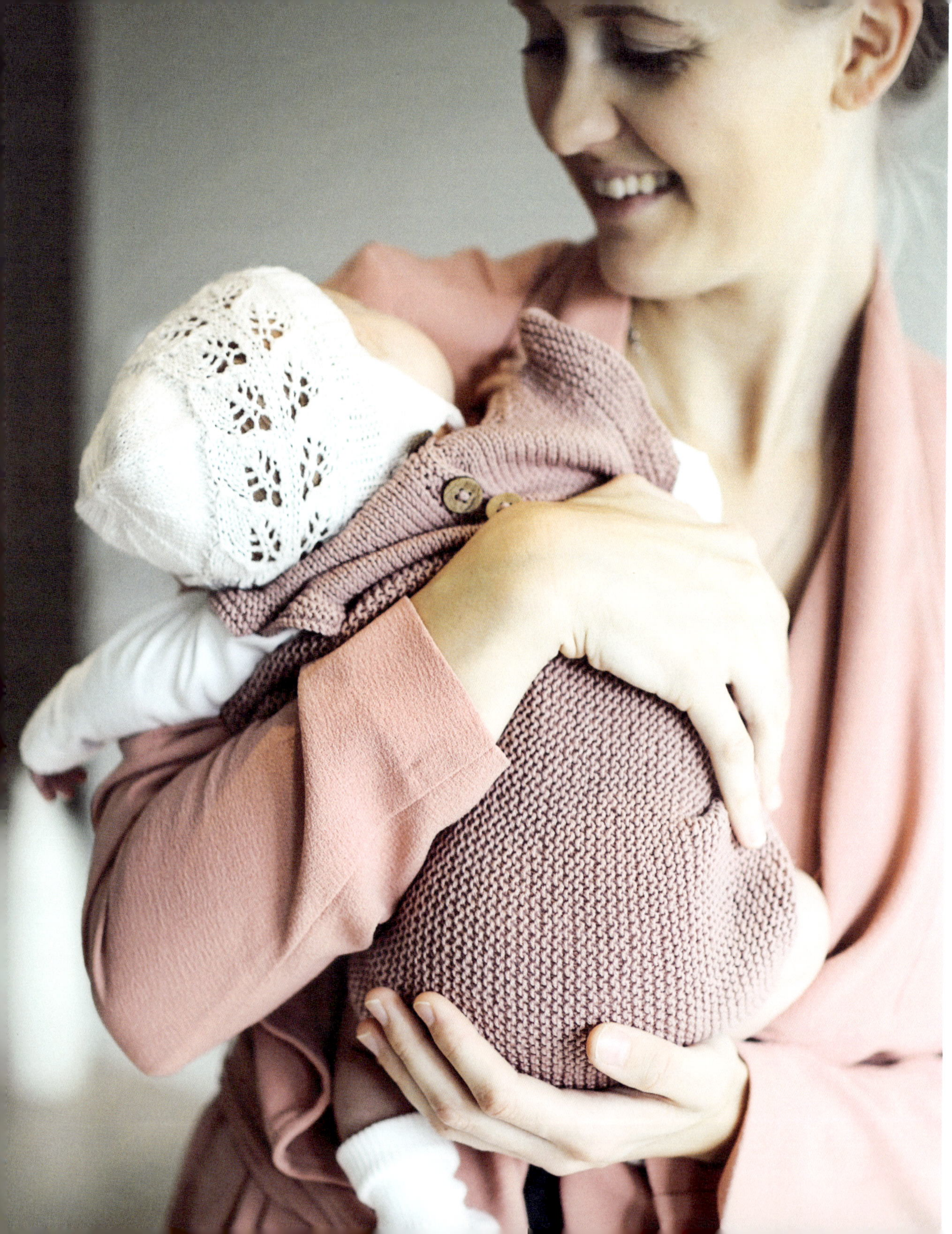

Babymütze Lilly

Eine dünne und fein gearbeitete Sommermütze für ein Baby mit unserem wohlbekannten Lilly-Muster.

GRÖSSE (Neugeborenes), Mon 1-3 (6-9), Ja 1-2 (3-4)
GARN Klompelompe Tynn Merinoull, Farbe 1013 (175m / 50g)
GARNMENGE 50 g für alle Größen
NADELN Rundstricknadeln NS 2,5 und 3, jeweils 40 cm, Nadelspiele NS 2,5 und 3
MASCHENPROBE 27 re M mit NS 3 = 10 cm

Die Arbeit beginnt mit der Blätterreihe.
21 M mit NS 3 anschlagen und gemäß dem Musterdiagramm stricken. Nachdem Sie das Musterdiagramm (12) 13 (14) 15 (16) Mal gestrickt haben, abketten. Die Musterreihen gut dampfen, bevor Sie weiterarbeiten. Die Enden der Musterreihe zusammennähen.
(84) 92 (96) 100 (108) M mit NS 2,5 von der unteren Kante des Musters aufnehmen, ca. 1 M aus jeder M, aber jede 8. M überspringen.
7 Rd Rippenmuster stricken (2 M re, 2 M li).

Nächste R:
Weiter Rippenmuster stricken, dabei wie folgt abketten: (8) 9 (10) 11 (12) M abketten, die nächsten (16) 18 (20) 20 (22) M auf eine Hilfsnadel setzen, (36) 38 (38) 40 (42) M abketten, die nächsten (16) 18 (20) 20 (22) M auf eine Hilfsnadel setzen, (8) 9 (10) 11 (12) M abketten.
Die (16) 18 (20) 20 (22) M auf den beiden Hilfsnadeln einzeln wie folgt für Ohrenklappen stricken:
Mit der Hinreihe beginnen. 4 Reihen glatt re stricken (re in der Hin- , li in der Rückreihe). Im Weiteren in jeder Hinreihe wie folgt abnehmen: 1 M re, 1 M lose abh, 1 M re, die lose M überh, re stricken, bis 3 M übrigbleiben, 2 M re zus, 1 M re stricken.
Wiederholen, bis Sie noch 4 M auf der Nadel haben.
Auf den letzten 4 M in der iCord-Technik eine 18 cm lange Schnur arbeiten. Den Faden durch die Maschen hindurchziehen und festziehen.
Die andere Ohrenklappe auf die gleiche Weise arbeiten.

iCORD:
Alle M re stricken, die M ans andere Ende der Nadel ziehen, ohne diese zu wenden, und die M wieder re stricken. Bis zum Erreichen der gewünschten Länge wiederholen (siehe auch Video "ICord" auf www.klompelompe.no, auf Norwegisch)

Mit NS 3 (84) 92 (98) 102 (110) M an der oberen Kante des Musters aufnehmen – ca. 1 M aus jeder M, aber jede 8. M überspringen = ca. 7 M per Rapport (rund stricken).

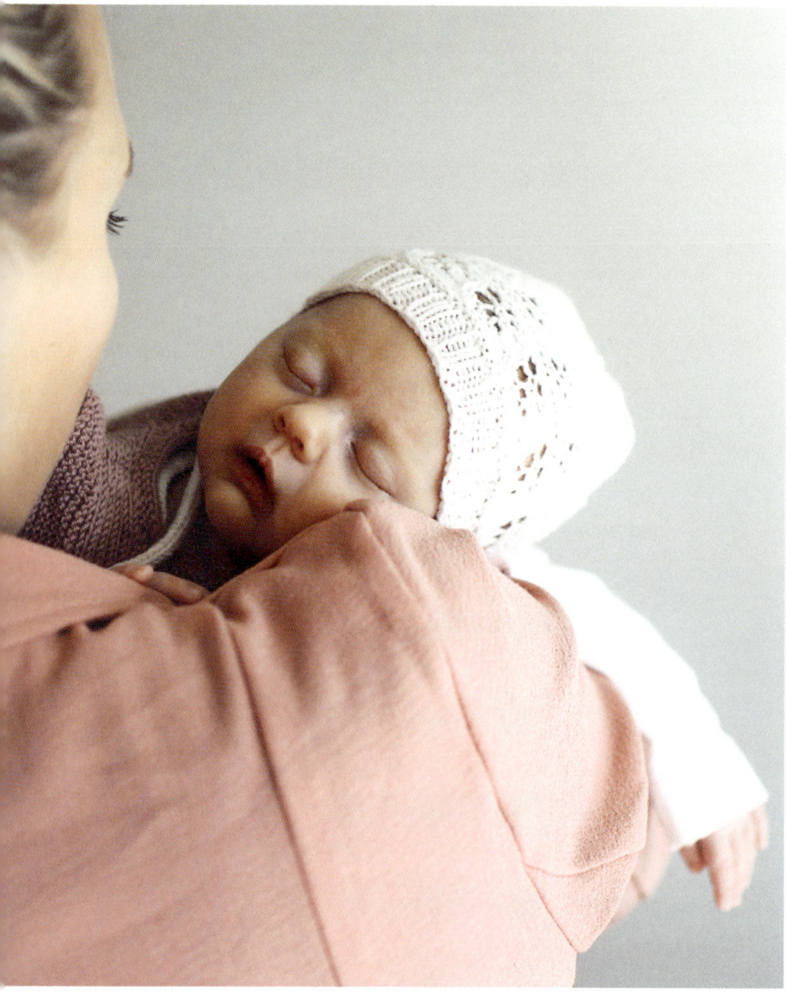

(4) 6 (10) 14 (16) Rd re stricken.
1 Rd re stricken und dabei gleichmäßig verteilt (4) 4 (2) 6 (6) M abn = (80) 88 (96) 96 (104) M auf der Nadel.

Weiter wie folgt abnehmen:
Nächste Rd: *6 M re, 2 M re zus*. *-* gesamte Rd wdh.
2 Rd re stricken.
Nächste Rd: *5 M re, 2 M re zus*. *-* gesamte Rd wdh.
2 Rd re stricken.
Nächste Rd: *4 M re, 2 M re zus*. *-* gesamte Rd wdh.
2 Rd re stricken.
Nächste Rd: *3 M re, 2 M re zus*. *-* gesamte Rd wdh.
Nächste Rd: *6 M re, 2 M re zus*. *-* gesamte Rd wdh.
Mit (0) 4 (0) 0 (4) M re abschließen.
Nächste Rd: *5 M re, 2 M re zus*. *-* gesamte Rd wdh.
Mit (0) 4 (0) 0 (4) M re abschließen.
Nächste Rd: *4 M re, 2 M re zus*. *-* gesamte Rd wdh.
Mit (0) 4 (0) 0 (4) M re abschließen.
Nächste Rd: *3 M re, 2 M re zus*. *-* gesamte Rd wdh.
Mit (0) 4 (0) 0 (4) M re abschließen.
Nächste Rd: *2 M re, 2 M re zus*. *-* gesamte Rd wdh.
Nächste Rd: *2 M re zus*. *-* gesamte Rd wiederholen.
Mit (1) 0 (0) 0 (0) M abschließen.

Den Faden durch die M hindurchführen und zusammenziehen. Alle Fäden vernähen.

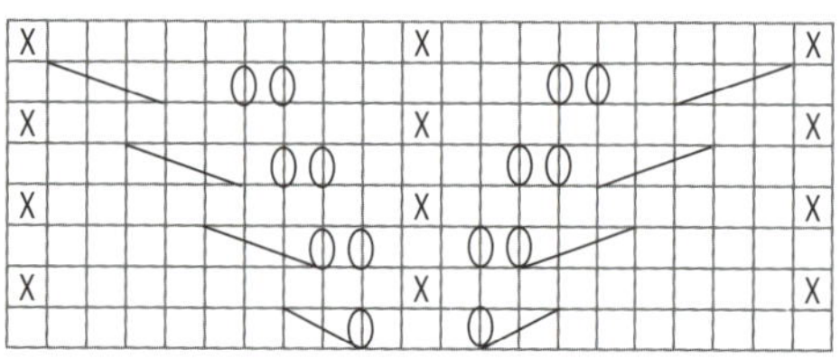

- ☐ re in der Hinreihe, li in der Rückreihe
- X li in der Hinreihe, re in der Rückreihe
- 2 M r zus
- 1 M von der Nadel lose abh, als ob sie re gestrickt werden sollte, 1 M re, die lose M überh
- 3 M r zus
- 2 M von der Nadel lose abh, so als ob sie re gestrickt werden sollten, 1 M re, die beiden losen M überh.
- 1 Umschlag zwischen 2 M

Register

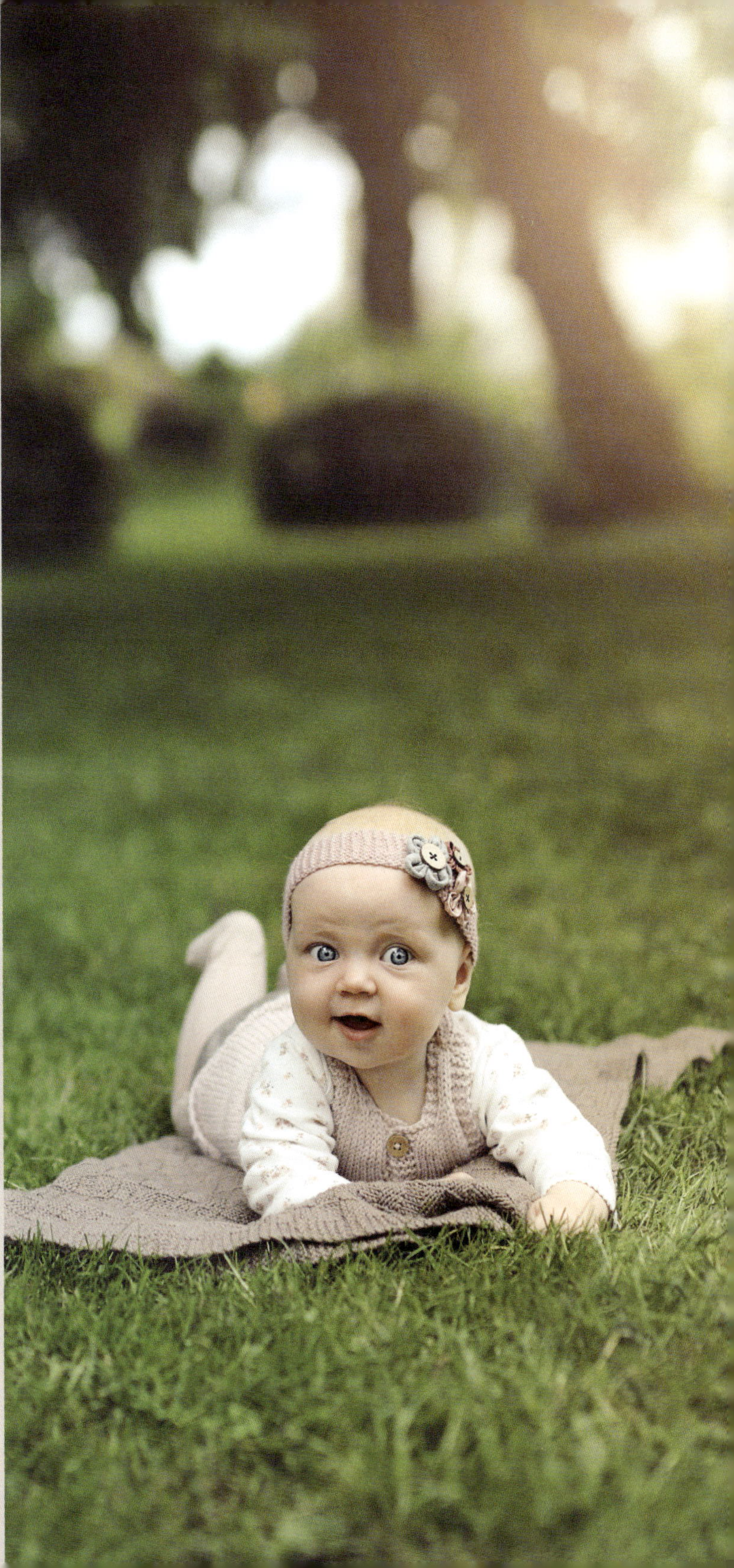

Danke

Wir möchten unseren großartigen Teststrickerinnen danken, die sich für uns einsetzen und die Strickanleitungen in unserem Auftrag gründlich prüfen. Wir sind froh, dass es Euch gibt!

Teststricker*innen:
Britt Alise Kvalevaag Stange, Vera Djapic Oosterkamp, Marianne Hartwedt, Johanna F. K.
Gismervik, Ingrid Haavikbotn Hiller, Astrid Apeland Thorsen, Liv Gismervik, Gunn Nordis R. Ekornrud, Ingebjørg Thorsen, Aina Pedersen, Mary Therese Utvik, Ingrid Gudmundsen, Gunn Marit Hølland, Sissel Eikeland, Ida Helland, Gunnvor Thulin, Tove Kalstø Milje, Ingrid J.D. Bergland, Svanhild Andreassen, Tina Kvilhaug, Rakel Bergjord, Linda Andreassen, Kristine Høvring, Vibeke E. Lindtner, Mette Brinchmann, Berthe Rossebø, Åse Elise Osmundsen, Aina Kristin Størkersen, Nancy Hetland, Line Fossberg Taranger, Eli Helgeland Qvale, Randi Andreassen, Caroline Lillesund, Kathrine Hettervik, Rhonda H. Nes, Gro Torunn Utvik, Ragnhild Omvik, Silje Kristin Berge, Eva Britt Kvalevaag, Hege B. Hamre und Karen Qvale.

Modelle: Olivia, Ludvig, Tiril, David Å., David T., Jostein, Markus, Henry, Elina, Selma, Tora, Nora Martine, Einar, Gina-Elise, Helene, Tilda, Theodor, Lydia, Thor Elias, Atlas, Sarah, Kristoffer, Anna Elise, Tilje, Tuva und Tora Mathea.

Bei Sandnes Garn möchten wir uns gleichfalls für die gute Zusammenarbeit bedanken.

Wir haben ganz sicher den weltbesten Verlag im Rücken. Danke für Eure Arbeit und die immer gute Stimmung!

Unser Dank geht auch an unsere Haus-und-Hof-Buchdesignerin Anne Vine.

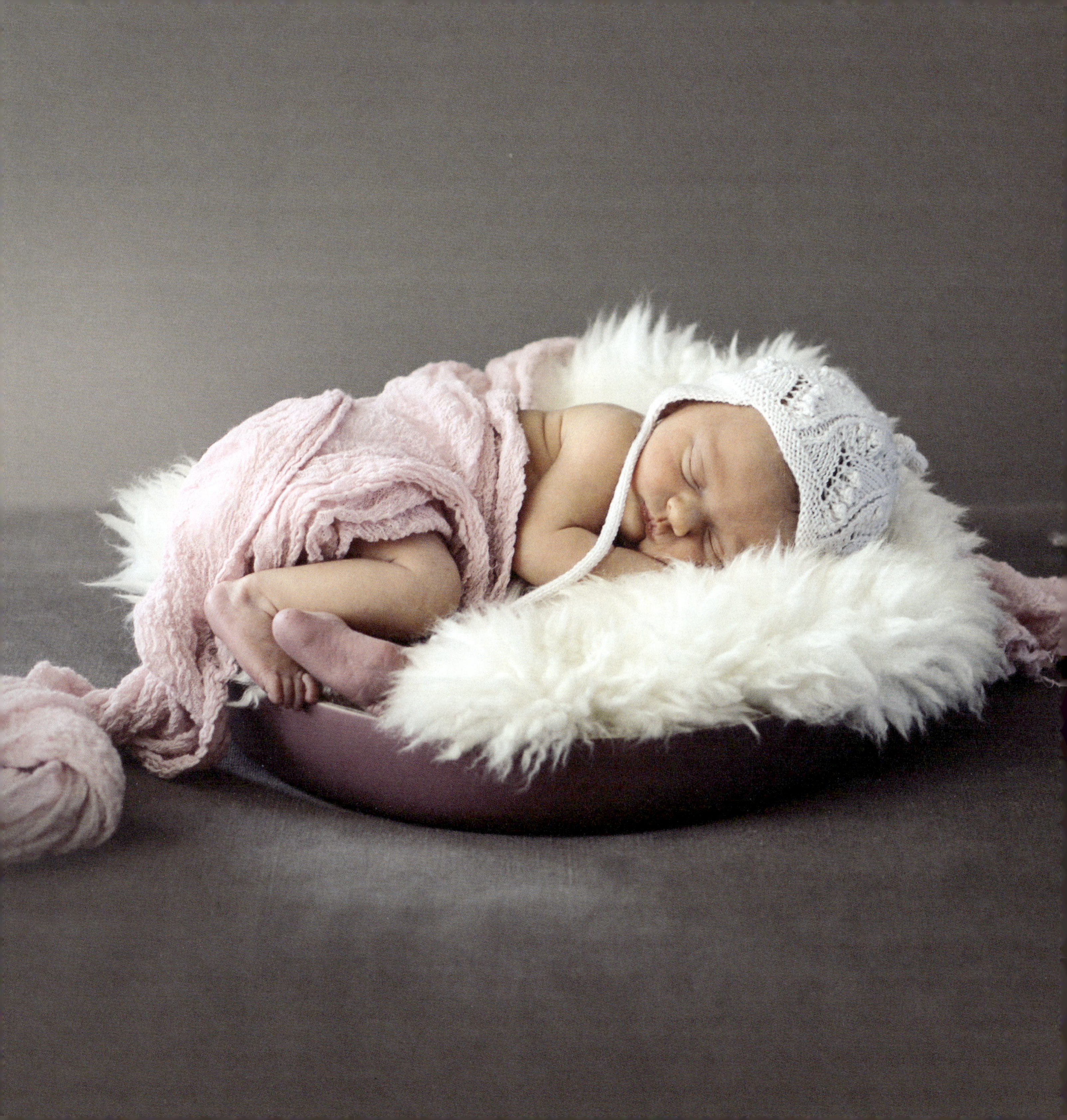

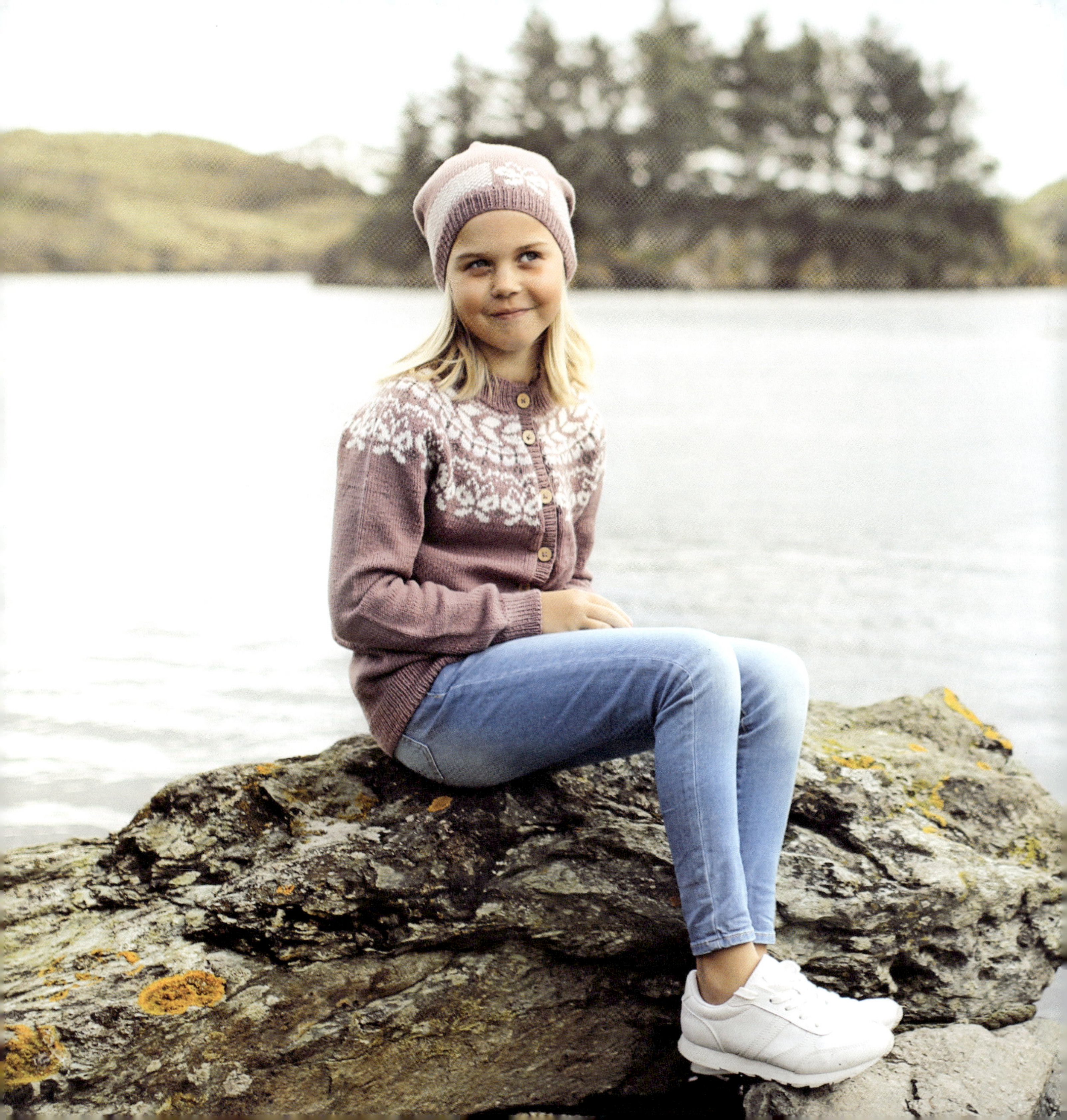